河口慧海著作選集11

西蔵伝印度仏教歴史

河口 慧海――著

慧文社

改訂新版にあたって

一、本書は一九二二年に発行された『西藏傳印度佛教歴史：一名・一名釋迦牟尼佛之゙傳　上巻』（下巻は刊行されず。貝葉書院）を基に編集を加えた改訂新版である。

一、原本における明らかな誤植は、これを改めた。

一、原本の趣を極力尊重しながらも、現代の読者の便を図って以下の原則に従って現代通行のものに改めた。

i　『旧字・旧仮名』は『新字・新仮名』に改めた。

ii　踊り字は「々」のみを使用し、他のものは使用しない表記に改めた。

iii　送り仮名・句読点・ふりがなは、読みやすさを考えて適宜取捨した。

iv　難読と思われる語句や、副詞・接続詞等の漢字表記は、ふりがなを付すか、一部かな表記に改めた。

v　原本で「ヴ」「井゙」「タ゚」「チ゚」「ツ゚」と記されている箇所は、それぞれ「ヴァ」「ヴィ」「テァ」「ティ」「トゥ」に改め、外来語や、一部の漢字・語句を、現代の一般的な表記に改めた。

慧文社

序

古来我が国に伝うる所のインド仏教史は、大抵支那より伝うる所のものにして、近年少しく泰西学者の説を伝うる者あり。然れどもその西蔵伝に至っては、直接に西蔵語より翻訳せしものは、余の未だかつて見聞せざる所なり。而して西蔵伝のインド仏教史上に必要なる所以は、まま他の支那伝および泰西学者の間に伝わらざる所の歴史的材料ありて、インド歴史の大欠陥を補うに足るものある事これなり。上巻仏伝の部においては、支那に伝うる所と、一々異なりと云うにはあらざれども、なお西蔵訳のみに存して、支那伝等には全く伝わらざる伝説あり。また同じ事も記事の方法異なるよりして、やや別事の観を呈するものあり。これらは歴史の研究上特種の材料として、学者の注意を要する点なるべし。而して最も欠陥多き仏滅後の仏教史中、特にほとんど全く支那には伝えざる所の仏教滅亡史、即ち西暦第七百年代より、一千二百年代に至るまで、五百年間の出来事は、西蔵伝には最も詳細に伝うる所にして、これ西蔵仏教家の世界仏教に対する一大功績なりと云うも、あえて過言にあらざるなり。故に西蔵伝を忠実に翻訳する時は、従来我が国に存せざりし新材料を、世の学者に供給することとなり、随って研究進歩の一新史料を得ることとなるなり、これ余の本書を翻訳し、且《か》つ編纂する所以なり。

本書は主として西蔵に伝うる歴史的材料を成るべく広く且つ多く紹介せんと欲するが故に、ある一つの歴史書のみを翻訳せず。西蔵に著名なる数種の著書を撰《えら》んで、その中より逐次《ちくじ》翻訳して、序に随《したが》って編纂《へんさん》せり。それらの書名は以下の如し。

1　ラムリム・ギュッパイ・ラーマイ・ナムタハル・ンガパ
Lamrim rGyudpai Lamai rNamthar ngapa.
道順伝灯史伝　ンガパ　ラハサ・ボタラ版

2　ヴィズールマ・カルポイ・ヤーセル
Vaidūrya dKarpoi gYasel.
白瑠璃除銷　ラハサポタラ版

3　パクサム・ジョンサン
dPag rSam lJon bSang.
如意宝樹（史）　写本およびカルカッタ活字版

4　タムパイ・チョエキ・コルロエ・ギュルワ
Dampai Chhoski aKorlos bsGyur Ba.
転正法輪（史）　写本

5　ギャチェル・ロルパ

rGya Cher LorPa.
　大方広遊戯（経）　シカチェ・ナルタン版
6　テーセク・テンパイ・チョエ・チュン
bDe gSheg gsTan Pai Chhos Byung.
　善逝教法史　シャール版、タシルフンプー版、カム・デルケ版
7　タムチョエ・パハクユルズ・チュンツル
Damchhos aPhags Yul Du Byung Tshul.
　インド正法史　著者ターラナータハ
8　デブテル・ンゴンポ
Deb gTel sNgonPo
　青歴史　著者クンケン・チャクナ・パッカル・チャン
9　ジャムペー・シンゼ・セーコル・ラーマイ・チョエチュン
aJam dPal gShinrJe gShad sKor bLamai Chhos Byung.
　妙徳夜摩部ラマ歴史　著者バルジョル・ルフンズブ
10　カーバブ・ズンデンギ・ギュツ

bKa Babs bDun lDengi Gyud.

七流教法史　著者ターラナータハ

11　タムパイ・チョエキ・チュンツル・テンパイ・ギャムツォル・ジュクパイ・ズーチェン

Dampai-Chhoski-Byungtshul-bs Tanpai-rGyamtshor aJugpai-Gru-Chhen.

正法史の海に入る大船　コンチョク・ルフントゥブ、サンゲー・プンツォク共著

前記の中、上巻中に引用せる、第一より第六に至るまでの書に就いて解説して、その云何なる史書たるやを明らかにすべし。

1　略名　ラムナム・ンガパ　著者エセー・ギャルチェン

詳名　チャンチュブ・ラムキ、リムパイ・ラーマ・ギュッパイ・ナムパル・タハルパ・ギャルテン・ジェーパイ・ゲンチョク・プフルチュン・ノルプイ・テンワ・ンガパ

訳　菩提道順伝灯ラマ史伝、仏教の最美最荘厳の宝珠連。

本書は上函四百七十四丁、下函四百九十七丁あり。西蔵新仏教黄帽派の伝灯史にして、同派一般の権証とする所なり。その序述の方法は、初めに仏伝を序し、次に七祖、次に中道派の伝灯ラマの歴代を叙し、次いで唯識派の諸祖を伝し、次に大行派の歴代の諸祖を誌して、この三派の秘伝を一人に相伝せし

チョーオ・パルデン・アージシャを記し次いで同祖より西蔵カーダムパ派歴代の高僧を伝し、次いで新仏教の開祖宗喀巴《ゾンカーク》よりしてその法系の大行者法金剛の伝に至るまでを誌せり。本書は伝灯ラマを序する事を主としたる者なるが故に、同派の伝灯に入らざる他の高僧大徳の伝記を略する所あり。同派教系の相続を述ぶるに詳《つまびら》かなるは、大いに取るべき所なれども、一般仏教の歴史には欠けたる点少からず。これ本書のみに依ること能わざる所以なり。

著者はエンサーワの秘法を伝えたるロブサン・ナムギャルと牟尼教円満成就の主たるンガクワン・チャムバとの二尊宿より、菩提道順の秘法の皆伝を受けたるエセー・ギャルチェンにして、黄帽派中の権威ある大学者なり。最勝生第十三の丁羊の年（西暦紀元一千七百九十七年）に本書を著述せり。

2　略名　ヤーセル　著者　テーシー・サンゲー・ギャムツォ

詳名　テンチョエ・ヴァイズルヤ・カルポレー・ティーレン・ヤーセル・トンギ・シンレー・トンチェツ

訳　白瑠璃科学に就いて問答除銷義の表相顕示。

本書は四百七十三丁の書にして、その名の示す如く、著者がかつて著《あら》わせし所の白瑠璃科学に就いて、多くの不審を起せし者あり。それらに答うる為めに、著わせしものにして、書名は白瑠璃科学に生ぜし銷を除くの義に取れり。白瑠璃科学は暦法、天文学、占星学を説明する者にして、中に仏教歴史に関する部分あり。而してヤーセルは仏伝に関しては、秘密乗非仏説等の不審を説破する為めに誌せし者にして、西蔵学者著述の仏伝中、最も微細なる点において、詳細を極めたるものなり。

著者はテーシー、代理法王サンゲー・ギャムツォ（覚海　西蔵暦最勝生第十二の初年丁卯の年（西暦一千六百八十六年）ヴァイズルヤ・カルポを著わし、次いでヤーセルを著わせり。テーシーは西蔵において稀に見る所の大学者にして、また大政治家なりき。テーシーの著わせしものは、この外にヴァイズルヤ・ンゴンポ（青瑠璃、医学薬学を誌せるもの）バルタム（政治学）等あり。著者テーシーは五代法王言力海《ンガグリン・ギャムツォ》の実子なりと信ぜらるる人にして、一千六百五十年、五代法王は蒙古王のゴーミ・テンジン・チョエ・ギャルより、全西蔵国を寄附せられて、政権上の法王となるや、後清朝は西蔵の政治上に大いに干渉せんと欲せしかば、同国に種々の困難を惹き起こするに至れり。その頃五代法王死したるも、テーシーはその死を秘して喪を発せざること十二年、あるいは云う十八年なりと。テーシーはその間に法王政府の基礎を強固にしてその喪を発せり。斯くの如く彼はその政治上の権力強大なるに拘わらず、自著の白瑠璃科学に就いて、諸学者にその批評を求めて、それに対して、丁寧に答えしものは、本書に引く所のヤーセルなり。彼が学者としての態度の公明なりしことを知るべし。

3　略名　パクサム・ジョンサン　著者スムパ・ケンポ・エセー・バルジョル

詳名　パクサム・ジョンサン・セー・チャーワ・パハクユル・ギャナク・チェンポ・ポエ・タン・

ソクユルズ・タムパイ・チョエ・チュンツル。
訳　如意宝樹と云うインド、大支那、西蔵、蒙古における正法歴史。
カルカッタ版サラット・チャンドラ・ダース編の索引付
英訳　Part I. History of the Rise, Progress, Downfall of Buddhism in India.
本書のみは西洋綴の活版印刷キク版のものにして、他の書物は西蔵出版なれば長方形の木版なり。本書第一部インド仏教史に百四十六頁と、故サラット氏編の解釈的索引百四十八頁あり。第二部西蔵歴史はサラット氏の九頁の序文と二十六頁の目録と、二百八十三頁の本文あり。二部合して一巻となせり。本書の原書を西蔵にて公にしたるは、一千七百四十七年にして、サラット氏がインドにて出版したるは一千九百〇八年なり。
本書序述の方法は、初に世界の成立、構造、組識、来歴等を述べ、諸仏の出世不出世の事由を明らかにし、特に釈尊の系統、およびこの世界に出ずる所由を説いて、仏伝を序せり。本書の仏伝はヤーセルの如く詳密にあらざれども、他に誌さざる所を誌したる所ありて、大いに取るべきものあり。仏滅後の歴史に至っては、他書の如く一派の諸祖高僧を序するに専にして、他の諸派の高徳を簡略する嫌いなく、公平に仏教全体の高僧および外護者を叙して、一般教勢の推移云何を知らしめたるは本書の特色なり。斯くの如く一般を主とせしを以て、特種の歴史において省略せられし処ありて、精密に研究する者に対しては、不便なる点少なからず。これ本書の特質において、已むを得ざる次第なりと云うべし。

本書の著者スムパ・チェンポ・エセー・ハルジョル大ラマは、西蔵暦最勝生第十二の甲申の年（西暦一千七百〇二年）北部西蔵のアムド洲ゴンルン寺附近の地に生まる。彼の祖先は西部西蔵のスムパ地方より出でしを以て、家名をスムパと云う。而して彼はその家名を以て著しく世に知らるるに至れり。彼の甚《はなは》だ幼なる時、彼は自らその卓越せる前生の再来身なることを証明せしことあり。その学ぶや非常に優れたる才能を以て、読書習字等に熱達せり。彼はまたスムパ・シャブズン（貴族の尊称）とて、大いに世に知らるるに至れり。九歳の時ゴンルン寺に入りて、チャンキヤ・ラーマに随うて、出家得度してエセー・バルジョルの名を享《う》く。彼はその師およびズブカン・チョエキ・ギャムツォ並びに多くの大ラマ等より、因明、修辞学、詩学、仏教の儀式、並びに倶舎《くしゃ》、唯識、三論等に対する諸派の哲理を学び、また数学、医学、音築、絵画、並びに顕密二部の儀規等を、二十歳に至るまで修学し了《おわ》れり。これに加うるに彼は天文学、占星学、観相学において、前哲の諸説を修了して、前人未発の卓見を有するに至れり。而して彼が大学者なりとの雷名は、西蔵、支那、蒙古の諸大学者を圧伏するに至れり。

彼は二十歳にして西蔵本土に行き、首府ラハサ市のレボン大寺に学生として入学せり。翌年彼はツァン洲に行き、パンチェン大ラマロブサン・エセーに随うて、具足戒を受けて、比丘となれり。二十二歳の時、彼はヤールン河岸の霊地なるサムヤエ寺に順拝してギャルレ・リンポチェ（ンガクワン・チクメ）

に遇うて大いに歓喜せり。ギャルレは彼に対して彼の本誓たる支那国に仏教布およびの事等、総べて彼の為すべき運命の事業を讖言せりと云う。二十三歳の時彼はレボン大寺のコマン大学の学長に推撰せらる。翌年中央洲と蔵洲《ツァン》との争闘起こるや、彼は仏教の厳重なる戒律に違反してコマン大学の僧衆をして、彼等の敵に対して、兵器を用うることを強いて許するに至れり。而して他の諸大学もまたその例に傚いて、戦争するに至れり。彼は五ヶ年間コマン大学学長の職を尽して、後アムドに帰れり。

三十歳の時、彼はギャルレの讖言に随いて、約八十人の学僧を入るるに足る寺院を建て、パルデン・オエセルの建てしサムテンリン山寺および同十五人の僧衆とを、この新寺の管轄下に移して、後にスムパ山寺と名づけたりき。三十四歳の時乾隆帝（清高祖）位に着く。その翌年チャンキヤ・バルワイ・ドルジエと共に支那に行けり。帝彼等に問うに種々の事を以てす。中に就き、スムパ・ケンポはその答弁流るるが如くにして、少しの困難も感ぜざりしかば、帝は大いに彼を信任して、蒙古諸王の精神的指導者となし、フトホトウと云う高僧の官位を授けたりき。彼は高僧の官位を辞退したる外、総べて清帝の優遇は皆これを受けたりき。彼は高僧の官位を以て、世の栄誉を求むる者の為めに必要なれども、彼自身には要なしとして辞したるなり。帝は彼のラマの無欲なるを讃歎して曰く、我広大なる版円において、斯《か》かる高位の授与に対して、斯くまで無欲なる人の存することは他に見ざる所なり。これよりして彼は帝にますます尊敬せられて、真のラマなりと讃ぜらるるに至れり。彼は九年間支那に留錫《りゅうしゃく》せり。当ラブランの総裁たりしチャンキヤはスムバ・ケンポをして、西蔵語一切蔵経の支部国に散在するものに至るまで、総て校正せしめたりき。スムバはその事を満足に終わりしを以て、ラブラン総裁は彼にパンジタと云う最高の学位を与え、それに相当する黄色の肩衣を送れり。彼は五年間北京に住する時、帝は毎月彼を招いて、仏教々義を問うこと数時間におよぶ事あり而して彼は満州、蒙古、北京の住民等より非常の尊敬を受けたりき。

彼のアムドに帰らんとするや、帝およびチャンキヤ、並びに支那蒙古の諸王は多大の贈物を為せり。彼は五台山に住する事一年曼珠師利《マンジュシリー》菩薩を礼拝供養せり。彼は帰路北方に旅行するや、アラクシャに行いて、蒙古人より甚大なる贈物を受けたりき。四十三歳の時、彼はゴンルン寺の主僧に任ぜらる。彼は支那蒙古にて得し多大なる財宝を以て、西蔵の法王並びにパンチェン・ラマおよびセラ、レボン、ガンデン、タシルフンプーの四大寺等に贈れり。彼はまた多くの仏像、碑文、窣堵婆等を建立せり。彼はまた多数の書を著わせり。彼は西蔵の暦書、天文学、占星学に満足せざるや、同種の古書即ち著書の異なれるもの、二十種を対照研究して、一大論文を誌せり。彼はケートゥブ・ジエとプートンとは他の者等より正しと云うことを発見せり。彼は行年七十五歳にして死す。西暦一千七百七十六年に当れり。その著書は以下の如し。

1　普明鏡《クンカルメロン》（数学、天文学、占星学）
2　甘露滴《ズズチージアパ》（医学理論）
3　実験《ラウレン》（実際医学）
4　白水精鏡《セルカルメロン》（診察法）
5　衛生法《ソーチエ》（養生、看護等の法）
6　身語意処中線量法《クスツドウグテンキルツクツエー》（像、図、象徴の構造および分量）
7　声明修辞演劇、
8　如意宝樹史《パクサムジョンサン》（本書に引用せる書）
9　神通力を得せしむる所の真言法
10　瞻部洲普説《ズヤムリンチー》（世界地理誌）
11　瑜伽法　12　運命学　13　禅定学　等なり。

4　略名　タムパイ・チョエキ・コルロエ・ギュルワ。
詳名　タムパイ・チョエキ・コルロエ・ギュルワ・ナムキ・チュンワ、ケーパイ・ガートン・レクパル・シエッパ。　写本、著者不明

訳　転正法輪史学者表歓喜の善読。

本書はペーマ体の写本にして中本なり。初丁より七十三丁までありて後を欠く。故に著者の名を知る事能わず。文体は皆偈文《げもん》にして暗誦に適せり。内容は第一、世界総説、第二、仏伝、第三、結集、第四、三宝所依由来、第五、インド王統伝あり。第四は六十四丁の裏に至って終わり、それより第五のインド王統伝は六十四丁、阿闍世《あじやせ》王に始まり、七十三丁ゴウ・パテ王の記事に至って後は欠本となれり。以下記事の量を以て察するに、二三の欠丁あらんと思わるるなり。本書は多くは歴史的記事のみにして、神話に渡ること少なければ、まま取るべき材料あり。著者は不明なるも明確なる頭脳を有したる人の著なること明らかなるを以て、本書に引用する所以なり。本書写本はタシルフンプ寺において、ある学僧より譲受けたるものにして、三百余年を経過したる古本なり。

5　略名　ギャーチェル・ロルバ

訳名　パクパ・ギャー・チェル・ロルバ・セー・チャーワ・テクパ・チェンボイ・ドー。

梵名　ラリタ・ヴィスターラ・ナーマ・マハーヤーナ・スートラ。

訳　聖大方遊戯と名づくる大乗経。

本書は仏部蔵経経部、カハパにありて、十八巻二十七品、二百八十一丁（ギャンチェ写本）にあり。本経は仏世尊が浄居天の自在天王の請に依って、舎衛《スラワシティ》城祇園精舎において、仏自らの伝記降生よりワーラナシー鹿野苑《ムリガダハーヴァ》の最初転法輪までを説かれたるものなり。本経は余りに広博に失する嫌いあれども、稀に引用の必要を感ずる所あり。仏伝としては最も古きものの一なりと云うべし。

6　略名　テーセク・テンパイ・チョエ・チュン、　著者プートン

訳　善逝教法史

詳名　テーワル・セクパイ・テンパイ・サルチェ・チョエキ・チュンネ・スンラブ・リンボチェーイ・ゾエ。

訳　善逝の教法を明らかにする法生史たる言宝の蔵。

本書は西蔵において最も広く行われたる史書にして、また最も古き西蔵著述の一なり。木版三版あり以下の如し

1　シャール版、　小字中本　百九十丁

2　タシルフンプー版、　大字中本　二百四十四丁

3　カムデルケ版、　小字中本　二百三丁

内容は、デルケ版に依れば、初丁より百十七丁までインド仏教史を誌し、それより終わりの二百三丁まで西蔵仏教史を誌せり。上編は三十三丁まで仏教教理および修行法に就いて、その要領を説き、太で七十八丁まで明劫、暗劫および賢劫の事より仏因位および仏伝を誌せり。それより結集等より仏教隆盛

時代およびその滅亡史に至るまでを誌せり。

著者プートン・リンチュン・トゥブは、西暦一千二百八十八年に生まる。西蔵において未だ会て見ざりし博学深識なる大著述家にして、また著明なるラマなり。彼は顕部蜜部は云うにおよばず、科学に至るまで許多の書を著わせり。また西蔵において、初めて一切蔵経の彙類を為せし人にして、仏部《カンジュール》祖師部《テンジュール》の二に分ち、これを細分して現今存するが如き彙類の基を起せり。本書善逝教法史は著者三十三歳の時（西暦一千三百二十一年）に著《あらわ》せしものなり。彼は一生仏教の伝播に従事せり。晩年タシルフンプー寺の東、十マイルの地に存する、シャール寺に住し、行年七十歳（西暦一千三百五十八年）同寺に瞑目せり。以上の六書は各著者の属する宗派の異なると時代の異なると、その性格の異なる等よりして、その歴史の材料、組織、詳略等を異にする点少なからず。仮りに一書を撰んで翻訳する時は、一派に偏するか。あるいは一個人の主義に偏するか。何れか一方に局限する怒れあり、西蔵に伝うる一般の材料を逸することとなるが故に、上記の六書より取捨して翻訳することとせり。これらの六書は仏伝に就いては、西蔵所伝中代表的典籍なれば、これらを材料として撰定したる者なり。而してこれら六書の外第七より第十一までの五書は、仏滅後の歴史には欠くべからざるものなれざも、仏伝に関しては異説なきものなれば、本書に引用する必要なし。ただこれに一言せざるべからざることはタラナータハ著のインド正法史にして、この書にドイツ訳あるを以て、我が国の学者間には甚だ名高きものなれども、その中、仏伝を欠けるを以てこれに引用する事能わざるなり。上記十一書、十三種の西蔵書籍は、ただ第七のターラナータハ著のインド正法史を除きては、皆余の西蔵より将来せしものにして、カルカッタ版の如意実樹史《パグサム・ジョンサン》のみは、余が同地にて購求せしものなり。而してターラナータハ著のインド正法史は、大谷本願寺派の寺本婉雅氏が西蔵より将来せし者にして、余は同氏より倍読せり。これに厚く同氏の厚意を謝する所以なり。

大正十年十二月八日

編者　河口慧海

西蔵伝の経書に題す

慧海

ひまらや山の北崑崙の南、　カラコラン雪嶽の東にて、
　漢蜀深山の西にある、　世界最高の山原国。
周囲の山は摩教徒さえ、　侵し得ざりし自然の城、
　インドの如き熱もなく、　また湿《しつ》もなき西蔵国《ちべっとこく》。
虫も鮮《すくな》き国なれば、　古経珍書の保存には、
　この上もなき自然の蔵、　衛蔵《ウエツアン》の名に実もあり。
インド国民堕落して　正法受くるに堪えずして、
　外道と共に摩教徒は　破仏の業に寺焼けり。
時に蔵国高僧は、　生命《いのち》を惜まず嶮峻の、
　群山はてなき雪の原、　瘴毒高渓河々や。
劫盗《ごうとう》の難も厭《いと》わずに、　超えて集めし聖典や、
　インド僧の将来《もちこ》せし、　梵書に依りて訳されし
諸典も今に残りける　古来高僧の徳を仰がん。

凡例

本書は成るべく広く西蔵に伝うる歴史的材料を集むるを以て目的としたる故に、たとい吾人には神話の如くに感ぜらるる記事といえども、西蔵人等は確実なる歴史として伝うるを以て、同国所伝の歴史的材料として、一も省かず訳し置けり。これあるいは何等かの事実を示すものにして、歴史研究の資料とならんと思えばなり。

引用書類中同一事実を叙するに当って、多少の相違ある時は両方の記事を訳出せり。本書は材料出処の確実なることを示す為めに、一節の終わりか、あるいは史題の変われる毎に、その引用せし書名とその丁数あるいは頁数を誌せり。これ原書を読む者の為めに便宜ならんと思わるればなり。

訳語に註釈を施さずしては不明なるものあり。斯《か》かる語には括弧中にその註釈を誌し置けり。また地名、人名、術語等の原音にして仮名のみにて不明なる時は、ローマ字にて梵音あるいは西蔵音を音訳し置けり。従来梵語の漢字に音訳せられて漢字を用うる習慣となれるものは、その漢字を用いて、傍らに正しき発音を仮名にて附しおけり。例せば般若をプラッギャーと音訳してハンニャと附けざるが如し。

仏跡等の現今明白なるものは、余の実地踏査より得たる現状の説明を附記しおけり。その外他説の引用、あるいは本文中の概説、並びに余の説等は、皆一般低くして括弧内に誌せり。

目次

藍毘尼苑の朝の空

慧海

天上天下唯我独尊と、　心性独立の実を叫ばれし、
　雄勢今もここに見る、　藍毘尼苑《ルンビニおん》を朝の空。
赫々耀々《かくかくようよう》の旭光は、　雲間に高きひまらやの、
　銀光殿を照すなり、　宇宙の荘厳具足する。
世界最高の雪峯は、　東の空の雪の上、
　おぼろに光れり西北には　歓喜ヶ嶽は輝けり。
北の空には巍々堂々、　寰宇《かんう》を断破す妙荘厳、
　真白雪嶽の真光は　最勝光を待つ如し。
その山列《ならび》には魚尾雲峯、　解脱雪嶺聖霊峯。
　無名の雪の峯々は　朝日に如来の光輝《ひかり》待つ
ああ釈尊の生まれ給いし藍毘尼苑《ルンビニおん》、　宏壮絶大の妙光は、
　仏日の光輝《ひかり》に依りて増す、　法の先のながれ尽きせじ。

第一章　拝語より藍毘尼苑名義の起原に至る

第一節　拝語および分類。

（初に如意宝樹史《パクサム・ジョンサン》に誌《しる》せる翻訳の拝語を誌し、次いで同著者スンバ・ケンボの著作の拝語を訳すべし）

　妙音大士に敬礼し奉る

（妙音とは曼珠師利《マンジュシリー》菩薩の異名にして、梵語に Mañjughosha と云う。法華経の妙音菩薩は梵語に Sughosha にして、大日経大疏の妙音天は梵語に Sarasvati にして即ち弁財天の事なり。訳名は同じけれども原語は皆別なりと知るべし）

一切衆生の菩提の為に　無上道心起こし給いて
福智二聚の力に依り　悪魔を下して成仏し給いて
解脱の道に有縁者等を　導き給うに巧みなる
人天の導師と法王子に　共に礼拝す吉祥賜われよ
老いたる人も若者も　学者も愚者もその耳は
鹿等か叫ぶこえごえの　いろいろに響く快さに
我を忘れて捕えらる　その声作れる歴史家は

社会の表に美なるため　　　彼等は学者と云わるれども
或か歴史は支離滅裂　　　　真実の精を失えり
あるいは省略多きため　　　意義ぞ少しそれ故に
仏陀の道のその歴史　　　　法王外護者の顕われし
次第を説くべしいざさらば　注意して聴け諸人よ　パクサム・ジョンサン、一頁

（これの如く著書の初において拝語を誌すは、インド、西蔵に行わるる慣例にして、著者の帰宗する所を明らかにす。始の二連八句は仏菩薩を礼拝してその加被《かび》を祈り。次の三連は仏教歴史を著作することの必要を説き。終の一連はその著述の所期を述べたり）

世尊の大業に依りて世界に幸福功徳を完全に与うる所の唯一源泉たる仏教は無垢清浄のものなり。さればこれを永遠に伝うる為に説明し、またこれを実行成就するは誠に必要なる大業なり。この大業たるや法王および菩薩並びに教法を護持する所の諸大士に係れり。故にこれより仏陀と妙法と護法僧俗との起これる所以をやや広く説くべし。説明を大いに分って二となす。

第一　釈迦牟尼仏の世に出でて説法せられし事実およびその教法の世に存在せる次第

第二　外護の法王、伝灯高僧、諸派宗祖等の起りし事歴をやや広く説明す。

まず第一において、普通に無上菩提の心行大願を成就し給える仏陀は、その国土において多くの衆生の

機根熟するや、彼世尊はその世に出で給う。されば何《いず》れの時に仏陀は世に出で給うか。現在の賢劫時においては仏陀は何時何処に出世し給うか等の次第よりして、特にこの裟婆《サハー》世界に釈迦牟尼仏出世し給いて説法せられし史実を説くべし。

第二節　仏陀出世の国土。論蔵に依れば業に因りて諸種の事現わるるとあって、世界の出現する所以は衆生の共有せる業力の結果として、所依の世界の存在するに至る。その存在するに至るや、壊劫空劫成劫の三期を経て現今の住劫に入れるものなり。この国土は四大洲に分たるるといえども、仏陀の出現して住せらるる所は南贍部《ジャンブ》洲なれば、まずこの洲の特徴を誌すべし。パクサム・ジョンサン、一一、一三頁（古代のインド人は南贍部洲を以てインド国の異名とせり。然れども如意宝樹史《パクサム・ジョンサン》およびその他の西蔵伝にはインド外の諸国をも南贍部洲の内に記入せり。特に如意宝樹史には南贍部洲の特徴と題する中にこれらの国名等を列記したれば以下訳すべし）

三世諸仏の留錫地《りゅうしゃくち》即ちインド国の中央なる金剛座《ヴァツザラアーサナ》（昔の大覚寺、今の仏陀伽耶《ブツダガヤ》）より四方に百二十八英里の広袤《こうぼう》を有する麈掲陀《マガダ》 Magadha 国は正法の誕生地にして、遥かの東方には曼珠師利《マンジュシリー》菩薩の浄土たる支那五台山あり。南方には観世音菩薩の普陀落《ポタラ》山（セイロンあるいはジャワ）多羅仏母《ターラーニー》の吉祥《シリーバルグタ》山（黒蜂峯）並びに聖米丘塔《シリーダーンニヤカタカ》（南天鉄塔）があり。西には金剛手薩埵《サットワ》の浄土にして荼枳尼《ダキニ》天女の秘蔵地たる烏仗那《ウツディヤーナ》国［現今の Swat にしてペシャワールの北］およびカシミール国あり。北方には七法王並びに二十五大外護者の住地たるシャンバハラ国［現今のバクトリアおよびトルコ国］にあり。東北には四囲に雪峯を有する西蔵国あり。摩掲陀《マガダ》国より正北方に九の黒山脈を越えて大自在天（シヴァ）の住地たる雪峯ティーセ（カイラス雪峯）と薬山《マシリ》との間に、阿耨達多《アナタプタ》龍王の住する阿耨達多《アナタプタ》池即ち無熱悩池（今のマナサルソ湖）あり。この池の四方より四の大河を出せりその名を恒河《ガンガ》、印度河《インダス》、縛芻河《バクシュ》、私多河《シタ》と云う。この池の左側に瞻部樹《ジャンブ》（薔薇林檎樹）あり。その果熟して池水に落る時ジャンプと発声す。これ瞻部洲《ジャンブ》の名の起これる所以なり。この洲の四大山は、北には崑崙雪峯およびカイラス山（ヒマラヤ山脈を含む）聳《そび》え、南には頻泥耶《ビンテナ》山脈並びに摩羅耶山脈連れり。

なおこの外に神、人類、犍達婆《ガンダルバ》（香々食する音楽の神）、秘密行者等、即ち両足者の住する所の黄金洲《スヴァルナズイパ》（ジャワ）赤銅洲（セイロン島ならんか）ヴァダラ・ズイパ（棗樹島）等五百の諸島は海水を以て隔つといえども、その島根はこの南瞻部洲と連続せるなり。この外ヤヴァナ国（ペルシア、ギリシア、あるいは欧洲を含む）、メッカ（廻教徒の最霊地）、カンボジア、海隅（日本か）、アングラ（英国）、ウラシャ（露国）、等あり。野蛮国人には犬顔、狐顔、蜥蜴、空顔、無鼻、向運顔、裸体、爬行人等あり。これらの小国一千有余ありて、これらを総ぶる時は十八あるいは十六の大国、並びに三百六十の辺国および人跡未到《じんせきみとう》の佼嶮なる大谷十八あり。（この外秘密仏教徒のインド西蔵における瑜伽修法上に必要なる名跡並びに八大墓地等の事を誌せどもこれには特に省略す）パクサム・ジョンサン、四頁、五頁

第三節　世界人類および用語の数並びに時限の算法。これらの人種は三百六十あり。小別して六千四百となる。用語の種類は三百六十種あるいは七百二十種あり。同上五頁

（如意宝樹史《パクサム・ジョンサン》にはこれより以下十三頁終葉まで、南瞻部洲の下にある諸地獄の構造、およびその上にある天国、即ち欲界、色界、無色界の天人の状態および年限等を説明し三界六道の輪廻の状態を誌し、次いで小劫波《カルパ》の年限を誌せり。1120639702477855260672000000000000年を以て小劫波とす。因《ちな》みにこの小劫波二十を以て中劫波とし、四の中劫波を以て一大劫波とす。この一大劫波は世界始終の一期にして、四の各中劫は成劫、住劫、壊劫、空劫の四に分かるるなり）

第四節　明劫暗劫の別。これの如き大時分なる劫波に、明劫暗劫の別あり。然して諸仏はただ明劫においてのみ出世し給う。明劫たる現時の賢劫中には一千仏出世す。あるいは一千五仏とする異説あり。賢劫を過ぎて暗劫期間六十大劫を経て、大誉劫と名づくる明劫に入りて一万仏出世すべし。次いで暗劫八万大劫を過ぎて、如星劫と称する明劫に入りて、八万仏出でん。次いで暗劫三百大劫を経て、功徳荘厳劫と云う明劫に入りて、八万四千の仏、出世せんと賢劫経に説き給えり。なお過去未来の大劫波は無限数なるが如くに、また諸仏の出世も無数なりと知るべし。パクサム・ジョンサン、一四頁

第五節　賢劫千仏出世の原由。現今の賢劫において、何時何処に仏陀の出ずるかを説明するに当って、初に悲華経に説明せる如く一千五仏の出世を述べ、次に不可思議経および賢劫経に説明せる如く大約

一千仏の出世を説くべし。（但し西蔵訳賢劫経には一千五仏の名を明記せり）

往昔この世界において、明劫中大持劫と名づくる時、輻輪王と云う転輪王《アラネーミ》ありき。彼王は一千の王子を有し、八万四千の属国あり。時に海塵《シンズ・ラジャ》 Sindu Raja と名づくる婆羅門《ブラフマン》 Brahman あり。八十の男子と一千の婆羅門の弟子あり。その子海蔵《サムッドラ・ガルパ》 Samudra Garbha 成仏して宝蔵《ラタナ・ガルパ》 Ratna Garbha 如来となりき。

時に輻輪王および千の王子は三ヶ月間、如来の父は七ヶ年間、如来を供養し、法を聴き無上道心を起せり。故に如来は王に授記《じゅき》して、極楽世界の主、無量寿如来となるべしと宣言し、海塵には釈迦牟尼仏たるべしと授記し、一千弟子の第一なる明読と称する婆羅門にもまた成仏の授記を与えられたりき。然して九百九十八人の王子を拘留孫《クラクチャンタ》 Krakuchanda 仏等と賢劫出世の諸仏に授記し、海塵の侍者五人も、また賢劫中の仏たるべしと授記し、千弟子の末座も、成明如来となるべしと授記せり。されば賢劫中一千五仏（海塵、九百九十八王子、海塵の侍者五人、および千弟子の末座）の出世ある事明らかなりと知るべし。

次説に依れば、往古明劫の麗現劫中、荘厳世界において無辺宝世荘厳王仏出世せり。時に四洲を領する転輪聖王《てんりんじょうおう》の護国王は清浄宮に住せり。彼王に一千の王子および二の大臣あり。一を化生法心《けしょうほうしん》と云い、他を法臣と云う。王は彼仏を礼拝供養して聴法せり。その後王自ら千子の菩薩たることを知り、誰か始めに成仏するかを知らんと欲し、一千王子の名を一々紙片に誌し、これらを宝瓶に封入し、七日間供養の後、一々取出せしに、始めに浄智王子の名出でたれば、彼を拘留孫《クラクチャンタ》仏とし、他の九百九十八王子を拘那含牟尼《クナガムニ》仏等とし、最後は無辺意太子にして、歓喜仏と名づけたりき。（この宝瓶抽籤法の典文が後世、西蔵法王撰定の法規を作りし根拠となれり）時に一千の王子は二大臣に汝等は如何なる誓願を為せしかを尋ねしに、法心答えて曰く臣は一千仏の秘密法蔵を結集する者、即ち金剛手たらんと発願せり。法臣は曰く臣は一々の仏に転法輪を勧請する者たらんと発願せり。これ後世釈迦牟尼仏出世の時、尸棄梵天王となりて、仏に説法を勧請せり。これの如くなれば賢劫中に一千仏出世すべし。また彼時の護国王は既に成仏して燃灯仏となれりと説かれたり。

第六節　賢劫の名の起原。賢劫の以前に、世界が大水の為に破られて大海となりたる。その中に一千の黄金蓮華生じたりき。浄居天の神等はこれを見て、この劫中千仏出世の善徴なりと了知して、この劫善なりと叫びたりしかば、この劫を善劫と名づけたりと白蓮華経［悲華経か］、方広智経等に賢劫の始めに千の蓮華を見たりと同一の説明あり。パクサム・ジョンサン一五、一六丁

（この劫を漢訳には古来賢劫と訳せり。然して蔵訳には bsang 善と訳せり。而して梵語 Bhadra は善、幸福、吉祥、歓喜、美、善性等の訳ありて、直接に賢と言う義なし。もし賢の字を卓越、善、あるいは美の意に用いたりとすれば原語と相違する所なし。されば普賢 Samanta Bhacra の賢の如きも、

この菩薩の行を表する者なれば、賢を知者の意に解せずして、行の善、美、卓越等に解する方、その当を得たりと云うべし。但し大論にこの劫を善劫としたるは西蔵訳に一致する者と云うべし）

第七節　増劫減劫の別。小乗論蔵の説に依れば仏は減劫中に出ずとあり。人寿八万歳より百年毎に一年宛減じて、人寿百歳に達する間において、人類は大いに後悔心あるを以て濁悪その極に達せず、［法を聴くの可能性あるを以て］仏はその間に出ずるなり。この事たるや賢劫中の仏陀に限ることにして、他の劫波《カルパ》および世界に対しては必ずしもこれの如くなるべしと云うにはあらず。何となれば悲華経には拇指《ぼし》世界においては人寿十歳の時、その人体の大きさ拇指程あり。斯かる人類の間において、歓喜星仏出世す。その身長一晩七指約［一フィート十一インチ］あり。また人寿八万年の前にも多くの仏の出世のあることを説きたればなり。パクサム・ジョンサン、一六頁

第八節　人類の起原。劫初の時南瞻部洲《ジャンブ》に人間の生じたる起原は、既に彼四王天以上の天国においては、全く動物［天人］の生存するに至って後、光音天 Prabha-Svara［天国の天人は光を以て言語に代用す］の天人たる日最照と月無垢との二人化して、此土《しど》に生まれて後、次第に化生の人間増加せり。当時の人間は非常の長寿にして、その身長も人寿百歳時の人の身長に換算すれば三十二肘ありしと云う。彼等は禅定食に依りて、自身より出ずる光明と神通力にて遊行する等、ほとんど四禅天の神と同様なりき。然れどもその宿福の力減少するに随って、滋味に着する衆生即ち摩奴《マヌ》より生まれし者等、有形食甘露を味

いしかば、腹中に屎尿《しにょう》生じて身体重くなり、光潤美色滅退せり。されば彼等は甚だ憂い悲しみたるが、時に彼等の現状に相応する法爾《ほうに》の力に依って、日月遊星現われ、昼夜の別を生ぜり。その後彼等はその容色の美醜に随って、我慢憎嫉《がまんぞうしつ》の心を起せしかば、甘露食もまた消滅せり。その後は次第に地精、蘆《あし》を食い、不耕米即ち夕に刈れば朝に生ずる自然生の米を食うに至れり。〔現今のインドにおける野生米は朝生夕熟にあらざれども、今なおベンガル地方に多く生ぜり。これをヒンディー語にネワールと云い梵語に Shāli または Nīvāra と云う〕この時代を称して完全期と云う。この期間は百七十二万八千年ありと云う（完全期とは不婬、不殺、生不倫盗、並びに不妄語の四徳を完全に持ちし故に然か名づくとあり）

斯くして粗荒の有形食を常用せしを以て、男女の機官現出して色欲を起こし、二官の交合を為し、家壁を造り、遂に胎生の時代に入れり。斯く四徳の中一徳欠けしかば、この時代を称して三有期と云う。この期間は百二十九万六千年あり。この時代を過ぎて、ある怠惰者が天然米を刈りて、数日間貯うるに至りしかば、米に籾殻《もみがら》生じて、刈りたる翌朝、米の生ずる事消滅せり。故に田野を耕作するに至れり。時にある者は他の作れる米を刈取る等の事を為す者ありて、争論堪えず、我執も強くなれるを以て、彼等は各自の利益を保護する目的を以て、彼等の中より正しき人を撰んで王とせり。衆人一致して敬いて王となせるを以て、その名を衆敬王《マンクル・ギャルポ》と云う。パクサム・ジョンサン、一六頁一七頁

（梵語に Mahā-Sammata rāja とあり。直訳すれば多衆に認められたるあるいは敬われたる王と云う義なり。然れども起世因本経第拾巻に摩訶三摩多《マハーサンマタ》は隋に大衆平等王と云う。劫初王の名なりとあり。而して翻訳名義集には摩訶三摩曷羅闍はこれに大平等王と云う。劫初の民主とあり。摩訶《マハー》即ち大は衆の義等あれば大と訳するも衆と翻するも通ぜり。三摩多《サンマタ》には平等の義なし。故に起世因本経の如く訳することを得ず。平等の原語は三摩《サンマー》 Sammā あるいは Sammita にして三摩多《サンマタ》にあらず。次に翻訳名義集の摩訶三摩《マハーサンマー》を大平等と訳するは正しといえども、劫初王の名は摩訶三摩にあらずして摩訶三摩多《マハーサンマタ》なることは、瑜伽論記の一にも摩訶三末多はこれに大等意と云う。大衆斉等に意楽し、共同して立って以て尊者となすとあるを以ても知ることを得べし。故に翻訳名義集の摩訶三摩《マハーサンマー》は原語において相違せりと云うべし。西蔵伝はマハー・サンマタをマンクルワと訳して、多くが敬える者の意に取りたるは、原語の義に近しと云うべし）

衆民等は王に対する報酬として、収獲の六分の一を王に収むることとせり。されば王即ち勝者は配分を勝得する意により、斯《か》く名づけたる者なり。これよりして租税を徴収する所の王族即ち刹帝利《クシャトリ》 Kshattri 族の存在するに至れり。ある学者は衆敬王《マンクル・ギャルポ》の以前に七神王の継続ありとしてその名を数うといえども、これが確かなる典拠を見ざれば取ること能わず。この衆敬王前後の時代を称して二有期と云う。何となれば不盗の徳を失いて、不殺生と不妄語との二徳を有すればなり。この時代の期間を八十六万四千年とす。この後地方長官等を置いて説諭等の柔和手段にて、命に服せしむる能わざる者を、笞刑《ちけい》あるいは死刑等に処せざるべからざるにおよんで、ある者はこれを怖れて虚言するに至れり。これにおいて不殺生、不妄語の二徳をも失えり。この時代を闘争期と称す。この期間四十三万二千年あり。パクサム・ジョンサン、十七丁

〔現今インドの民間に用うる歴本に依れば、既に闘争期に入って本年即ち大正十年まで五千二十年を経たりとせり〕

第九節　四族あるいは五族の起原。 四族とは婆羅門《ブラフマン》 Brahman 僧族、刹帝利《クシャトリ》 Kshattri 士族、吠奢《ベイシャ》 Vaishya 商族、首陀羅《シューズラ》 Shūdra 農族の四にして、五族とは以上の四族に旃陀羅《チャンダーラ》 Chandāla 屠者等の最下族を加うる者なり。これらの種族の起りし所以を説明せんに、この中王族即ち士族の起原は前節の説明の如くなれば略せん。古昔人《こせき》あり。家族とその行業を厭いて市外の山林中に入り、禅定を行い、神通を修得して、仙人となれり。然れども彼等の中に禅定を成就せざる者あり。復《ふた》び家に帰り、彼等の学びし所の吠陀《ベーダ》を読んで、生活の資を得て、清浄に生活せしかば、彼等を呼んで、婆羅門即ち浄者と云うに至れり。これ婆羅門の起りし所由なり。次に倫盗《ちゆうとう》等を行わず、他の品と交換せんと欲する為めに、ある人より送れる品を受けて、他にそれを売りて、ある人には彼の必要品を渡す。その間において手数料即ち利益を取るの主となる。これ商族の起りし起原なり。次に悪業を行うこと少く、他の三族に衣食類を供給せんことの為めに、田野を耕作し

て生活する者あり。これ農族となれるなり。この外、廉恥慚愧《れんちざんき》の心なく、倫盗、殺生を主として、斯かる悪業を以て生活する者あり。これを旃陀羅《チャンダーラ》族あるいは賎族と云う。パクサム・ジョンサン、一七頁

（現今南インドにおいては旃陀羅《チャンダーラ》族を呼んで第五族《パンチャマ》 Panchama と云う。彼等は現今は概して盗殺等の悪業を為すにあらず。おおむね農業を為せりといえども一般に他の四族よりは賎族の子孫なりとして、今なお非常に蔑視冷遇せられつつあり。この外、四族の起原を梨具吠陀《リグベーダ》には婆羅門《ブラーフマン》族はブラフマ神の口より出で、士族はその肩より出で、商族はその股より出で、農族はその足より出でたりとあり。これ現今インド人民の一般に信ずる説なり）

何故にこの世界を娑婆《サハー》と名づくるやと云うに、娑婆は忍ぶの義にして、三毒煩悩に抵抗せず、能《よ》くそれらを忍ぶに名づけたるなり。悲華経にこの世界を娑婆と云うは、これに住する衆生等は貪欲に忍《た》え、怒に忍え、愚痴に忍えて煩悩の捕縛に忍《た》ゆるが故に娑婆《サハー》（忍）と云うなり。テーセク・チョエチュン、デルケ版三八丁

第十節　賢劫中過去仏の出生。賢劫中人寿四万歳に達せる時。千仏最初の（拘留孫《クラクチャンタ》）仏 Krakucchanda［蔵訳は輪廻滅《コルワヂク》］出世して十二相成道の法行を示されたり。パクサム・ジョンサン、一七頁

（翻訳名義集に倶留孫、これに所応断と云い、または作用荘厳と翻す。賢劫第九の減に人寿六万歳の

時、出でて仏道を成ず。千仏の首となす。次に釈迦譜、因果経等の支那伝は諸仏は八相成道にして、第一降兜卒、第二託胎、第三誕生、第四出家、第五降魔、第六成道、第七転法輪、第八入涅槃なり。我が国古来の所伝にも十二相の語は余の未だ見聞せざる所なり。西蔵所伝は大抵十二相成道にしてこれを単に御行十二《ジェッパチューニ》と云う。稀に御行八を誌す者なきにあらざれども、普通には十二相なり。十二相とは前記の八相に勝闘技、結婚、四門出遊、祇園現神通の四を加うるなり）

その後麗日王の王子バッドラより続いて普光輝王に至るまで三十代を経たり。その子孫百代の間、普陀羅《ポタラ》城に住せり。同上同頁

［この普陀羅《ポタラ》城はセイロンにあらずして、ナルマダ河のインド洋に注ぐ処にありし市街にして今のスラット地方これなり］

時にこの城市に衛兵を備うること五万四千人、婆羅那斯には六万二千人、キピラ城に八万人、ハステナプルに三万二千人、タクシエシラに五千人、曲女城《カンニャ・クブジャ》に三万二千人、瞻波国《チャンバ》に一千八百人、拘斯那揭羅《クシナガラ》城に一万四千人あり。その後またベナレスに十万の王、続いて有親王の時に至って人寿三万歳となりたる時、第二の仏陀、迦那含牟尼《カナガムニ》仏 Kanagamuni 金仙、出世し給えり。その後マチラにおいて十六万八千〇四十九代の王統を歴《へ》てまたサマンタ・プラバハ城において六万六千〇一代を経て、ワーラナーシー城に移れり。これに王統百代を経て拘理拘理《クリクリ》王の代となれる時、人寿二万歳となれり。時に第

三の仏陀迦葉波《カシャパ》 Kashyapa 護光《オエスン》［漢訳に飲光仏とあり］出世せり。時にワーラーナシーのクリクリ王は無上道心を起こして遂に忉利天に生まれたりき。パクサム・ジョンサン一七、一八頁

第十一節　釈尊の系統。その後クリクリ王の子孫は普陀羅《ポタラ》城に移って古代の後を迦盧那《カルナ》王と云う。彼王に二人の王子あり。長を憍多摩《ゴウタマ》 Gautama と云い、次を婆羅陀波闍《バハラヅフウジャ》 Bharadhvaja と云う。長は出家して迦羅婆盧那《カーラヴアルナ》 Kālavarna 仙人の弟子となれり。次男は王位を継げり。憍多摩は草屋に入り一心不乱に坐禅せり。ある時詐欺師蓮友《パッドマミツトラ》 Phad-mamitra はバハトラー女を誘拐し、犯し了って、彼女を殺せり。而してその殺すに用いし血刀を憍多摩の草屋内に棄て置けり。その後王は憍多摩が彼女を殺したる者として、彼を杙《くい》に貫くの刑に処せり。時に憍多摩の師迦羅婆盧那《カーラヴアルナ》仙人は彼王統の絶滅せんことを憂い、神通力を以て雨を降してその苦を除き、香風を起こしてその身に触れしめ、彼をして色欲の情を起こさしむ。憍多摩は仙人の意の如くに二の精滴を地上に落せるが変じて二個の卵となれり。この二卵は日光の擁護に依りて二人の赤子を発生せり。仙人は二子を甘蔗苑中にて養育せり。その後婆羅陀波闍《バハーラヅフワジャ》王は嗣子なくして滅せしかば、憍多摩卵生の長子は王位を継げり。彼また早世せし故に、彼の弟、王位を継げり。これを世に精生王と云う。この王統連綿して釈尊の子羅睺羅《ラフラ》に至るまで、この一族を称して憍多摩《ゴウタマ》族Gautma Vamsha、日種Surya Vanisha、甘蔗族Ikshvāku、精生族Anggaja と云う所以なり。

普陀羅城において精生王の後百世にして、毘盧択迦《ヴィルタハカ》 Viredhaka 王と云う彼王四子あり。長を宇盧迦牟

迦 Ulkamuka 次を訶蘇底具路那《ハステグロナ》 Hastighrona 次を掲闍多《ガジヤタ》 Gajata 次を奴布囉《ヌープラ》 Nūpura と云う。彼等の母后は早世せしを以て、父王は他の国王の王女を娶《めと》るに当って、その王女に生まれし王子に王位を継がしむべしとの条件を以て結婚せり。その後新婦は王子を生みしを以て、已むことを得ず、前の四王子を遠流せり。されば彼等は各自の妹およびその市に住する親族の壮年子女を率いて、普陀羅城を出で、中インドの神乗河《バハーギーラチー》 Bhāgi rathī［これ恒河《ガンガ》の一名なり。併し実際の住処は恒河の本流にあらずして、その支流のロヒタ河］の岸にして、迦毘羅《カビラ》仙人の住する近辺に留れり。彼等はその中において互に血統の遠き者を択んで、結婚せしかば、多くの子女を生ずるに至れり。この事、後に父王に聞こえしに、彼は大いに驚いてこれの如きは誠に釈迦《サキヤ》［Sakya 能く事を成す者］なりと讃歎《さんだん》せり。この事よりしてこの一族を釈迦即ち能成事族と名づくるに至れり。

その後釈迦一族は次第に繁殖せしを以て、彼等は他の地方に移らんとせしが、迦毘羅《カビラ》仙人は彼等を留めて、自ら黄金瓶に恒河の水を入れて、その水を以て城市の図を画けり。彼等はその図に従って城市を作りしを以て、城市を名づけて迦毘羅城と云う。四兄弟の内、三兄は次第に王位に上りしも嗣子なくして死し、末弟の奴布囉《ヌープラ》王の子婆羅盧陀《サーラルーダ》 Sālarūda 王より王統連綿として相続せり。

（如意宝樹史はこの間の王代の数を誌して、五万五千代として十車王《ダシヤラタ》 Dhasharata に至り、その後十二代の王を弓持《ダハヌヂーラ》 Dhanudhīra と云い、その子を師子頬王《シンハ・ハヌ》 Sinhahanu と云うとあり）

時に多くの家族の生ぜしより、国土拡張の為めに、ある家族を吠舎釐《ヴァイシャーリー》国に送れり。これを黎車毘《リッチャヴィー》Lichchhavi 族と云う。師子頬王は瞻部《ジャンブ》洲第一の弓手としてその名高し。彼王に四太子四王女あり。兄は曼珠師利《マンジュシリー》菩薩の化身にして浄飯《シュッドータナ》 Shuddhodana と云い、次を白飯《シュブローダナ》 Shbbrodana と云い、次を斛飯《ズロノーダナ》 Dronodana と云い、次を甘露飯《アミリトーダナ》 Amritodana と云う。四女の名は浄王女、白王女、斛王女、甘露飯王女と云う。第一の王子浄飯は王位を継承して浄飯大王と云う。これ釈尊の父なり。ヤーセル、三〇六丁

第十二節　釈尊の母后、近親、並びに藍毘尼苑《ルンビニ・ヴアナ》名義の起原。

天弥城《テエーヴァ・テエーシャナ》の主、善覚 Supra Buddha の妃を美女藍毘尼《ルバビニー》 Lumbinī と名づく。彼女は甚しく花園を愛するを以て、善覚王は天弥国と迦毘羅《カビラ》国との国境において、総歓喜苑即ち花苑を完全に造りて、これを彼妃に与えたりき。故に彼妃の名を苑に号けて藍毘尼苑《ルンビニーズナ》と云う。彼等の間に一の王子と二の王女あり。その中、末の王女は観世音菩薩の化身なれば、その生まるるや容貌絶美にして光輝城市を覆えり。その美容あたかも神工毘首波羯磨《ヴィシュワカルマ》 Vishva karma の大幻術より現われたる如くなれば、名づけて摩訶摩耶《マハーマヤー》 Mahā Mayā 大幻女と云う。時に相者は彼女を見て曰く、彼女は後に一子を生まん。その子は転輪聖王となるか、あるいは仏陀となるべし。後、彼王女等の生長するにおよんで、善覚王は浄飯王の求めに依り、二女を共に聚るべきやを尋ねしめしに、浄飯大王は摩訶摩耶《マハーマヤー》を聚るべしとありしより、妹が王后として結婚するに至れり。かくて王室の慶事と共に、迦思羅

城はますます繁栄し、庶民もまた宿福多き者なればこの王城の威力ますます強大となれり。彼等は弓術剣道を学ぶといえども、毫《ごう》も他を害する為にあらず。而して浄飯大王は釈迦《サキヤ》族即ち転輪聖王の一族に生まれて、宿福広大なれば衆の敬服する所なり。且つ徳行完備し、財宝饒《じょう》多《た》にして、国政を処するに法を以てす。六十四の性徳を具うる大王なり。而して摩耶夫人は前世に菩薩の母となること五百生なり。清浄性徳の自然に現わるるや、夫人の絶妙なる美容は、見る者をして毫も不潔の情想を起こさしめず。ただ絶美徳相の光輝に打たれて、自然に敬心を生ずるのみ。三十二の性徳を具えて真に仏陀の聖母たるに相応せり。ヤーセル、三〇七丁

第二章　釈迦牟尼仏本生略伝

第十三節　菩提《チユンチブ・》道順《ラムリム》喇嘛《ラーマ》伝灯史《ギユツパイ・ナムタル》拝語

（この伝灯史の解説は初の序文中にあれば就いて見るべし）

拝　語

尊聖ラマ、無縁の大慈悲に住し給える能成就力金剛薩埵《ヴァッザラサットワ》と差別なき主の蓮台下に礼拝帰命し奉る。願わくは大悲心を以て一切時中擁護あらせ給え。

仏陀《ほとけ》の御名《みな》を聞くからに　邪途の怖畏《おそれ》より護らるる
たのみをかくれば一切《もろもろ》の　願望《ねがい》を究竟《くきよう》に満てたまう
教勅《おおせ》の如く行わば　三身得せしめ賜わるる
教祖釈迦牟尼如来に　礼拝恭敬したてまつる
［仏陀礼拝］

無辺に列なるもろもろの　国土に化身を現わして
世尊のみ業《わざ》を何くれと　衆生に得せしめ賜わるる
仏子弥勒《マイトレイヤ》と法王子　曼珠師利《マンジユシリー》の菩薩がた

我身の菩提を遂ぐるまで　頭に戴き供養する

［唯識派および中道派二祖礼拝］

いとも般若の徳広き　菩提心なる大木に
いとも大なる道行の　力は枝葉に動くなり
真俗二諦の法の実《み》に　なべての人を歓ばす
大広行派の伝灯の　高僧知識に礼拝す

［唯識派伝灯ラマ礼拝］

深邃《しんすい》寂静《じゃくじょう》心行《しんぎょう》の　道も離れし中空に
智慧金剛の法爾なる　光輝《ひかり》を昭々放ちてぞ
衆生の心にはびこれる　無知の暗夜《やみ》をば除かるる
絶妙智見の伝灯の　心源の師等に帰命する

［中道派伝灯ラマ礼拝］

深邃大行この二派の　教理の次第を総和して
最勝秘密聖福の　宝の生ずる彼岸《かのきし》に
巧方便《ぎょうほうべん》の船をもて　頓《とみ》に渡らせ賜わるる

摂聖福の伝灯の　法のラマ等に恭敬する

〔秘密派伝灯ラマ礼拝〕

三派の流れの秘密解の　法の言葉の結晶体
宝の粋の菩提心　湧き出ずる不死の甘露にて
北方西蔵《ボウダ》のひじり等と　荒き衆生を化し給う
我等の主たるアージシャに　一心恭敬したてまつる　ラムナム・ンガパ一、二丁

〔新派の遠祖アージシャ礼拝〕

（以上の拝語は全くインドにおける教祖および伝灯の高僧に掛れり。以下には西蔵における新派の開祖および同伝灯ラマ等に対する所願的拝語あれどもこれには略す。次に著者が著書に対する期願を歌えり）

神ともに生けとし生まる者皆の　功徳幸福の基礎《もとい》たる
最勝《さいしょう》世尊のみ教の　なべての精の粋の意義
明かし給える菩提道　次第の伝灯ラマ等の
解《げ》行《ぎょう》の史伝を今これに　述べんと我は願うなり　ラムナム・ンガパ、三丁

第十四節　仏出世の稀有。無辺の空間に存在せる無数の衆生の安楽利益は残らず何処より生ぜしか。その唯一の源泉たるや、最勝世尊の宣説《せんぜつ》せられし法門、八万四千の一切の精義にあり。この精義をただ一個人として、錬修する次第を円満に組織し、能く成就したる所の菩提道順の教語を善く示されし所の本師教祖［釈尊］と。その伝灯のラマ等の史伝をこれに説くべし。

流水の本源は雪山にあるが如く、妙法の流れもまたその源頭は完全に成就せる仏陀にありと云わざるべからず。されば始めに教法の主人たる本師最勝尊、釈迦牟尼仏、大慈悲者の史伝を約して述ぶべし。ラムナム・ンガパ、三丁

世界に仏陀の出ずるはあたかも優曇波羅華《ウドンバラ》の開くが如く、実に稀有のことなりと説かれたり。然る所以は世に仏陀の出ずるにはまず初めに人ありて無上菩提の心を起こし、次いで三大阿僧祇劫の長時間を経て、無量の福智の二大徳を修聚して、全く仏国土を浄め、誓願を成就し、所化衆生の機根も能く熟したる等、総べての因縁能く適当に集合して、仏の世に出ずるに至るなり。これの如く総ての因縁の適合は甚だ困難事なるが故に、大抵この世界は暗劫に過ぐること多くして、仏の出世ある明劫は実に稀有なる所以なり。入菩薩行と云う書に

黒雲深きさ夜中に　　ちらと閃めく稲妻の如く
福智円満の大力ある　　仏の出世は稀に見る

と説かれし如く、三界に迷える衆生は、僅少《きんしょう》の道徳ですら起こすことは甚だ難しとする所なり。なお彼の生ぜし道徳心を仏力のみに依る者なりとして、仏陀を確信し、以て純粋徳行の少しにても行う所の者は稀に見る所なり。されば三宝即ち仏法僧を確信して、法の如くに善行を取り、悪行を捨ることを実行して、真に有情世間の執着を離れ、堅心以て家を出で、解脱の道に入り、修学する者の稀有なるは云うまでもなし。これの如く出家して解脱道を修る者の稀なる世なれば、自己よりも他を敬愛する菩提の心宝、深心より生じて、仏子の大行、大海の如きに入り、以て無限数の大劫において、中折せずして、究《く》竟《きょう》して修行成就する者の最も稀有なるはこれまた云うまでもなき処なり。されば仏出世の真に稀有なる所以は穢《けが》れなき所の智慧に依って明了に知ることを得るなり。ラムナム・ンガパ、四丁

第十五節　釈尊の初発心。

吾等の本師大慈悲尊が初めて発心せられたる事は賢劫経に下の如く説かれたり。

　そのむかし卑賤に我は生まれし時。　　釈迦牟尼如来のおん前に
一器の粥を供養して　　初めて道心を起こしたり

とある如く、陶器師の子、光作《ドハーラカラ》 Bhāra kara と生まれし時、大釈迦牟尼仏、世に出でられしに遇《あ》い、土製の壷《つぼ》に粥《かゆ》を入れ、鏡を蓋として、彼如来に供養して

　願わくは如来の御身のその如く。

み年の長さも弟子たちも国土の程も。
そのみ名も最勝尊のそのままを。
全く同じく我にも成就せよかし。

と言いて菩提心を起こしたりき。且つまた吾等の本師大慈悲尊は、吾等三界の一切衆生が六道に輪廻して、多くの煩悶苦患を見るに忍びず。無数の如来の尊前において、吾等を救わんとの心を起こして誓願せられたりき。これらの例中その要なる者二三を説かんに、報恩経の説にかつて本師大慈悲尊が地獄の車夫と生まれし時、同輩の一人が焼鉄の平地に、閻魔王の車を挽《ひ》かんとするに当って、彼は小心なれば、恐れて車を挽くこと能わず。時に閻魔王は怒って、三叉の鉄鎗を以て、彼の額を突きしかば、血流雨の如くに降り、苦痛に堪えずして悲哀慟哭《どうこく》せり。これを見たる一車夫は深心より忍ぶに堪えざる悲心を起こして、思えらく願わくはこの有情の悲痛を免れしめん。これの如き地獄の痛苦を我一人にて受けん。また彼は多くの衆生が前世造りし悪業の力に依り、自然に地獄に堕落し、また堕落せんとしつつあるを見て、心に勝え忍ぶあたわざる悲心を生じ、菩提心を起こして、彼は曰えり。ああ閻魔王に。衆生の痛苦これの如きを見賜え。彼等の苦痛を我に与えよ。我一人にてこれを受けん。時に王は大いに怒って三叉の鎗を以て彼を殺せり。これに依って彼は百劫間に造りし罪悪消滅して、三十三天の神と生まれたり。これ世尊が慈悲心を起こされし初めなり。それよりして成仏に至るまで、一切衆生に慈悲の心を断えず

相続せりと賢愚経にも説かれたり。　ラムナム・ンガパ、　四、五丁

第十六節　本生伝、光有王および無垢腕童子。発菩提心相続の一例として、戒説薬用基礎に説かるる所左の如し。ある時波斯匿王《プラーセナジット》 Prasenajit が世尊に何処に如来は初めて菩提心を起こされしやを尋ねしに、世尊は命ぜられき。古昔光有国に野生の白象ありき。その色白蓮の如く純白にして、支体完備せり。光有王これを見て象師にこれを馴《な》らさしむ。然して象師はこれを馴らして王に献ず。王彼象に乗って遊猟に出ず。象師もまた彼象に乗れり。林中に入るにおよんで、彼白象は牝象の交尾期に達せる臭香を嗅ぎ、牝象を追いて疾風の如く走りしかば、王は象師に命じて停止せしむ。然れども象師は彼を止ること能わず。象師は王に請うて樹枝に取り着かしめ、己れもまた樹枝に攀《きよ》じてその難を脱《のが》れたりき。王は象師を責めて曰く汝は象を馴らさずして我に献ぜり、その罪軽からずと。象師答えて曰く、陛下、臣は能く彼を馴らしたるも、云何せん、彼は牝象の臭香を嗅ぎしを以て臣の意に随わざりき。彼の帰り来らん時、臣能くその証を挙げんと。時に七日を経て彼白象はその熱狂の情消えて彼の舎に帰れり。而して象師は彼を王の前に率いて読みに炎々たる焼鉄を持てと命ぜしに、彼は躊躇《ちゅうちょ》する所なく、それを鼻にて持って、少頃にして死せり。王問うて曰く、汝は斯くも善く彼を馴したるに、彼は前に何故に汝の命を用いざりしか。象師答えて曰く、臣、能く彼の身を馴らせり。然れどもその心に至って臣の馴致《じゅんち》すること能わざる所なり。王曰く能く心を馴致し得る者ありや。象師曰く能く身心共に馴致し得る者は仏陀の外にあることなし。大王陛下、仏陀は徳力

広大にして、煩悩を離れたる力を有する真英雄なり。されば誰人にても仏陀の行に随うて行う者は、その真力、無形の心に存するに至るとこれの如く諸仏の大功徳を広く讃歎《さんだん》せり。時に光有王は諸仏の勇猛精進の力を聴いて、大いに確信して、施行を盛に行い、無上道心を起こして次の如く発願せり。

施物《ほどこし》を広く大いに行える。徳の力に我いつか衆生の為に。
成仏し過去の諸仏の化せざりき。総ての衆生を我は殊に解脱せしめん。
人々を善く保護したる。我業に依りあるは正しく。
人々をもてなす業より起りたる。徳の力に成仏して。
世の人々の食欲の。伝染病を滅さん。

これの如く無上道心を起こしたりきと説かれたり。

未生敵《アジャータシャツル》王　Ajātashatru

（我が国にては普通に阿闍世《あじゃせ》王と云う。観無量寿経疏吉蔵云阿闍世に両翻あり、大経文未生怨と云い、また折指と云うとあり。また大唐西域記第九に未生怨と訳せり。西蔵訳には未生敵《マケーテァ》 Ma skyes dgra とあり。テァの蔵語は敵にして、この梵語は Shatru なればやはり敵と云う意にして、怨の義に用いたる例を見ず。されば漢訳の未生怨は意訳なりと云うべし）

懺悔経に如来の発菩提心に就いて説く所左の如し。

百千万億無量大劫の古昔に、如来は適主の子、無垢腕童子と生まれし時、曼珠師利《マンジュシリー》菩薩の前生たりし説法師智王と云う者、彼を伴いて未得月幢如来の前に至って、如来および彼大衆等に午飯を供養せり。無垢腕は僅かに一椀を供養せしが、彼如来はその供養を彼百千万の大衆に普く与えて、なお多く余れるものあるを見て、無垢腕童子は大いに歓喜し、信心増長して、如来の前に敬立せり。時に未得月幢如来は、童子の為めに菩提心を説法せられしに、童子は不退転の大信心を獲得し、如来に帰命して、無上道心を起こされたりき。ラムナム・ンガパ、六、七丁

第十七節　本生伝、精進童子、適主慧賢。菩薩蔵経に本師は古昔無上菩提心を発せし次第と、修行地の次第に進歩する順序とを説かれたり。如来は無量不可思議劫を過ぎたる古昔に、最勝法王の王子精進行童子と生まれし時、大蘊如来の出世に遇《まみ》えり。彼如来は神通力荘厳不可思議の事を示して精進行童子をして深心随喜せしめて、後に如来は慈悲心を生じ、菩提心を起こすの順序、および布施等の六波羅密行、布施、愛語、利行、同事の四摂法、並びにこれらに摂する所の広大なる仏子行を学修する方法を広説し、なお十力、四無所畏、十八不共法等、仏陀の徳を広く演ぜられしかば、童子は大乗道において不退転位を確得せり。然して童子は大蘊如来と彼声聞《しょうもん》のこの丘衆を九億六千万年の間、一切の供養し得べき総べてを以て、供養し奉事して、無上正等道心を起こしたりき。その後一大無量劫を経て適主慧賢と生まれし時、宝支如来の出世に

遇えり（この伝記はほぼ前伝と同じければ略す）

第十八節　本生伝、雲童子。その後一大無量劫を経て、婆羅門《ブラフマン》の子、雲童子と生まれし時、如来燃灯仏の出世に遇えり。童子は歓喜踊躍して、一大堅固なる信心を以て、燃灯仏の尊前において、十二年間、彼黄金色の頭髪を地に拡げて謂《い》えらく、我は如来より成仏の讖言《しんげん》を得ざらんには、この地に乾死《ひじに》すべしと誓えり。時に如来応供正偏智等の十号具足の燃灯仏は雲童子の心を知りて、彼黄金色の頭髪を踏み賜えり。時に雲童子は起ちて、青蓮華《ウヅバラ》を両手に盛り、如来に散華の供艱を行えり。散華するや否や、如来項上の空に当って、青蓮華より成れる華屋にして、四隅に四柱あり、絶妙荘厳趣味深き者となれり。而して蓮華屋中にも如来の身は現われたりき。時に燃灯仏は雲童子は告げて曰く、婆羅門の子よ、汝はこの根本道徳の力に依り、未来無量劫を過ぎて、如来、応供、正偏智、明行足、善逝、世間解、無上士、調御丈夫、天人師、世尊、釈迦牟尼仏となるべしと授記せられたりき。時に雲童子は授記を聴いて、最大歓喜し、深意に安静を得て、無生法忍を証せり。彼は無生法忍を証せし後、空に上ること七多羅樹《しちたらじゅ》の高さに至って、六千の三昧に入りて、恒河沙《ごうがしゃ》数の諸仏を明らかに観見したりき。ラムナム・ンガパ八、九丁

第十九節　本生伝婆羅門海塵《シンズ・ラジャ》。吾等の本師大慈悲尊は特に五濁悪世の衆生の難化にして、他の諸仏諸菩薩が棄去せられたる吾人の不幸に対して、忍ぶこと能わず。彼は婆羅門海塵《ブラフマンシンズ・ラジャ》と生まれたる時、その

事を現わせり。時に婆羅門海塵は宝蔵《ラタナ・ガルバ》如来の尊前において、十方の諸仏諸菩薩を証として観じて謂えらく、普通には十方の諸仏に済度《さいど》せられずして、残りし衆生、特別には賢劫中拘留孫《クラクチャンタ》仏を第一として終わりの喜光仏に至るまで、九百九十九尊は皆既に各自の時処を有ちたれども、闘争期中八寿百歳の時に当って、世はあたかも炎々たる火宅の如く、五濁の悪事混雑し、罪業猛烈にして度し難く父を父として敬事せず、母を母として敬事せず。師を師として敬事せず。恩を報ずることを知らざる無頼の衆生中に誰か能く入って彼等を化度《けど》することを得んやとて彼九百九十九尊も皆放棄せられたり。されば我今宝蔵如来の尊前において十方の諸仏を証として誓願せんと、その言に曰く、我は誓うて闘争期中人寿百歳の時の悲しむべき衆生を必ず済度せん、もしその以前に成仏する力あらんとも、その時に至るにあらずんば我は必ず成仏せずと。これの如く誓願せられたりき。なお海塵婆羅門は吾人五濁悪世の衆生の為に五百の大誓願を立てられしかば、宝蔵如来を始め十方の諸仏は異口同音に善哉と讃歎し、華を散じて曰く、大丈夫汝は諸菩薩の中において並ぶ者なし。あたかも諸の華の中において、比類なき白蓮華の如し等と広く讃じ給えり。されば吾人の本師たる大慈悲尊の他の願行は少頃く措くとするも、これの如く古昔既に吾人の為めに発心せられたる一事を思うもその大思慮るべからざる者あり。況んや吾人の為めに万行苦行せられたる大慈悲心を思うにおいてをや。真に深心より信心供養して彼大恩を報ずるに精進すべきなり。ラムナム・ンガパ、九、一〇丁

第二十節　三無量大功に供養せる諸仏の数。これの如く大聖世尊は初に発心して次いで徳を積まれたる次第を論蔵にも誌せり。

宝髻、燃灯、勝観は　三無量劫の末に遇えり
初は大釈迦牟尼仏と知れ

と説かし如く、大釈迦牟尼仏は発心の始めに遇える仏にして宝髻仏は第一無量大劫の終の仏なり。それより燃灯仏の出世までを第二無量大劫とし、それより勝観仏に至るまで第三無量大劫とす。この無量大劫において如来は徳を積まれたりき。戒説にも以下の如く誌せり、

大釈迦仏を始として　護国仏の出世まで
七万五千の諸仏等を　我こそ供養したりけれ
善行如来を始として　帝幢牟尼に至るまで
七万六千の諸仏等を　我こそ供養したりけれ
燃灯仏を始めとして　迦葉波《カシャパ》仏に至るまで
七万七千の諸仏等を　我こそ供養したりけれ

と説かれし如く、第一無量劫において大釈迦牟尼仏を始めとして護国仏に至るまで、七万五千の諸仏と、第二無量劫に善行仏を始めとして、帝幢仏に至るまで七万六千の諸仏と、第三無量劫に燃灯仏を始めと

して迦葉波仏《カシャパ》に至るまで、七万七千の諸仏とを供養奉事して、不断に智福二聚の道徳を修められしなり。ラムナム・ンガパ、一〇丁

第二十一節　報身仏の化度。これの如く三無量劫に修得すと説くは、仏教普通の説に従うて、説きし者にして、大乗の義に従えば三無量劫に修得する次第は、先に菩薩蔵経に説かれし如くなるが、宝雲経には以下の如く説かれたり。善男子、如来は多数の無量大劫を経て成就する者なり。善男子、如来は甚深微妙不可思議なり。時に除蓋障菩薩問うて曰く、世尊よ諸仏は三無量劫において、全く成仏せらるるにあらずや。世尊曰く善男子その所由は云何と云うに、菩薩が如来地を成ぜんとする修行は、実に思慮分別のおよぶ所にあらず。三無量劫において全く成道すること能わず。然れども三無量劫を算《かぞ》うるは、菩薩が平等法智を証得してより後の時を云うなり。極最初の発心より算ずるにはあらざるなりと。また月灯経には

千万億より余りある。恒河沙数《ごうがしゃ》の仏陀等の
霊鷲の峯にお在したる。人天の師にも我は皆事えて修行なしたりき

等、広く説かれたる如く、本師は往古修行地において、無量不可思議《むりょうふかしぎ》恒河沙《ごうがしゃ》の諸仏に奉事し供養して、成就、好熟、修習の三行を究竟して、華厳蔵基と名づくる阿迦尼瑟吒《アカニスタハ》国土 Akanishtha において五証の徳を有する報身を現成して、その身は常に不動のままなから、虚空に散在する総ての国土において、その各国土に相応せる所の化身を現じて、一切衆生の為めに菩提の道を示し給えり。ラムナム・ンガパ、

一〇、一二丁

（三界中色究竟天の原語も阿迦尼瑟吒《アカニスタハ》と云う。然れどもこれに誌せる華厳蔵基阿迦尼瑟吒国土は色界の最上に位する天国を云うにあらず。この阿迦尼瑟吒国土は、これより東方の不動如来および金剛《ヴアツザラ》薩埵《サツトワ》等の住する処を云うなり。梵語阿迦尼瑟吒の訳は最上、あるいは無下なり。蔵訳オクミンは下なしの義なれば原語の意に合せり。阿迦尼瑟吒を色究竟と訳したるは意訳なるべし。不動如来の国土の名も色究竟天の名も同じければ、報身の住処の混雑せんことを恐れていささか弁じたるのみ）

第二十二節　迦葉波《カシヤパ》仏の授記。これの如く報身の化度を行われしより、往古の発心誓願成熟して、娑婆《サハー》世界に無上の応身を現示する時の近づきしに当って迦葉波《カシヤパ》 Kashyapa 仏此土に出現せられたり。

（梵語迦葉波《カシヤパ》、蔵語にオエスルン護光《オエスン》となる。而して漢訳に飲光とあり。然れども梵語の Kashi は光にして Apa は水、あるいは動作、または行為等の意なれば、飲も護も意訳なりと知るべし）

時に本師大慈悲尊は婆羅門《ブラフマン》の子、上主［一説には護光］と生まれて、迦葉波仏の会中において浄行を修せられたりき。時に迦葉波仏は上主に授記を与えて曰く、我寂滅の後、汝は人寿百歳の時に当って、この娑婆世界において成仏して、十号具足せる世尊釈迦牟尼仏となるべし。その寿八十歳に至るまで法輪を転じて、入涅槃の後も、教法長く存すべし。斯く宣説せられしかばその名称十方の諸仏世界に普く聞こえたりき。その後、彼の上主は死して覩史多《トウシタ》天上に生まれて、正妙項菩薩となられたりき。ラムナ

ム・ンガパ一一丁、一二丁

第三章　仏誕生より防水工事まで

第二十三節　仏誕生前の瑞相《ずいそう》。一生補処の正妙項菩薩は覩史多《トウシタ》 Tushita 喜足、天上の諸天人の為に説法して、此土に誕生するに至るまで彼天に住せられき。而して菩薩の誕生の時近づくや、菩薩の誕生せらるべき藍毘尼苑《ルンビニおん》において、前兆たる瑞相の現われたりき。苑の地は総《す》べて手掌《しゆしよう》の如く平坦にして、その基礎は金剛宝より成りて諸宝充満せり。宝樹列生して、芳香自然に生じ、勝幢宝雲上空に集まり、天の諸華および天衣蔵は広く現われ、この苑の地は総べて自然の宝蔵となり、苑内の池は浄蓮花に満ち、天龍等の八部衆は皆合掌恭敬し、八部衆の婦女子等は樹王鉢剌叉の幹を観つつある時、十方の諸仏は、その身の臍より光を放ちしかば、林苑赫耀《りんえんかくやく》として、その光中に仏誕生の影現われ、誕生と云う声さえ聞ゆる等、諸の瑞相現われたりき。ラムナム・シガパ一一丁

（樹王鉢剌叉《プラクシヤ》 Plaksha は無花樹なり。然れども華厳探玄記第二十に義翻して高顕樹と云う。あるいは阿輸迦樹《アシヨカ》と云う。これに無憂樹と名づくとあり。阿輸迦樹にプラクシャの異名あるものか）

（仏誕生地藍毘尼苑《ルンヴィニおん》は、ネパール国領、ヒマラヤ山下の平原地パガワン・プール村の北二マイルパデリヤ村中の一端にあり。西北ベンガル鉄道のウスカヴァザーかあるいはノーゴルの停車場より北方に約二十三マイルの地にあり。油河の西北岸に小丘あり。周廻約四丁、丘上に小祠あり、内に石像浮彫

の仏誕生の像あり。仏母摩耶《マヤー》夫人は右手を以て無憂花樹の枝を取り梵天、因陀羅《インドラ》の二天王は誕生せられし太子を手に捧ぐるの状なり。摩耶夫人の像の右側に指天指地の誕生仏像あり。これこの小堂内の本尊なり。丘を下れば阿輸迦王の建てし石柱あって仏誕生の事を誌せり。この地よりして北に数マイルを行けばヒマラヤ山下のタライ大林に達すべし。この北方の空を望めばヒマラヤ山脈中の麗妙雪峯《タハワラギリ》、巍然《ぎぜん》として雲間に聳え、その西に並列して解脱性《トルボゼー》の奇峨《きが》たる雪山脈あり。次に西北方遥かの雲間に渺茫《びょうぜん》乎として峭立せる雪峯は歓喜ヶ嶽《アーナンダ・ギリ》と云う。次いで吾人の眼を転じて麗妙雪峯《タハワラギリ》の東を望めば、魚尾雪峯《マチブサギリ》はその名の如くに突出し、次いで東に夕陽《ヌブリニーシャン》、日出の諸雪峯、神殿の如く宝塔の如く連立し、東北には暁野《ゴサイタン》、暁泉《ゴサイクンダ》等の諸雪峯泰然厳然として空間を荘厳せり。而して東方に当って眼界のほとんど絶せんとする処に、諸山脈の上に超然群を抜いて天空に白雲の如く曚《ぼう》として現わるる者あり。これ世界第一の高雪峯妙后吉祥《ゴワリーシャンカル》［一名エヴァーレスト］なり。これインドの平地において吾人の見能う最大なる雪山の光景にして、宇宙の大観なり。この宏壮極まる天然の中心たる藍毘尼苑《ルンビニおん》の丘上に立って、宇宙最大の停聖たる釈尊の降誕を観ずる時は、吾人はまず宇宙の大荘厳に打たれて、身心妙融し、無限実相の真粋たる唯我独尊の妙相を観るの思いあり。藍毘尼苑における無限大なる真と相との瑜伽妙融《ゆがみょうゆう》は言語を以て現わし得ず。実地にこの境に触れて味うべし。前記降誕前の瑞相の説明の如きも、かかる実感の小発露と云うべきか）

大正元年申年十二月十一日第四回仏誕生地参拝の際、著者自ら高楠順次郎博士等と共に実地に測りし処を左に誌すべし。

パデリヤ村端より東北ルンビニまで。十二町三十間。

ルンビニより東方油河まで。二町（河幅）四十尺。

ルンビニ苑境内。東西直径三百四十九尺。南北四百二十九尺。

境内中の釈種浴池より北に石柱まで。九十尺。

池の周囲。およそ八十間。

石柱より摩耶夫人の堂まで東に。四十四尺三寸。

摩耶堂の東南端より東の道まで。二百六十四尺。

石柱より西の道まで。直径六十六尺。行路に従って量ればなお二十尺あり。

摩耶堂の東西。四十七尺三寸。南北二十五尺。

石柱の高さ。（但し折れたる柱にして上部なし）一丈二尺五寸。

同　周囲。（高さ地より三尺上の処にて計る）七尺二寸五分。

摩耶堂内摩耶夫人の像高さ　五尺。

誕生仏立像。（仏の指示天地の姿勢）一尺二寸五分。

帝釈、因陀羅《インドラ》の二天王は別に臥状の誕生仏を平に捧ぐる状にしてこれ等を皆一枚の板石に浮彫にしたるが。惜しむらくは電流に触れて破れしものか、前面一様に木を破りし如くに破れ落ちたり。明治四十四年ダライ・ラマがこれに参拝して、数日滞在の時法王臣下の画師に命じて、平面になれる所に顔および衣服等を彩色画にて画かしめたり。余は第三回参拝の時これを見てその西蔵化せるに驚きたるが、第四回の時にはその彩色は全く跡を絶ちて、土人の塗れる赤色にて覆われたりき。現今当地方の土人は摩耶《マヤー》夫人を以て藍毘尼《ルンビニ》女神として祭れるに依るなり）

第二十四節　降生勧請の自然楽歌。時に正妙項菩薩は覩史多《トウシタ》天上三万二千の宮殿楼閣において、性徳荘厳完備せる最富聖福の殿裡に安坐せり。時に菩薩徳の法爾の力と十方諸仏の護念とに依り、適意絶調の声よりして、八万四千の合奏音楽、種々徴妙の音声を以て歌うて曰く、

宿福広大修徳あり　宿命神通性智あり　般若の光輝無辺にして
無等の力と万行の　徳ある者よそのむかし　燃灯仏のみ前にて
授記せられしを思われよ　最勝福の汝《なれ》ゆえに　覩史多の天はいと妙に
美わしくありさりながら　大悲おわする汝《なれ》なれば　瞻部《ジャンブ》のあらゆる勝幢に
甘路の雨を降らしめよ（中略）ただ今こそは時なれば
平意に過し賜わざれ　大悲心ある吾君よ　こいぞ願いぞたてまつる。

これの如く瞻部洲に降生の時来れり等、広く燃灯仏、迦葉波《カシャパ》仏等、無数の諸仏より授記せられし所の人寿百歳の時に成道する事を、度々楽音より発して懇請せり。時に浄居の諸天人等は菩薩入胎の十二年以前において、婆羅門《ブラフマン》と化して、諸人に対して曰く三十二相、八十種好を具備したる菩薩降生あって転輪聖王かあるいは仏世尊となるべしと宣言せり。独覚《どっかく》の仙人等に対しては十二年後に菩薩入胎あらん。汝等のこの行その要なかるべしと云えり。彼等の一人は王舎城《ラージャ・グリハ》の尾変山《ラーングラ・パリヴァルダ》にて独覚牛と云うことを聴いて石上に足跡を遺して去れり。その後婆羅痆斯《ヴァラナシー》の鹿野苑《ムリガダハーヴァ》において五百の独覚仙人は空中火定に入りて逝去したり。而してその舎利地上に随ちしかば後世同処を称して仙人堕処《リシパタナ》 Rishi patna と云う。ラムナム・ンガパ十三、四丁

第二十五節　五事観察。位を弥勒菩薩に授く。その後菩薩は彼大天宮より出でて諸天人の為に説法する所の高法善性殿と云う堂に入り、獅子の宝座に上りて、弥勒菩薩および覩史多の諸天人、並びに諸方より来集せる諸菩薩等の為めに広く説法なし給えり。而して後、仏陀の正行を顕示すべく思惟して五事に就いて観察し給えり。五事とは時を観じ、国を観じ、種姓を観じ、血統を観じ、母となり得る徳ある女に就いて観ずるなり。第一、時を観ずるとは既に海塵《シンズ・ラジャ》と生まれし時、宝蔵《ラタナ・ガルバ》如来に人寿百歳の時成仏せんと誓い、また燃灯仏以来総べての如来も同じく授記せられし如く菩薩も思念し、また十方の諸仏よりはこの五濁悪世の衆生は完全なる依処を失える者なれば、これが依所たらん。為めに速やかに降生せらるべしと請われ

て当に瞻部洲《ジャンブ》に降生すべき時、来れりと観じ給えり。第二、国を観ずとは仏陀の出世はただ世の衆生の利益の為めにのみ出ずる者なり。而してその所化の衆生の主となる者は、神と人との二類なるが、もし仏にして神の国に出世せんか、人間は彼処に到るの力なきか故に後等を利益し得ざるのみならず、神等は仏に遇い難しとの心を生ぜず。神等自身の娯楽多き為めに厭世の念生ぜざれば戒徳の器となり難し。且つ神等にして法を聴かんと欲すれば、瞻部洲に至ることを得べし。されば人間界に生まるることそ当を得たる者なれ。その人界の中においても瞻部洲以外の三洲は財産豊富なれども求法の精進心に乏し。瞻部洲の人々は貧にして短命なれども、信心の機能鋭くして出塵念力の堅固なる者生じ易し。なお瞻部の土には中道を悟り得るに勝えたる丈夫烈女多し。されば此土に顕密二教を広布せんと、これ菩薩が国に就いて観じて、此土を択んで成仏の行相を示さんと決せられし所以なり。第三、種族を観ずとは諸仏の応身出世する時は、王族あるいは婆羅門《ブラフマン》族を択んで降半せらるるなり。而して菩薩は世情に順うて王族に生まれんと観じ給えり。第四、血統を観ずるとは、王族の中においても、菩薩の父母たる人の血統は毫も穢れざる者を択ぶことなり。既に本書第十節より第十二節まで述べたる如く、浄飯王《シュッドータナ》は国初の王より、連綿たる王統にして、その後摩耶《マヤー》夫人はまた清潔なる王族の出なれば、まず此王と后とを父母とせんと観ぜらる。第五、特に母となり得る徳ある女を観ずとは、既に第十二節に述べたる如く、摩耶夫人は前生願力の徳を具えて、仏陀の母たるに相応したれば、夫人を母として降生せんと観じ給えり。ラムナム・ンガパ一三、四、五丁。これの如く正妙項菩薩は五事を観察し了って、高法善性殿より出でて、同じく覩史多天《トウシタ》上においで、六十四由旬の長さある連旗の、空に翻々たる辺りにおいて、高幢と名づくる説法殿に入って、最勝福の獅子座に安坐して、諸神に対して云えり。諸友よ、我身に宿福の百相荘厳せるを見よかし。また十方世界において諸菩薩の我と同じき者の無数なるを見よ。諸神はこれを見て讃歎せり。而して正妙項菩薩は弥勒菩薩および覩史多天の諸神に言えり。諸友よ、信心は仏法の輝く門にして、心思安泰となるべし。浄心は仏法の輝く門にして、濁心は清浄となるべし［中略］不退転地は仏法の輝く門にして、如来の諸法を成就するに至るべし。地より地に上進する智慧は仏法の輝く門にして一切種智の位に登るに至るべし。入灌頂位は仏法の輝く門にして、入胎、誕生、出家、苦行、入菩提座、降魔、成道、転法輪、入大涅槃を示すに至るべし。これの如く仏法光照の百八門を広く宣説して、自ら宝冠を取って、これを弥勒菩薩の頭に戴せて曰く、諸友よ、我は成仏の為めに贍部洲に行くべし。汝等の為めには無勝《アジツタ》が我に継いで法を就くべし。斯くして弥勒菩薩をして一生補処の菩薩位に上らしむ。ラムナム・シガパ一七、八丁

（無勝《アジツタ》と Ajita はその名にして弥勒《マイトレイヤ》 Maitreya は即ちその姓なり。アジッタは漢訳に阿逸多とある者これなり）

第二十六節　降観史多天。時に浄飯《シユツドータナ》王の官城において、八の瑞相現われき。地平坦にして、殿内塵煙《じんえん》なく、清水地に撒じ、蚊蝿蜂蛇の類なく、諸花地に散ぜり。雪山の杜鵑等庭内の樹木に留って妙音を奏し、殿裡の

庭花一時に諸花満開し、池中は千葉の蓮華を以て覆い、熟酥蜂密《じゆくそはちみつ》等の美味用うるも尽きず。鐃鉢《にようはち》等の楽器は自然に妙音を発し、七宝の器具は自ら増加し、日月の光輝は徳の光輝に威圧せられて、身心をして柔軟安楽ならしむる所の光輝は現われたりき。而して菩薩は高幢殿より出でて、総ての宿福力に依って完全に生ぜる諸宝を以て成ぜる所の天上荘厳の大殿に入って、諸の菩薩と諸天人とに囲繞せられて、降生せんとし給えり。而して菩薩は九の悦楽荘厳と名づくる光輝と百千万無数の光輝を以て、三千大千の総ての暗黒を照破して、日月の光を威圧せしかば、その瞬間悪道の苦痛は消滅し、一切衆生は煩悩に悩まされず、非器の者は恢復《かいふく》し、手掌に金剛を入れたる如く護念し、諸種の見解に執着せる業等は総べて消滅せり。特に母に対して放てる光輝は尊母牲徳円具と名づくるものにして、菩薩の膚毛の総てより発光して、摩耶《マヤー》夫人の斎戒《さいかい》せる身に入るや否や、御身は平安を感じ、一切衆生の身体よりも、明らかにまた高尚にして、その量空の如く軽くなりたれども、人身を離れず、尊母の右脇は菩薩の完全行の徳に依りて、その胎内清浄となれり。時に、正妙項菩薩は無数の天神と種々無量の供養とに囲繞《いじよう》せられて、観史多天より下りて、六牙の小白象の相となり、夜三更において、尊母の右脇より入り給えり。入るや否や、生後六ヶ月程経たる、赤子の相好具足したる者となり、尊母右脇の浄曼荼羅内に、安住し給えり。この曼荼羅は十方塵沙《じんしや》の徳と斉《ひと》しき龍精殿にして、菩薩はこの中に安住し給えり。ラムナム・ンガパ一八、九丁

第二十七節　宿胎。菩薩入胎後七日間は、大空大地、皆供養牲徳果の荘厳たる大蓮華に満ち、三千大千世界

の精たる甘露は彼蓮華上に滴々たる玉と宿れり。大梵天王独りこれを見て、瑠璃器に入れて、供養せるに、菩薩これを飲んで御身を増長し給えり。この甘露は他の衆生の消化し能わざる者なり。尊母の胎内に宿れる御身の光輝は赫々《かくかく》として火の如くに輝き、五由旬《ゆじゅん》の間を照せり。時に尊母は云えり。四天王等は毎朝法を聴く為めに来至し、日中には忉利天の因陀羅《インドラ》王等来至し、次いで梵天および十方の諸菩薩来至して、皆聴法するを見ると。これの如くして十ヶ月間、尊母の胎曼陀羅内に安坐して、十方の諸菩薩、諸天善神、八部衆等、無数の所化の為めに済度の縁を結び給えり。

誕生の時近づくや。浄飯《シュツドータナ》大王の庭苑に三十二の瑞相出現せり。苑内の諸花、池中の衆華、および諸樹の花、皆満開して綵絢爛漫《さいじゅんらんまん》たり。八宝自ら生じ、二万の秘蔵自らその口を開き、殿裡には諸宝自ら現われ、水道および覚の水は皆芳香を発せり。穀類熟酥《じゅくそ》に至るまで皆美香を放てり。雪山より来れる五百の仔白象も来て王宮に鼻尖を接触し、神の童子等は摩耶夫人の侍女等の歓喜中に交わり、龍女等は供養の花果を以て空に舞い、十千の天女等は宝傘蓋《ほうさんがい》、宝旗を以て空に列し、百千の天女は鼓を打ち、唄を吹き、美妙の声を以て歌えり。空には風塵なく、河水静にして、宇宙の絶調をしらべ、日月星辰も共に歓喜の色を表わせり。宮殿楼閣は宝幔荘厳《ほうまんしょうごん》し、武器庫、下馬台は宝珠厳飾し、種々の宝衣は倉庫に満ち、自らその戸を開けり。声なき梟鳥すら妙音を発して歌い、人間悪業の相続を絶ち、四方皆平垣にして、街衢《がいく》市場《しじょう》等、皆平和の花に満ち、妊婦等は皆安く赤子を産せり。沙羅《サーラ》樹林の神等は樹葉の間より半身を現じ

て恭敬礼拝《きようけい》して、仏の誕生を待てる等の事現われたりき。ラムナム・ンガパ二〇、二一丁

第二十八節　誕生。時に摩耶《マヤー》夫人は藍毘尼苑《ルンビニおん》に行かんと命ぜ出されしかば、浄飯《シユツドータナ》大王および善覚王は特に諸臣を派して、藍毘尼苑を掃除し、別宮小亭を荘厳せしむ。時にその苑において、誕生前兆の大祥瑞はこの地の総べての宝殿に現われ、宝蓮華蕾その花を開くや、一々御誕生と云う歓びの声を発して華光爛々《けこうらんらん》たり。十方諸仏子の発心より成仏までの諸相現われたりき。而して浄飯大王は特に臣下を派して、迦毘羅《カビラ》城より藍毘尼苑までの道路を掃除し、香水を撒せしめ、種々の花を散じ、百千の歌女をして音楽に和して歌わしめ、百千の宝車を列し、守護の勇兵一万人をして各要処を守衛せしめて、後に諸宝を以て厳飾せる宝車中に摩耶夫人を安坐せしむ。四天王は宝車を引き、因陀羅《インドラ》王は先駆し、梵天王は側《かたわ》らに立ちて、王扇を持し、無数の諸天善神等歓喜供奉して随行せり。一行の藍毘尼苑に到着するや、摩耶夫人は宝車より出で、林苑より林苑にと歩み給い、一々の樹を見て進み給うに、平垣なる地上に細軟なる青草繁生せり。中に樹王あり。無憂樹《アシヨカ》と云う。その花天上人界の荘厳にして、美香馥郁《ふくいく》たり。樹幹枝葉は諸宝を以て成れる如く、威容堂々たるものあり。

時に摩耶夫人は右手を延ばして、その樹枝に掛け給い、空を見給いしに、夫人の右脇よりして、黄金塊、百千日光の潤光あるもの、頓に出でたりと見るや、仏身誕生あらせられたり。而して梵天王および因陀羅王の二神は天衣カーシカを以て尊身を受け、難陀優婆難陀の二龍王は甘露の雨を供し、無数の天人天

女は天の香水を以て、尊身を灌浴せり。而して梵天と帝釈とは尊身を空中に捧げんとするや、菩薩はこれを制止して地に下り、四方に七歩ずつ歩行して、天上天下唯我独尊と一大獅子吼し給えり。而して菩薩の身は千日一時に照耀《しょうよう》するよりもなお雄大なる光輝を以て、総ての世界を照らし給えり。その光、地下に至りしかば、地中の衆生はこの光に触れて、皆その苦悶を消滅して、平安の楽を受けたりき。時に無辺の大空は天人天女の供養宝雲に満ち、苑内の樹木一時に開花して果宝を結べり。天空よりは花の雨降り、三途の苦患消滅し、一切衆生煩悩に悩まず、不具者も具足し、大地も震動せり。また菩薩の誕生と同時に四大国の王に王子誕生せり。舎衛《スラワシティ》国王脇飛浄光に太子生まれて、国内光輝に満ちたれば光照勝《サルギャル》 Prasenajit 波斯匿《プラセーナジット》と名づけらる。次に王舎城の大蓮華王《ラージャ・グリハマハー・パッドマ》 Mahapadma に太子生まれたる日、身の光るが如く現われたると、妙荘厳妃に生まれたるを以て、妙荘厳精《ビンビサーラ》 Bimbisāra と名づけらる。憍賞弥《カウシャンヴィ》国の百戦王に王子生まる。世界に日の上り照らす如くなれば優陀那 Udana 上照《ウダーナ》と号けらる。鄔闍衍城《ウッジジャイニ》 Ujjayini 現今の Ujjain の無辺際王 Anantanemi に王子生まれたるに世は灯光に照されたる如くなりしかば最照《プラバハー》と名づけらる。また同時に釈迦《サキヤ》城市において跋提梨迦、難陀等の五百子生まれ、他の釈迦種にも多くの男子出生し、優陀夷《ウダイ》等侍従たるべき者八百人、耶蘇陀羅《ヤシコダハラー》女等釈迦族の女子十千および侍女八百人、並びに王族婆羅門《ブラフマン》族の家族に二万の女子生まれたりき。また金色白顔の犍陟《カンタカ》 Kantakanam［悉達太子の乗馬］を初めとして、二万の牝牡の馬、および一万の象、六千の牛等生まれたりき。黄金にて荘飾せる二万の大象は空より声を発して迦毘羅《カビラ》城に来れり。贍部洲《ジャンブ》の中央金剛座《ヴァッザラアーサナ》の在る所において阿湿波他樹《アシュワッタハ》［Ashvattha 一名畢波羅 Pippala と云う。後に如来はこの樹下において成道したれば、後世この樹を称して菩提樹《ボーデズルマ》 Dodhi druma と云う］生じ、無熱悩池の岸において優曇波羅《ウドンバラ》華等の花開き、諸小嶋には白檀林生じ、山上には宝樹生じ、ロヒニー河の岸には徳の精と名づくる樹生じて、一日の中に二十五尋の高さに長ぜり。旭日の出ずる前には爪先にて摘み去り得る程の小木なりしが、日出でて後は火も焼く能わざる程に生長せり。藍毘尼苑《ルンビニおん》においては蓮華形の如き率堵婆《ストウッパ》（塔）を造りて仏身誕生塔と称せり。菩薩愛用の為めにとて花苑を献ずる者五百におよび、五百の秘宝蔵現われ、迦毘羅国周囲の小王等は貢を収めて大王の下に伏せり。これの如くなりしを以て浄飯王《シュッドータナ》は謂えらく太子生まれて我願う所の意は一切成就せり。故に一切意成就《サルヴァルタ・シッタ》太子と名づくべし［Sarvārtha siddha 俗に略して悉達太子と云う。ラムナム・ンガパ二一、二四丁

第二十九節　仙人等太子の相を観ず。 時に父王および母后は観相師等に尋ねられしに、彼等は讖言して曰く、雪山の麓にしてバハギラティー［Bhagiratī 恒河《ガンガ》の一名なれども雪山より出ずる諸流は皆恒河と呼び、特にロヒニー河をパハギラティーと呼びたるなり］河の岸にして、迦毘羅仙人の住居と甚だ遠からざる所の釈迦族《サキャ》に生まるる童子は、もし家に在らば転輪聖王となって四天下を有すべし。もし出家せんか、完全

なる仏陀世尊となるべしと云えり。

菩薩はこれの如く誕生の大瑞相を以て、無数の衆生に済度の縁を結び、広く天上人間の供善を受けて、七日間藍毘尼苑に住し給えり。菩薩誕生の光輝か総ての世界を照せし時、ヒマーラヤ山中の普持雪峯Sandhara に住する黒無煩悩《カーラ・アシタ》 Kāla a ita と名づくる仙人および同処に住する多くの仙人等は彼光輝を見、且つ諸天善神の空間において歓喜の声を発して菩薩は誕生し給えり。将に成仏して法輪を転じ給うべしとて、広く発する歎美の声を聴いて、彼等は互いに告げて曰く、我等は彼菩薩を礼拝する為めに出発せんとて熟議一決せり。彼等の中の一人、智者仙人は云えり。今は大梵天王および因陀羅《インドラ》王等諸神の有力なる者等は多く彼菩薩の前に在れば、吾人は菩薩に拝謁《はいえつ》する機会なし。されば菩薩が迦毘羅城に御帰着の上遇い奉るべしと決したりき。七日の後、天神人間等が無量の供養を以て行列して、菩薩を迦毘羅城に歓送せり。ラムナム・ンガパ二四丁

尊母摩耶《マヤー》夫人は菩薩を生んで七日の後、崩御して、三十三天に生まれ給えり。これ菩薩の出家せられん時、尊母にして世に在しまさば、心臓破裂せんばかりの悲歎を受けらるることを、菩薩は知られし故に、誕生後七日を経て定命の終れる時を計算してその時を以て胎内に宿られしものなり。ヤーセル三一一丁

第三十節　悉達太子神祠の参拝。当時国俗の習慎として、赤子の坐《うま》れし時は、その生後幾日もなく、その赤子を抱いて、各自の国神を祭る為めに、その神祠に詣ずることとなるが、この習慣は釈迦族の間にも

行われて、彼一族中男女の何れかが、生まるる時は、竹林中に住する有名なる神、釈迦婆縷陀那薬叉《シャツキャワルダナヤクシャ》の足下に礼拝の為めに、その祠に詣づることとなれば、釈迦族中の老人等は、太子の神祠参拝を大王に奏請せり。大王はその請を容れて、総ての市街を清潔ならしめ、且吉祥荘厳せしめたりき。また大王は摩訶波闍波提夫人《マハープラジャーパテー》［Mahaprajāpatī 大生生、一名憍曇彌《ゴウタミー》 Gautamī 明女と云う、仏の伯母にして、摩耶《マヤー》夫人の結婚後、浄飯《シユツドータナ》王に結婚せりと云う］に命じて太子を神祠に詣でしむる前に、太子の両耳朶《じだ》に穴を穿《うが》ち、獅子形の耳飾を着けて後に参詣すべしと。時に太子は云えり。神等は我に随うて礼拝する者なれば誰れが我上に立つ者あらんや。然れども世の習慣に随うて行うべし。道路中多くの人に遇わば彼等は歓ばんと。而して大王は太子を膝に乗せて、諸宝の厳飾せる馬車に乗じて行幸せられしかば、釈迦一族の勇者等は太子の威相に勝えずして、少しく低頭せり。下等の動物に至っても、吠吼咆哮の声を発せず。太子の行列を敬して観望せり。これの如く太子は釈迦一族の勇者等に勝ち得たれば、大王は太子を釈迦の勝者なりとして釈迦牟尼と名づけたりき。而して太子は神祠に着いて祠内に入らんとし給うや、薬叉釈迦婆縷那は驚いて太子を迎うる為めに、祠外に出で来て、太子の両足に彼の頭を接《つ》けて敬礼せり。太子が右足を一歩祠中に入るるや、日天子、月天子、四天王、因陀羅《インドラ》王、自在天王、大自在天王、梵天王等の神等は各自の天国より、瞬時に来て、菩薩の足を礼拝せしかば大地為めに震動せり。時に父王これを見て諸神さえ太子を敬礼するなれば、これ神中の神なりとして、また神中神と名づけ給えり。ラム

ナム・ンガパ二四、五丁

第三十一節　阿私陀仙人の菩薩観相。当時インド国民の尊敬の中心たりし阿私陀仙人はその眷属と共に菩薩に拝謁の為めに皆空を飛んで行けり。然れども迦毘羅《カビラ》城に近づくにおよんで、菩薩の威力に依り、彼等は皆その神力を失い、地を歩んで、城宮に到着して、浄飯《シュッドータナ》大王に太子に拝謁の事を願えり。大王は大いに歓んで、仙人等を敬遇し、美なる榻床《とうしょう》に坐せしめて、太子に謁せしむ。仙人等つらつら太子の相を観るに三十二相八十種好具足したれば大いに信心歓喜せり。且つ太子は何時法輪を転ぜらるべきやを観ずるに、御寿二十九年にして出家し、六年苦行し、次いで成仏して法輪を転ぜらるべし。然れども彼等自身はそれまで長命する命数なければ、無上法の甘露を味わずして死すべしと知りて、悲歎の余りに泣涙潸々《きゅうるいさめざめ》として下れり。時に大王、仙人の泣涙するを見て、大いに異《あや》しんで太子に不祥の相ありやと仙人等に問えり。他人等答えて曰く太子に何等不祥の相なし。太子は確かに成仏して、法輪を転ぜられん。我等はその時まで、世に住する寿命の力なくして早逝せん。されば如来の甘露法に潤《うるお》わざる不運を悲歎《ひたん》して泣涙するのみなりと云えり。而して他人等は菩薩に善縁を結びたるを喜び、未来の善導を願いて、山家に帰去せり。

これの如き事実を能く注意して、自心に判する時は、菩提道次第の修錬の方法において一層の確信を生ぜん。彼梵天王因陀羅《インドラ》王の大神力を以てしても、また彼阿私陀仙人等の五大神通力ある者を以てしても、菩提道次第の要法は誠に聞き難き者なることを知るべし。されば菩提道の次第法を修練し得る時は千万劫にも遇い難き者なることを能く知りて、一度遇い奉れるこの無上法を相続して、菩提道次第を確に修錬すべき者なり。ラムナム・ンガパ二五、六丁

第三十二節　太子学術技芸を学ぶ。

太子七歳の時、冠を戴くの式典を挙げて祝宴を開けり。星、王に宿れる時、宝飾を着け始めり。その宝飾は釈迦族の大王、太子の為めに択《えら》んで造らしめし特種のものなれども、太子の身に着くるにおよんでその宝飾、光を失いて暗昧のものとなれり。時にその前苑に住する無垢天女はその天身を明らかに現わして曰く、太子には自然の相に具足せる荘飾こそ美なれ。人工の荘飾を為すは却って醜しと云いて彼天女は消失せり。

菩薩は工巧明《ぎょうみょう》の技芸を以て衆生を化度すべき時来りしかば、父王はまず太子をして学校に入らしむ。当時児童の教師に一切友《サルヴァミットラ》 Sarva mitra 一名兜虫《クリミ・ヴァルマ》 Krimi varma と称する一切の字類を知れる所の学者の学校に、大王は太子と多くの大臣侍従を率いて到着せり。彼教師は菩薩に遇うやその威厳に打たれて失心平伏せり。時に覩史多《トウシタ》の天子来て曰く、人間の中には菩薩の上に立って教え得べき者一人もなし。然れども菩薩は衆生済度の為めに学校に入り給えりと云いて、彼天子は柔軟の手を以て、一切友を助け起こして去りたりき。而して浄飯《シュツドータナ》王および大臣等は帰城せしが、太子に随従せる侍童子等五百人は太子と共に学校に留りて一万の学童等と共に学べり。

太子は龍心白檀木に天黒色を塗れる習字板のその端は金飾の穴と宝玉を飾れる物を以て坐し給えり。ラムナム・ンガパ二五、六丁

（現今インドの古風の学塾には生徒は長方形の黒色塗板を持ちてその上に白粉を一面に布き、竹の先の尖れるものを以て習字せり。この習慣は今なお西蔵人の一般に用うる所なり）

教師一切友は一種の字類よりして五百種まで誌せしに、太子はこれを見てこれ皆余の知る所なり、その他を誌すべしと。一切友曰くこの世界にてはこれより以上は用いざるなりと答えしかば、太子は梵天に属する文字の種類等、前古誰れも聴かざりし所の文字語類を多く説明し給えり。ラムナム・ンガパ二六丁

教師一切友に修学せらるる如く示し給いし時、教師は一字類五百種まで献ぜしに、菩薩はこれの如きは皆知れり。蓮華心《ペツドマガルバ》等の字の種類六十四の中より汝の知る所を誌せと命ぜられしかば、教師はその名すら知らざりしが故にひたすら驚歎《きようたん》するのみなりき。菩薩は自ら字を誌してこの字体は何なりやと尋ねらるるも教師は知らざりき。これは梵天の字なりと示し給えり。時に梵天王は空中よりして、これ梵天の字体なりと云いて証したりき。ヤーセル、三一二丁

太子は説明し給えり。文字の自性に就いては阿と発音する時は一切万法空にして無我なり。また総ての行の苦なる自性等の意義の確実に出だせる字体および法の声性等を説明せられたりき。されば教師およよ

び他の一万の児童等もこれを驚歎して菩提道に縁を結べり。ラムナム・ンガパ、二七丁

次に数学部においては、数学専門の大学者有得《アルジュナ》 Arujuna の許に行かれて数学を学ぶこととなれり。然れども教師は却って菩薩より彼のかつて名をだに知らざりし所の数法を聞かされ、且つ極微塵に入るの数法を示されたりき。即ち三千大千世界の極微塵数が幾何ありやを知るの数法にして、これを示されし時は、天人共に驚歎して多くの衆生も共は仏道に縁を結びたりき。次いで弓芸、撃剣、柔術等の武芸を学ぶことを示されしが一々従来誰も為す能わざりし所の名手たることを示されたりき。されば多くの観る者をして驚歎せしめて一々道縁を結ばれたりき。ラムナム・ンガパ、二七丁

菩薩は天文学および医学等にも深広の智識あることを現わし、また歌舞音楽の類に至るまで、その蘊奥《うんおう》を極めたることを示されたりき。ヤーセル、三一三丁

第三十三節　悉達太子理想の婦人。太子十六歳を終わりし時、釈迦《サキヤ》一族の老人等は大王に太子誕生後観相家および仙人の予言もあることなれば、早く妃を迎えて、出離の道を防ぐに如かずと奏聞《そうぶん》せり。而して父王は悉達太子にその意向を尋ねられしに、太中子は答えて云えり。別に婦人を望まざれども、もしその心優美にして欠点なく、后妃の性徳を具えたる者あらば娶るべしとて、その要を詩句として、文字に誌して、父王に上れり。ヤーセル、三一三丁

誰れにてもあれ性質と　　その行状の善くなくして

信実《まこと》の言語《ことば》を話さざる
我こころをば慰めつ
たれにてもあれ恥を知り
血統清き家系より
詩句に綴《つづ》りて誌すなり

おのれを省み戒めず
我のぞみにはあらぬかし
まして美わしき身をもてど
赤子の母を慕う如《ご》と
物施すにいさみつつ
かかる娘のあるならば
誰人をしも慢《あなど》らず
自欺嫉妬の思いを棄て

つねなみなみの婦人等は
わが望みにはあらぬかし
喜ばしめて事《つか》えなん
身は美《うる》わしく年若く
得られん女のその徳を
かかる娘のあるならば
我は受けんと願うなり
理由《わけ》なく過す婦人等は
いと年若き光潤《うるおい》に
美を驕る心更になく
愛情《なさけ》の心深くして
比丘浄士に供養する
父よ我身に与えかし
怒らず虚栄の心なく
正しき記憶の続きつつ

夢のうちにも仮初《かりそめ》の
あだし夫《せこ》をば思わざる
おのが夫《おっと》に満足し
常に慎み恥を知る
尊大ならず卑屈ならず
中和の礼儀を善く習い
我慢を離れ僭越を
為さざる故に婢女の如と
美音芳香美味にさえ
執着離れて酒飲まず
欲を離れていやしくも
得んとはなさで我財に
足る事を知りて善く用う
正義を守りて仮初の
道に迷わずただよわず
謙遜の衣を常に着て
嬉々戯笑を楽しまず
神や祭礼に執着せず
常にその身の行為《おこない》の
徳つむことにはげむなる
こころと口と身のわざは
いといと清く睡眠《ねむる》にも
昏昧《くら》き心はさらになく
愚《おろか》のことを考えず
理をわきまえつ善《よ》き道の
わざをば常に行いて
精神《こころ》の師に事うる如く
舅姑《しゅうと》に善く事え
下男《しもべ》婢女《しもめ》を使うにも
なべて我身を愛する如《ご》と

論書に誌せる式礼を　遊女の如くに善く知りて
朝《あした》に早く起きいでて　夕《ゆうべ》におそく床に入り
母の愛情《なさけ》の清きごと　外見《みえ》を離れて人々を
柔和にもてなすたおやめの　あらば父上我うけん

時に父王はこの詩を得て、大臣等に命じて、迦毘羅《カビラ》城中にこれの如き者あるやを尋ねしめ、且つ一詩を附加して注意せり。

王族と婆羅門《ブラフマン》族との別はなく　商族農族何れにてもよし
誰れにてもあれその徳の　かかる娘のあるなれば
ここに来よかしわが愛子は　種族の区別を問わずして
真に道徳ある者を　歓び求めて迎うなり

カンジュール・ドー・カハパ、一〇六、七丁

第三十四節　太子婚を択ぶ。

かくて諸臣等は城中にこれの如き徳ある者あるやを尋ねしに、一婆羅門あり。能　持　笏《サツキヤ・ダンダ・ローチャナ》 Sakya daṇḍa pani と云い、彼の妻を美　麗　眼《スンダラ・トローチャナ》と云う。その間に一女あり。彼女は生まれし時より非常の美貌にして、その名称高かりしを以て持名称女《ヤシヨタハラー》（Yashodhara 耶輸陀羅女《ヤシヨタハラー》、法華文句には華色の訳あれども典拠なし。大日経の持名称者を正しとす）と名づけたりき。諸臣は耶輸陀羅《ヤシヨタハラー》

女を見しに非常の美人なりしを以て、父の婆羅門《ブラフマン》に対して、太子の詩を示して、彼女にこれの如き徳あるやを尋ねしに、婆羅門は広く彼女の徳を説明して、彼詩の意に適合する者は耶輸陀羅女なることを明らかにせり。

諸臣等はこれを大王に報告せしが、大王は大臣と謀《はか》りて、太子が何れの娘を好むや慮り難ければ、それを判する為めに、城中の総ての娘を集めて、太子をして彼娘等に施物を与えしめんには、その何れに意あるやは判然せんと。これにおいて太子を宝座に坐せしめて、彼城中の娘等に一々施物を与えしめしに、彼娘等は何れも太子を見ること能わず。ただ速やかに施物を受けて外に去れるのみ。而してその施物の全く終わりし時、最後の一人たる耶輸陀羅女出でて、つらつら太子を見て曰く、妾《わらわ》に与えらるる物は一もなし。妾に悪戯遊ばされしかと問いしに、太子は我は悪戯せず、汝の遅れたるなりと云いて、御手の指より価値百千金の指環を抜かれしに、耶輸陀羅女は楷段を上って太子の前に近づき、これを受けて曰く、これのみを乞うにはあらず。時に太子は頸《くび》に掛けられたる真珠の瓔珞《ようらく》を取って与えられき。これにおいて浄飯《シュツドータナ》王は太子の耶輸陀羅女に意あることを知れり。依って父の婆羅門に彼女を与えんことを請いしに、彼は云えり。我一族の慣例は娘を弓術撃剣柔術等総べての武芸に卓絶なる者に与うるなり。その他の者には決して与えずと。これを聴きし所の大王は大いに怒り且つ憂に沈みたりき。後に太子はこの事を知りて、父王に奏して曰く父王城中において我と武芸を競う者あらば、我はこれに当らんと。父

王は汝能く武術を競い得るやと尋ねられしに、太子は能くせんと確答せられたりき。ヤーセル、三一三丁

第三十五節　競技結婚。

一名自撰結婚《フクヤンヴアラ》 Svayam vara 時に競武の事、大城中に普《あまね》く知られたれば、摩訶波闍波提《マハープラジヤパテー》の子、弟美歓喜、甘露飯《アミリトーダナ》の子提婆達多《テーヴアダッタ》、棍棒持の子弓 持《タハヌ・タハラサキヤ》、釈迦族の青年にして自負心ある者および待従の子の優陀夷《ウダイ》等多くの大力者等は皆競武の為めに集まりたりき。而して彼等は皆前約して曰く誰れにてもあれ、総べての競技に勝ち得たる者は耶輸陀羅女を得べしと。始めに競武場に入り来りし者は提婆達多にして、彼はその途において、吠舎釐《ヴアイシヤーリー》国［共和政治の国］の梨車茂《リチヤビ》人が将来転輪聖王たらん悉達太子に、一疋の美わしき象を献ぜんとして卒い来れるに遇えり。彼はこの事を知るや、嫉妬心を起こして、左手を延ばして象の首を握み、右手の拳を以て、象頭を一度圧して、即時に象を殺して曰くこれを汝等将来の転輪聖王に献ずべしと云いて場内に入れり。次に来れる者は弟美歓喜にして、彼はその死象を挙げて七歩の外に投げ去れり。次に悉達太子はこれを見て曰くこの死象をここに置かば尸体腐爛《したいふらん》してその臭に勝えざらんとて、その尾を片手に握り、他手に象を挙げて空に投げしに、象は城市の高壁を越えて二マイル前の野中に堕ちたり。その堕象の処は深く窪みしを以て、世人名づけて象谷と云う。後世その側に塔を建て記念とせり。

競武場には多数の観客集まりて、時の至るを待てり。而して競武者は皆集まりしを以てまず始めに文

学数学等を始めとして高飛、游泳、競走、投石、剣術等を競べしに誰れも悉達太子の右に出ずる者なかりしを以て、天人共に讃歎の声を放てり。次に射術を競《くら》ぶ。的は七重あり。大抵は一二を貫けるが、提婆達多《デーヴアダッタ》は三重を貫けり。然るに太子は七重を貫きて、その箭は飛んで地を穿ちて、泉水湧出せり。世人称して箭泉と云う。後人その傍らに塔を建てたり。而して何れの競技においても、悉達太子は最勝の地に立ちしかば耶輸陀羅女《ヤシヨタハラー》は太子と結婚する事となれり。時に太子十七歳丙子の年、盛大なる結婚の式を挙げて耶輸陀羅女を娶れり。ヤーセル、三一四、五丁

（迦毘羅衛《カビラエ》城の位置および箭泉。この両者の位置は確実なる決定を見ること殆んど不可能ならんかと思わる。本来吾人がこれら位置の決定の標準とせざるべからざる法顕伝と玄奘の大唐西域記とはその位置および距離に就いては全く異なるが故に、その何れに従うて真の位置に相当する者なるかは判明せざればなり。まずその異点を挙ぐれば、

迦維毘衛城《カビラワスト》の東五十里［八マイル余］にして王園あり。論民《ルンビニ》と名づく。夫人池に入り洗浴して池を出ず。北岸二十歩にして手を挙げて樹枝を攀ず。東向太子を生む。法顕伝十六丁

城の南門の外路の左に窣堵波《ストウッパ》あり。これ太子諸釈と芸を桷《くら》べて鉄鼓射給いし処なり。これより東南三十余里［五マイル余］小窣堵波あり。その側に泉あり、泉流澄鏡なり。（中略）これを箭泉と云う。それ疾病ある者は飲み沐すれば多く愈ゆ（中略）箭泉の東北に行くこと八九十里［十五マイル］にし

て臘代尼林《ルンビニ》に至る。釈種の浴地ありて、澄清皎鏡にして雑華弥漫《ざつけびまん》せり。（中略）大なる石柱あり、上に馬の像を作れり。無憂王の建つる所なり。大唐西域記巻六、十一丁、十三丁
これの如く法顕の迦毘羅《カビラ》城は藍毘尼苑《ルンビニおん》の西方八マイル余にして玄奘の迦毘羅城は藍毘尼苑の西南西約二十マイルの地にあり。これを実地に徴する時は玄奘の迦毘羅城は法顕の指定地より西南約九マイルを隔てたる処にありしこと明らかなり。想うにこの二大三蔵の観たる迦毘羅城は各々異なる処なりしならん。当時迦毘羅城跡と云うもの二、三ヶ処ありしなるべし。あたかも現今拘尸耶掲羅城跡と云う処はカーシャ地方とアッサム地方との二ヶ処にあるが如きものなりしならんか。釈迦氏《サギャ》の主なる種族は仏在世の当時毘盧択迦《ブィルタカ》王に滅されて、その支族の各処に遺りし者等が釈尊の一族と云うの故を以て、釈尊の滅后随処に迦毘羅城跡を建てしにあらざるかと思わるるなり。もしこれの如き事が事実なりとすれば、法顕の迦毘羅城跡が玄奘のに異なることも承認せらるることとなるなり。然れどもこれに一の困難なることはその果して何れか真の迦毘羅城跡なりしかの不明なることこれなり。
現今その遺跡および遺物の存在せること等よりして見る時は、法顕伝が真に近しと思わるる点なきにあらず。現今の藍毘尼苑の西少しく南に約十マイルの地に「ピプラーワ Piprava と名づくる遺跡あり。西暦一千九百年十月この地の窣堵波より発掘せられたる仏の遺骨を収めたる一小石壷を王立アジア学会に送れることあり。

その小壷の表面に刻文あり。その文に曰くこの塔は釈迦牟尼仏陀の遺骨の為めにして彼清浄設立者の兄弟姉妹子供およびその妻等に依ってとあり。これ仏滅後その遺骨の八分の一を受けし釈迦族《サキャ》が、その居城の附近に窣堵波《ストウッパ》を建ててその遺骨を収めたるものなるべし。当時シャムロ王はその遺骨を受けて、その一部を吾国の仏教徒に送れり。今の名古屋市外大覚王山日退寺に安置せらるる者これなり。

玄奘の誌せる所の迦毘羅《カピラ》城に相当せる遺跡はショハラット・ガンジの西方二マイル半の地にあるパリガワ Parigava と云う遺跡これなり。著者は三度この地方に行いて探査せしが、この地方に塔跡十数個あり。ただ惜しむべきはその塔の煉化および石等を鉄道用材となす為めに、多く運び去られて諸跡の煙滅に帰せし者も少からず。ここより東南五マイル余にして現今マハーデーヴァ・マンジャハー（大神座）と名づくる井戸あり。

その側に往昔小窣堵波の建ちし跡あり。また井戸の中には煉化石に彫りたる文字あり。余はこれを石摺りとなさん為めに井中に釣台に乗り下りて、その文字を幾枚か石摺したれども、その煉化は余りに古くして、文字判明せず。故にその何事を誌しあるかを確かむること能わず。然れどもその井水は土人が遠くより来て、霊水として取り去ること玄奘の誌せる所の如し。而してこの井戸よりして東北に十六七マイルを行けば前記の藍毘尼苑《ルンビニおん》に到達す。この霊水の井戸の数丁附近には古代は大寺あるいは大窣堵波のありしものがその遺跡諸処に存し、石造の古仏像等を土人がヒンズー教の神として祭れる者あるを見るなり。これに依って見るにその距離方位等よりして云う時は、玄奘の迦毘羅城は現今のバリガワにて箭泉は現今のマハー・デーヴァ・マンジャハー井戸なりと言うべし。

この外に迦毘羅城跡としてカニンガム氏はチャンド・タハル湖の東岸に存在するナガル・カハ市を挙げたり。而して考古家のベンガル人ムカルジー氏はネパール領のテラウラ・コートを以てその城跡とせり。余はこの地にも親しく行いて探査せしこと三回なれども両三蔵の記事とその距離方向の一致せざれば、余はこれらの説を取らず。ただ両三蔵の伝えし異なる迦毘羅城の遺跡に就いて、それらに最も善く相当する所の二の遺跡を挙ぐるに止るのみ）

第三十六節　太子の防水工事。慈悲心鳥類におよぶ。太子二十二歳、辛巳の時、ロヒタ河の岸に立てる七由旬余の高さある徳心樹は、洪水の為めにその根を洗われ、大暴風の為めに倒され、河中に横わりて水通せず、河水氾濫して迦毘羅城の辺を浸し、明有《ヴィユマン》Vyuman国は水なくして困難せり。然ればこれを除く為めに、悉達太子は釈迦一族の子弟等と共に彼地に向えり。途中ある林苑において提婆達多《デーヴァダッタ》はその空に翱翔する大雁を見てこれを射たるに、その雁太子の前に落ちたり。太子はこれを取って、その矢を抜き、薬を疵口《きずぐち》に着けて愈やせり。提婆達多はこれを太子に請求して曰く、これ先に余の射たる所の者なれば、返却せよと云えり。太子曰く我は総べての衆生を守護せんと発願せり。汝はこれを取ること能わずと。これ太子と

提婆達多との間に間隙の生ぜし始めなり。ヤーセル、三一四丁

かかる問答の間に一の毒蛇穴より出で来れり。これを見たる優陀夷《ウダイ》は害の他におよばんことを恐れて、剣を抜いて蛇を胴より二つに切断せり。蛇は大いに苦しんで毒気を優陀夷《ウダイ》に吐き掛けしかば、彼はその顔色真黒となれり。これより彼を呼んで黒色優陀夷《カーラウダイ》と云えり。同上、同丁

それより彼等は進んで大木の仆《たお》れし根本なる河岸に到着せし時、提婆達多《デーヴァダッタ》は大木を圧して少しく動かせり。美歓喜は大木を挙げて少しく前に引きたる外、何事も為し能わざりき。悉達太子は両手に大木を挙げて、空に投げしに落ちて二に折断《せつだん》せり。

その各部を両岸に分置して氾濫の口を防げり。而して帰城の途中多くの観相家に遇えるに、彼等は異口同音にこの太子にして七年後に出家せずんば、必ず転輪聖王となるべしと、侍臣等に告げたりき。同上、三一四丁

また釈迦《サキヤ》族の振鈴声《リルプイダ》の娘、土養女《サーツウオマ》 Gopā の容色美にして意に適えるを車上より見て、彼女を娶り給えり。ヤーセル、三一五丁

（漢訳の一説にはゴーパー女は耶輸陀羅《ヤシヨタハラー》女の異名なりと伝うるものあり）

第四章　四門出遊より成道まで

第三十七節　四門出遊、老病死出離法を観ず。その後諸天善神等は太子が後宮三千の侍女等の娯楽に時を過ごして、出離の大事を忘るることなきやを掛念し、歌舞音楽の声に和して、出離を勧むるの歌を歌えり。

もろもろの苦にくるしめる　　一切衆生《いっさいしゅじょう》を見給いて
我願わくば一切衆生《もろもろ》の　　救済のあるじとなるべしと
いましが誓い給いにし　　前生のねがいを思われよ
今こそ決意の時なれや　　仙人の君に出家あれかし

と請い。また妃耶輸陀羅女が奏する音楽よりも本生伝を歌えり。

三界は、老とやまいの、火ぞもゆる。断えずにもゆる。火宅なる。
ここに救済《すくい》の、あるじなし。はや三界より、出でたまえ。
有情の暗《くら》く、迷えるは。壷中に蜂の、飛びまわる、状《さま》にも似たり。
三界の、常なく変わる、ありさまは。秋の雲にも、似たる哉。
衆生の生命《いのち》の短きは。束《つか》の間退ぐる、電光《いなづま》の、消ゆるにも似て。
山のまに、鋭く落つる、瀧水の。早く行くにも似たりけり。

と云うよりして（中略）

本の誓願、思われて。愚痴や無明の、雲深く。

迷える衆生に、ああ君に。般若の妙の、光輝《ひかり》をば。

放ちて法《のり》の無垢の眼の。煩悩なきを与えよや。

等、広く諸願の意を表したれば、太子も最早出家の時、来れることを、内心に考えられたりき。その後太子は林苑観望の為めに、乗車して、東門より出で給いしが、浄居天の神等の化したる衰頽せる老人の、苦に打たれたる者あるを見給いて、太子は御者に問い給えり。御者よ、

いかなる人か、痩《や》せ悴《こ》けて。元気も威光も、更になし。

肉さえ血さえ、枯れ果てて。皮膚筋肉も、骨に着き。

頭髪白く、歯は、落ちて。その身は全く生気なし

杖にすがりて、よろよろと。歩める者はそも誰《た》ぞや。

御者答えて曰く、殿下、彼は年老いたれば、その身体衰敗して、全く精力を失いて苦めるなり。恐くは親族の顧みる者なくして、この林中に枯木の如く、棄てられたる者ならん。

太子また問うて曰く、

かかるためしは、この人に。限れることか、さはなくて。

すべての人にも、あることか。　知らねばならじ、告げよかし。

御者曰く、殿下、この事たる、特別の例はなく、人皆青年、壮年を過ぐれば老衰するなり。たとい殿下の御両親、御親戚といえども、老衰より免るるの道は更になし。太子曰く、然らば御者よ車を返《か》えせ。これの如き大事のあるを考えずして、云何でか優遊娯楽すべき。我にも老の来らんとはするなり。老いて後、何となすべきやとて、その日は林苑に遊ばずして宮城に帰り給えり。

その後、南門に出でられし時、病人を看て問い給わく。

御者よ

顔色青ざめ肌膚は荒れ。　五官のはたらき鈍《にぶ》くして。
呼吸の息もなし難く。　手足は枯れて腹いたみ。
苦み叫んで已《し》かせし。　屎尿《しにょう》の中に居るは誰《た》ぞ。

御者答えて曰く、殿下、彼は甚しく病気に悩み、病気の為に死なん事を恐れて、一層苦しめるなり。病気の為めに顔色、光沢、体力等、総べて消滅せり。太子は、

苦しき病気《やまい》の、なくてさえ。　うつせみの世は、夢のうちに。
たわむれ遊ぶと、同じきを。　まして病気《やまい》の苦悩《くるしみ》や。
恐怖《おそれ》のかかるものありて。　忍ぶに難き、ことなるを。

観たる識者は、云何にして。娯楽を歓び、美女を恋う、こころ生ぜん。
とてその日も車を返えして、宮中に帰えられたりき。その後、西門に出でられし時、死人を見て云えり。

御者よ

床の上にぞ横わる。　人を見よかし、頭髪《かみ》はなく。
頭上に土を、ふりかけて。　彼を囲める、人々は。
いろいろの事を、云いつつも。　悲歎《なげき》に脳を、打ちはたく。
彼運ばるる、その人は。　そもそも誰ぞや、告げよかし。

御者曰く、殿下、彼はこの世より死し去りたる人にして、最早彼は復び父母妻子兄弟親戚を見ること能わず。またその財産親友等の総べてを棄てて彼世に去れるなり。故に彼親族等は悲歎せるなり。太子謂えらく。

老の苦み現われん。　何故常世《とこよ》にかわらざるや
若き者とぞ、なり得ざる。　千々の病気ゆ身を害し。
苦しみ悩める、いかなれば。　無病の者となり得ざる。
この世に長く留まらず。　いかなればにや学者等か。
不死の生命《いのち》を持ち得ざる。　幸福歓楽たれもみな。

受くるを願わん何故に。　学者のこれを見いださざる。
たとい老なく病気《やまい》なく。　死の苦みの、なくなるも。
五蘊《ごうん》の身をもつ我々は。　大なる苦痛を脱れず。
況《ま》してや常に、老と死と。　病気の苦の輪は廻れるを。
いかになしなば脱かるべき。　車を返えせやよ御者よ。
我はこれらの苦を脱かる。　道修めんと願うなり。

とて宮中に帰えられたりき。その後北門より出でられたるに、一人の沙門に遇えり。太子問うて曰く、

御者よ、この人は、心静かに、穏かに、脇目もふらず、ひとすじに、眼前六尺、ほどを見て、歩行なしける。

その身には、黄色三衣、手には鉢、つけて持ちて、高ぶらず、荒《すさ》まずいとも、徐《おもむ》ろに、行きつつあるは、誰なるぞ。

御者答えて曰く、

我君、彼は、沙門とて。　五欲の楽を振り棄てて。
信実に心を正しつつ。　自ら寂滅、求めてぞ。
家を出でたる者にして。　貪欲瞋恚《どんよくしんい》を遠離して。

食を乞いてぞ、世を送る。　修行者にこそあれ。
太子は歓喜して云えり。
善くこそ言いたれ、我もまた。　かくぞならんと願うなる。
真の出家は識者等が。　常に讃歎、し給えり。
この業《わざ》こそは自己《おのれ》をも。　他の衆生をも利するなれ。
衣食も安く、思想をも。　安く過して、不死滅の。
果《み》をば得られん。ラムリム・ンガパ、二七丁、三〇丁

第三十八節　瞻部樹《ジャンブ》下の禅定。

鍔飯王は太子が四門出遊の後、大いに憂愁苦悶《ゆうしゆうくもん》する情あることを知られて、これを慰め且つ出塵《しゆつじん》の念を断たしめんと欲して、太子に田舎農家の作業を見せしめ給えり。大王は自ら太子を伴いて、遠く田舎に行きしが、その途中において、ある者が地下の秘蔵を開掘して、無数の宝器を得たれば、太子に献ぜん、一見せられたしと請えり。太子はこれに対して我は斯《か》くの如き者に要なしとて退け給いたりき。太子は彼等が重き黄金等を抱いて、汗を流して、苦み行くを見て、その苦痛を憐み給いて、汝等安くあれかしと命ぜられたりき。

また農民耕作上の辛苦、非常なるを見て、深く思想を凝らして瞻部樹《ジャンブ》の下に坐し、一心に世の実相を観じ給えり。かくして時、正午を過ぎたるに、太子の坐処には、樹影留りて、太子を覆えり。これを観た

る所の大王始め従臣等は大いに驚いて、その不可思議の徳を大いに讃歎せり。帰路に就くや、途中に墓所あり。遺棄せる死体の散乱せるを見て、死に対する観念特に深く、車を止めて観念に入り給いしが、父王は太子を促して、宮城に帰り給いき。ヤーセル、三一五丁

第三十九節　父王に出家の出願。耶輸陀羅《ヤシヨタハラー》女との別離。

太子二十九歳、戊子の年［ラムリムも同年の説］吠舎迦月［陰暦の四月なり。ラムリムは陰暦の秋七月とあり］の八日にいよいよ出家なさんと決心せられしが、その月の始めに当って、宮庭に前兆あり。樹枯れて、蓮華開かず。孔雀鳥等声を発せず。立琴の糸、自ら切断し宮女等睡眠に圧せられて、何を為しても、歓喜の心を生ぜず。されば父大王は御心安からず。摩訶波闍波提《マハープラジャーパティ》夫人は八の悪夢を見、父大王は二の悪夢を見、妃は十二の悪夢を見給いしかば観相家等に尋ね給えり。彼等は皆曰く太子にして今後七日の間に出家せざれば、必ず転輪聖王となるべしと。釈迦善時の娘、鹿生女《ムリカジャー》は最も勝れたる美人なるが、彼女は窓より子の通過するを見たるに、太子は首の瓔珞を投げ賜いしに、彼女の首に懸れり。父王はこの事を知り給いて、鹿生女とその侍女二万人と共に太子の妃に迎え給えり。ゴーパー女の侍女と、耶輸陀羅女の侍女と、以前より父王の給せられし者等、合せて八万四千人の侍女ありて、完全に遊戯せらるるといえども、色欲に汚されず、正行と相応して住し給えり。然して父王はいよいよ太子の出家を防がんとして、大臣および親戚を集めて、太子の出家を防ぐことに就いて凝議したる結果、城市の周囲の七重防壁の城門戸を鉄板にて作り、それに大鈴を結び

て、戸を開く毎に大声を発せしむ。また太子には多くの美女をして音楽歌舞の中に日を過ごさしめ、その外部には大臣等、昼夜交替して守護せり。而して城の四門には浄飯《シユツドータナ》王および他の三弟は各々一門を守れり。斯くの如くして六日を経たる時、太子自ら謂えらく、我父王に出家を請わずして家を出んか、これ父王の許さざる所なれば為すこと能わずとて、その夜人々の眠に就かんとする時、父王の前に行き、敬礼して曰く、父王よ我が出家の時来れり。出家の防碍《ぼうがい》を解き給えと願われしに、父王は眼に涙を湛《たた》えて、三度まで、ああ我子よここに居らば我等を益せんに善く心せよと命ぜられき。太子は更に願われたりき。父王よ我は老病死苦を解脱する道を行わん為めに行くなり。父王は曰えり。我子よ、我は許すこと能わずと。太子はまた願われき。この事を許し給わずば、今後我に輪廻の苦を受けざることを与え給えと。父王仰せられき。されば汝の思を成就せよとて許し給いたりき。ヤーセル、三一五、六丁

父王は将卒を率いて城門を護られたるが、余りの疲労に一睡せられしに、夢に太子は出家せんことを願われたれば、父王は仰せられき。汝は既に教師の資質清浄にして執着なく、真実言の究竟に達したれば、誰もその言を左右すること能わず。故に汝の真実言を成就すべしと許容せられたりき。タム、チョエ、コルギュル、二二三丁

斯くて太子は父王の御前を退き、寝床に入って、観じ給うに、我もしこのままにして出家せんか、世人は我を以て、中姓の者と誹謗せん。これの如き誹謗の罪を避けしめんが為めに、我は耶輪陀羅《ヤシヨタハラー》女と同衾

すべしと。時に傍らの寝床に眠らるる耶輸陀羅女の夢に、宮殿の棟梁折れ、歯落ち、頭髪乱れ、太陽東より出でて東に入り、悉達太子は大地を寝床にして、妙高山を枕にし、臍の中より一道の気管起こって、天空に至り、身体より光明を放って、闇黒を照破する等の事を見て、夢覚めて恐怖に打たれて、その事を太子に告げられき。太子告げ給わく、それは心労なり、不安の心を去るべし。然れども妃は太子の出家せられんことを怖れて云えり。殿下は何処に行かれ給うとも、妾を伴《っ》れ給えと、涙と共に強く請い給いて悲痛已まざりければ、太子は汝の為めに悪くはなさじと慰め給えり。時に太子は心中一点の汚念なくして英雄行三昧に入り、妃と同衾して、彼胎中に金剛薩埵《ヴァッザラサットワ》の化身を宿し給えり。而して太子は念ずらく、これ婦女子と同衾することの最後なり。今後婦女子と一瞬間といえども、同衾せざるべしと謂われたりき。ヤーセル、三一六、七丁

第四十節　出家。悉達太子は戊子の年孟秋の月、八日の未明以前、即ち星王に宿れる時、宮殿の上に行いて、十方の諸仏を体して、一切衆生菩提成就の為めに、速やかに成仏すべしと誓願せられし時、空間に満つる所の諸の菩薩、並びに梵天、因陀羅《インドラ》、四天王等の諸天善神、八部衆、および金剛手等、来集して、菩薩が出家する道路を、殿上より作るべし。然らざれば菩薩の出ずる道なし。殿中の総べての門戸は堅く守護せらるればなり。即時に毘沙門天王神工を督し、梯道を造り、乗馬犍陟《カンタカ》を上れり。次いで菩薩は犍陟に乗り、梯道より下り給うに、因陀羅《インドラ》王は祥端の東門を開き、梵界の諸天子は犍陟《カンタカ》の右側を捧げ、欲界の諸天子は左

側を捧げ、梵天王、帝釈天王は鼻を引き、一天皆供養の具に満ち、諸天善神供奉し、四天王は乗馬犍陟の二足ずつを持ちて、急速力にて釈氏の国境を越え、馬窟国《アスワ・グハ》、英雄国《ヴィーラ》 Vīra を過ぎて、迷寧耶国 Meneya の城市より、なお六瑜繕那を過ぎて、弗栗恃《ブリッジ》 Vriji 城の側に流るる適竟河《ガンダキー》 Gaṇḍakī 今のガンダク河の岸に着かれし時、夜は明けたりき。ある歴史家の説に依れば、釈氏の宮城よりメナヤ国まで六瑜繕那なり。而して、メナヤ国より適意河まで六瑜繕那にして計十二瑜繕那即ち八十四マイル、朝まで着きたりとあり［ヤーセルもこの説に同じ］

その処には過去三仏の結髪を剃りし所の三結髪塔《ツリベニー》 Triveṇī の清浄なるものありき。太子はその前において馬より下りて、首の瓔珞等の荘飾を解き、これらを馬丁車匿《チャンナ》に渡して、これらを父王および妻等に送れと命ぜられしかば、車匿《チャンナ》は泣涙雨の如く流し、嗚咽しつつ口えり。殿下、宮中においては多くの従者を従えられしに、今よりただ一人にてこの粛しき山中に云何で過さるべきと云いしに、菩薩は慰めて云われき。

何人も生まるる時はただ一人《ひとり》。　臨終《いまわ》の時も単独《ひとり》にて。
死に逝くぞかしこの世にて。　苦しむ時もひとりなる。
六道輪廻の世の中は。　おのれ単独《ひとり》のそのほかに。
友はあらじと知れよかし。

而して菩薩は自ら刀を抜いて、頭髪を断ち、空に散じ給いしが、帝釈天王それらを空中より集めて、三十三天に持ち行き、塔に収めて、神等か供養の所依となし、毎年その日を以て、剃髪記念の祭礼を行えりと伝えらる。而して菩薩は念ずらく、斯くの如く美なるカーシー衣を着くるは、出家として不適当なれば、粗末なる黄色衣を着けんと念ぜられき。時に帝釈天王その意を知りて、黄衣を得て菩薩に供せり。而して帝釈天王はカーシー衣を頭上に戴き、三十三天に持ち帰りて頭髪と同じく供養の目的として毎年祭礼を行えり。この名跡即ち適意河《ガンダキー》の側において、剃髪塔、着黄衣塔、並びに車匿返還塔の三塔ありと称せらる。ラムナム、三〇、三二丁

これより先、無模城において、一の老母が十人の独覚に大麻布の黄壊色衣を奉りたりき。然れども独覚等は云えり。我等は直に死去せん。釈迦牟尼は仏と成られん。彼方に供すべしと云いて返還せり。老母死なんとせし時に彼娘にそれを托《たく》し、娘の死に当って、彼女はこれを樹神に托して遺存せり。この事を知れる因陀羅王は、樹神よりこの衣を受け、猟師の姿に変じて、この衣を着けて、菩薩の前に行けり。菩薩これを見て彼の麻布黄壊色衣と、自己のカーシー衣とを、交換し給いてその衣を着け給えり。その処に黄壊色衣を受け給いし記念の塔あり。因陀羅王はそのカーシーを三十三天に持ち行きて供養の目的とせり。ヤーセル、三一二丁

(三)結髪塔《ツリベニー》の所在。迦毘羅《カビラ》城より東方約八十余マイルの地にしてガンダキー河の岸なる山地にしてズ

リヴェニーと云う処あり。現今この辺りに住する土人は適意河《ガンダキー》と時河《カルコラ》と金林《ソンヴァンダル》河との三河の合する所なれば、然かく名づくと云えり。Veni は主なる意義は結髪のことなり。あるいは二以上の河の合する処と云う義に用うることあり。土人等は後義を取れるものなれども、時河《カルコラ》の如きは平時は水なき一小河床にして、河らしきものにあらず。三河の合処とはその名に過ぎたる観あり。故にヴェニーをその字の主なる意に用いて、結髪とし、ズリヴェニーを三結髪として三仏の結髪を断ちし所の意に用うること適当なりと思う。この地は西北ベンガル鉄道中のマザハルプールおよびバガハ間支線のバガハ駅より北方約二十マイルの地にあり。この地はガンダキ河がヒマラヤ山中よりインド平原の大林中に流れ出でんとする処にして、その対岸は碧々たる緑水を隔てて、青山の上に皚々《ガイガイ》たる雪峯、泰然として聳《そび》ゆ。その対岸の青山を二マズフルパール、即り蜂蜜山と云い、金林《ソンヴァンダル》河の東岸にある村を、花《プスパ》の里《プール》と云う。これネパール領なり。金林河および適意河を以て英領インドとネパールとの国境とせり。この地今なお娑羅樹《サーラ》の大深林あり。この深林中に仙人の末流なる散若師《サンコシ》の住するあり。大正元年十一月廿八日余は高楠順次郎博士等と共にこの地に至って、深林中グドラ・ラーマ・ギリと云う散若師の仙居にて果物昼飯の供養を受けて親しく実見せり。三塔の遺存せるものを見出すこと能わざりしも、仏像等のこの仙居に存するを見たり。ラムリム伝の過去三仏の結髪を断ちし遺跡はその名の今に遺存せるツリヴェニーはその距離方向地域の共にその伝に合する者あれば、ここを以て仏断髪の遺跡とす

ることの適当なりと思わるるなり）

斯くの如く本師は権力無上の王位および最愛の妻等、総べて世の貴重なる者を唾沫《すいまつ》の如くに棄て、金殿玉楼宝冠衣飾も省みず、出家して食を乞われたるは、吾人所化の者に対して、これの如くに為さざるべからずとの模範を示されたるものなり。これ過去諸仏の解脱の方法に随うて、弟子等の修錬の方法に備えられたる実例なれば菩提道の次第において、精確なる修行を為さんと欲するもの等は、本師大慈悲尊の如き行為に習い、まず初に、自己の郷里、親族、故旧等、何等にも執着せず、家を出でて世尊の教法に進入すべし。而して鳥の如く鹿の如く何等の貯蓄をも為さず、生命を乞食にて捧《ささ》げ菩提上進の道を修むべきものなれば、本師大慈悲尊の貴きこの伝記を、幾度か拝読して、自己の修養に資すべし。ラムナム・ンガパ、三一、三二丁

第四十一節　菩薩、頻毘沙羅《ビンビサーラ》王の施国家を辞す。次いで菩薩は娑羅《サーラ》林中無模《アヌパマ》村 Anupama の棄悪《バハールカヴァ》仙人 Bhārgava の住処に行かれしに、棄悪仙人は花と果物とを菩薩に供せり。次に婆羅門《ブラフマン》族あるいは云う拘理迦仙人等の四人は菩薩を請じて供養せり。それより菩薩は吠舎釐《ヴァイシャーリー》国に行き、幻術力《カラーラ》 Kalāla の子翺翔《アララ》 Arala 仙人が三百人の弟子と共に梵行を行う所に行き、彼の仙人に対顔せり。而して次第に行いて恒河《ガンガー》を渡りて、摩掲陀《マガダ》国に入り給えり。ヤーセル、三一七丁

阿囉羅、迦囉羅の二仙人より、菩薩は無所有処および悲想非々想処の心の口伝を受けてそれらを行じ

て明確に知られたれども、この程度においては解脱を得ざる者なりと知られて、彼二仙の処を去って尼連禅那河《ネーランジヤナ》に向われたりき。パグサム、ジョンサン、二九丁

時に菩薩は王舎城《ラージヤ・グリハ》に行いて食を乞い給えり。ラムナム・ンガパ、三二丁

（王舎城《ラージヤ・グリハ》の所在。王舎城は梵語に Raja griha と云う。東インド鉄道のバクテヤ・プールおよびラージャ・ギリー支線のラージャ・ギリー駅より南二町程の処に城砦の跡あり。これ頻毘娑羅《ビンビサーラ》王の新王舎城の跡にして、旧王舎城はそれより約半マイル南の山門を南に入りて、周囲山にて廻れる山間の平原にあり。この平原の東北に宝山《ラタナ・ギリ》の北に当って、奇峯重巒《きほうちようらん》、夏雲の如くなる小連山あり。これを霊　鷲　山《グリドラ・クータ・パルワタ》、あるいは鷲峯山と云う。梵語に Gridhra-Kūta-Parvata と云う。今なお大唐西域記に誌せる頻毘娑羅王の造りし山道、石を敷ける大道あり。処々破壊せし所あれども、旧状を忍ぶに足るものあり。霊鷲山中には如来の禅定せられし巌窟、阿難《アーナンダ》の入定窟、説妙法華経紀念塔等あり。この外王舎城の地方には竹　林《トウエーヌヴアナ》精舎、第一蔵経結集処たる南山の石室、大衆部結集処の塔跡等、仏伝に関する名跡の判明せる者甚だ多し）

時に摩掲陀国、王舎城主、頻毘娑羅王 Bimbisāra は臣下と共に菩薩に遇いしに、直ちに菩薩は迦毘羅《カビラ》国王の太子、薩婆悉達多《サルヴアシツダルカ》なることを知りて、非常に驚愕せり。次いで菩薩に敬礼して曰く、君に吾国の半分を上らん、願わくば吾友となりて、今後山渓叢林《さんけいそうりん》の間に住み給うことなかれと請えり。菩薩はこれ

に答え給わく、

大塊巍然と虚空に並べる。　千万雪峯の山の根が。
大風の為めに揺動《ゆるぐ》とも。　解脱に進む我こころ。
世の欲風の力にて。　動かされんや大王よ。

と云いて、大王に別れを告げ給えり。ラムナム・ンガパ、三二丁

而して菩薩は王舎城の山間、霊鷲山に遠からざる処に住する仙人の住処に行いて、彼等の行える何れの苦行にも、一々二倍せる所の苦行を行われしかば、彼仙人等は驚いて云えり。この行徳者《シユラマナ》 Shramana は実に大なりとて、その後菩薩を呼んで大行徳者《マハージユラマナ》、即ち大沙門と称せり。その頃、浄飯《シユッドータナ》大王の処に、太子は侍者なくして、王舎城の辺に独り飄涙《ひょうるい》すと聞こえしかば、大王より三百名の侍者と摩訶波闍波提《マハープラジャーパティ》夫人より二百人を送れり。然れども菩薩は念じ給わく、これの如く多くの侍者を率いて、修行を為すは道に相応せずとて、その中、道心深き者五人を留めて他は皆帰国せしめられたりき。その五人とは父王の送りし者に就いて阿若憍陳如《アギャータ・カウデンニャ》（総知カウデニャは姓）Ājñāta-Kaundinya　馬勝《アシユワ・ジット》 Ashvajit　婆師波《ヴァーシユパ》（蒸気）Vashpa の三人と伯母夫人の送りし者に就いて大名《マハー・ナーマ》 Mahā-Nāma と跋提梨迦《バハドリカ》（賢者）Bhadrika の二人なり。彼等五人は菩薩の侍者となりて、五仙人として王舎城《ラージャ・グリハ》辺には名高かりき、而して菩薩はここに法を修めて三月二十二日間過し給えり。ヤーセル、三一七丁

第四十二節　菩薩、尼連禅那河《ネーランジャナ・ナデー》岸の苦行。それより王舎城より遥かの南方において地境甚だ佳にして、浄水尼連禅那《ネーランジャナ》河の南より北に流れ、住処安穏にして、辺際広大に草木繁生して、侍者の必要品を得るに便なる村落あることを見られて、ここに住せんと思われたりき。而して尼連禅那《ネーランジャナ》河の西岸なる林中の一樹下に禅坐して、五濁悪世の邪道、辺見の教を執着する者の解脱ならざるを解脱なりと思える者等と天人の禅定等を修する者等とを化導せん為めに、大苦行を修むることを誓い給えり。而して陰暦十二月八日の夜の第一更より、歯を堅く閉じ、舌を顎《あご》に着け、意志を以て意志の前行を止め、虚空に遍満する所の禅定、即ち一意専心不動と云う禅定に等しく入り給いしかば、次第に感ずる所の痛苦と、御身に劇しき熱生ぜり。これを見たる天人等は悉達太子は死去せりと思いたる程なりき。ヤーセル、三一八丁

時に菩薩は尼連禅那河の岸なる林中に入って苦行を修せらる。初は日々に米一粒宛を食し給いしが、後にはそれをも食せず、無食にして六年間、結跏趺坐《けっかふざ》して三昧に入り給えり。この六年間苦行の力に依って、十二千万億の天人に三乗の菩提縁を結び給えり。時に天人八部衆等は菩薩の苦行に感じて、日夜に早く菩薩の成道せられんことを念じて供養せり。また天人の中において広大行を願う者等には、菩薩は性宝殿に住して安穏に過ごし給えりと見たりき。また法を説くことを歓ぶ所の天人等には、菩薩は説法し給えりと見、而して普通の人間には、菩薩は大苦行を為し給えりと見たりき。またこの修行に依って、四百二十万の外道の仙人等に、菩提の縁を結び給えり。而して菩薩は観じ給わく、苦行の一道を以て成

仏すること能わず。安逸行《あんいつぎょう》もまた成仏の道にあらず。この二の極端を棄てて中道の法に依り、以て成仏すべきなり。時に十方の諸仏も苦行より起ちて菩提樹下に成仏の相を示さるべしと請われたりき。されば菩薩は苦行より起ちて、安穏に住して、少しの食物を味われしかば、体力次第に増長せり。ラムナム・ンガパ、三二、三三丁

時に菩薩はハリヌカ Harinuka の実を食せられしかば、その体力増長して、美相となりたれば、美相沙門と名づけられたりき。ヤーセル、三一八丁

而して菩薩は孟夏の月即ち陰暦四月八日の昼、宿縁深き村女の一を善生女《スジヤーター》と云い、他を悦力女と云う者、一千疋《ひき》の牛より乳を搾り、その乳を少数の牛に飲ましめ、その少数の牛より得たる乳を、更に少数の牛に飲ましめ、これの如く次第に減ずること十六回にして、得たる所の乳を以て乳粥を作りて、黄金の器に入れて、これを菩薩に上れり。菩薩は怪んでその大供養の所由を尋ねられしに、彼女等は云えり。妾等は美相沙門は転輪聖王となるべしとの讖言あれば、その時には妾等は妻妾《さいしょう》たらんことを許されよと願いしに、菩薩は家を棄てて真実出家したる者にして、成仏せんことを願える者なれば汝等の願いを棄つべしと云われしかば、彼二女等は菩薩の願の如くなるべしと発願廻向して乳粥を供養せり。菩薩はこれを受けてまず尼連禅那河《ネーランジヤナ》に入って沐浴して、糞掃衣《ふんぞうえ》を着け、龍王の奉りし獅子坐に着いて、総ての乳粥を食せられしかば、三十二相、八十種好の妙相は威光赫耀として輝けり。菩薩は乳粥を盛りし金盤を

尼連禅那河水に捨てられしが、海龍王は供養の目的となさん為めにこれを持ち去らんとせしに、因陀羅《インドラ》王は金翅鳥王に化して、その器を奪い、本身に帰り、三十三天に持ち帰りて供養の所依となせり。獅子座は龍女が塔中に収めたりき。その外天人八部衆等は各自の食物を菩薩に供養せしが、菩薩は平等に彼等に授福加持して、その供養を受けられたりき。各自が己れの供養を受けられしことを悦ぶ所に、総て菩提の縁を結び給えり。而して菩薩は何処に成仏せんかとその場処を択ばれしが、一大巌窟華果有《プスパ・パハラ・マン》 Pushpa-phala-man と名づくる窟内に入り給えり。然れども諸天善神等は異口同音にここは成仏の処にあらず。これより尼連禅那河を渡って、西岸に金剛宝座《ヴァツザラ・アーサナ》 Vajrāsana と名づくる処ある。これ三世諸仏の成道し給う処なれば、彼処に到られんことをと言えり。菩薩もまた然かく観じて菩提樹下に向われたりき。ヤーセル、三一八、三一九丁

（華果有大巌窟は大唐西域記巻八には鉢羅笈菩提山《プラーグ・ボーチ・ギリ》 Prāg-Bodhi-Giri 前正覚山とある処にして、現今の土人はこの名を知らず、この巌窟のある山を称してズンゲ・シリー Dunge-Srī と云う、今の仏陀伽耶《ブツダガヤ》即ち大覚精舎金剛宝座の在る処より東北に尼運禅那河《ネイランジヤナ》と摩訶耶提河《マハーナディ》を渡て三マイルを隔てたる小山の上部の処にあり。今なお大唐西域記に誌せる記事と一致せる遺跡の存せる者あれば、古昔を忍ぶに足る者あり）

第四十三節　華果有巌窟《プスパ・パハラ・マン》より菩提樹下《ボージヒ・ズル》まで。斯くて菩薩は五十四の大人の威儀を具え、一切如来の見処を

観じて、一歩一歩、深三昧に住し、徐々として進まれたりき。ヤーセル、三一九丁
時に地《ブーミ》・賢《バハドラ》等に住する所の諸神は、大千を掃除し、香水を行路に撒ぜり。また手に花盆を持ち、花蔓を捧げ、花の雨を散ぜり。四天王、帝釈天王等、六欲の諸天子は種々の宝花を以て荘厳せり。尼連禅那河より菩提樹下に至るまでの行路は、清風の神是を掃除し妙雲の神は香水を散ぜり。四辺大地の草木も皆その頭を菩提樹の方向に向けて礼拝せり。行路の辺りに散在する池畔には、孔雀等より鷺鶴等の水鳥に至るまで皆歓喜の歌を謡い、八万四千の華の天女等は散華香風送の供養を行い、行路に並列せる多羅の木々は宝果を以て盛飾し、唱歌奏楽の万の天女は妙音劉朗《りゅうろう》たる供養を為し、色界の諸神等もまた種々無量の供養を行えり。また十方無量の諸菩薩等も各自国土の妙荘厳を以て菩提樹辺の虚空を大いに荘厳せり。歩毎に三悪道の系統を断ち、一切衆生の憂苦煩悩を除き、幸福安穏を増進する所の光明、諸仏に照見する所の光輝を発し給いて、十方仏土を震動して、至妙の奏楽と浄華の降雨との間に菩薩は菩提道場に着き給えり。ラムナム・ンガパ、三三、三四、三五丁
菩薩は菩提樹下に着きて、過去の諸仏が成仏の時、草を敷かれし故事を思い出されしが、浄居の諸天子もまた菩薩に草を敷き給わんことを請えり。時に帝釈天王直ちに香山に生ずる所の草にして、柔軟なること綿の如きを、取り来りて、自ら草売吉祥の身に化して、その草を供せり。なおまた人間の草売吉祥に菩提の善緑を結ばしめんが為めに、菩薩は彼が路の右傍において、草刈れるを見て彼に告げ給わく、

吉祥くさをすみやかに。　　我に与えよ今日こそは。
この草われに大いなる。　　用を為すなれ五蘊等と。
共に住する大魔王を。　　降伏なして上妙の。
寂滅菩提を成就せん。ラムナム・ンガパ、三五丁。プートン・チョエチュン、七五丁

と云われしかば、草売吉祥は固より善縁ある者なれば、大いに歓《よろこ》んで、孔雀の首の色の如く青くして、香気芳ばしく、柔軟なる草を右脇に一抱して、菩薩に献じて謂えらく、この草を敷かれて、成仏せられんには、かかる善縁に依りて、我もまた仏道を成ずるに至らんことを念願せり。時に菩提樹を七度囲繞して観じ給わく、一切衆生の心情を歓喜せしめん為めと、草座を以て満足することを示さん為めと、過去の諸仏の行法に随う為めに、自ら草を樹下に敷き草の葉端を内にして、厚薄なく、能く調えて、円形に為し給えり。斯くして菩薩はその上に坐し給えり。

第四十四節　降魔。これの如く草座上に結跏趺坐して、東方に面し、明確なる観念に住して謂えらく。

この座に我身は枯るるとも。　　骨肉皮膚の破壊《やぶ》るるとも。
たとい生命《いのち》の終るとも。　　無量劫にも遇い難き。
無上菩提を成ぜずば。　　この座を起たじ動くまじ。ヤーセル、三一九丁
一切苦患の終末《おわり》なる。　　漏尽を全く得るまでは。

臨命終に至るとも。　　　　　　　　この結跏趺坐を解かじとぞ。

誓われたりき。時に十方の諸菩薩来集して、彼等は種々の神通力を以て花の殿堂を現じ、あるいは身体より千種の色光を放ち、あるいは日光の如く光を放ち、あるいは大地に四大海の香水を散じ、あるいは宝塔を空中に現じ、あるいは空中より散華して華鬘《けまん》と変じて大千を覆い一々の皮膚毛穴より千万経典の音声を発生し、あるいは一々の葉に菩薩の半身を現わしたる大樹を現わし、あるいは大身を現じて世界の最高山を手に持ち、あるいは足に大海を飾り、あるいは壮大なる大鼓を打ちたる声よりして、菩薩は成仏せらるべしとの大音、十方世界に響けり。これの如き等の種々無量の事を示現せり。また十方世界の諸仏は右手を伸ばして、大導師は将に成仏せらるべしと命ぜられたりき。ラムナム・ンガパ、三五、三六丁

而して菩薩は観じ給わく、四洲および欲界中の最権力者は、他化自在天の王、魔罪有《ズツ・ジク・ナヤン》 Mara-Raja 悪魔王なれば、彼を征伏すれば総べての欲界を制御し得べし。また八部衆の総ても獅子勇猛の力を見て、発心して、道縁を結ぶに至るべし。大戦争を好む者には、菩薩の大威力を示し、道徳の根ある者には菩提縁を熟すべし。また所化の修行者をして道果を得んとする修法の途中において、中折する等の事を避けしめんが為めに悪魔を降伏する事必要なりと観じ了って、眉間の白毫相《びゃくごうそう》より、征伏悪魔の大光明を放ちて三千大千世界の悪魔の国土を照破し給えり。これに依って悪魔等はその光明を失い大いに戦慄せし

められたりき。特に大光明の至る処に発音を光声して、釈迦太子今に成仏して、魔王の国土を征伏すべし。汝等魔王行いて戦うべしと宣言せり。ヤーセル、三一九、三二〇丁

時に魔王は千万憶の魔軍を引率して、菩薩に刀剣等の雨を降らし、まず菩薩を菩提道場より動かさしめんとして、戦争を開始せり。然れども菩薩の心地は不壊の宝鎧を着け金剛の如くに堅固なる上に、万法は幻化の如くに見給うが故に、これの如き魔軍を以て攻撃するも、菩薩は寸毫《すんごう》も動じ給わず。全く彼大軍なき時と同然なり。この悪魔等を戦慄せしめん為めに、菩薩は魔軍の口中に火を燃やすの神力を示し給いしに魔軍は一時に敗走せり。彼等は敗走の後、何の苦痛も感ぜざりしかば、これただ一時の迷想なりとして、復び返って菩薩に刀剣等を雨の如くに投げ撃ちたれども、皆中途にて花と化し、花殿と変ぜり。また彼等の火舌より、毒気を発するも、皆白葉蓮華と変ぜり。時に菩薩は右手を頭上に置き給いしに、魔王は菩薩が火の燃ゆる如き剣を持ち給えりと見て、南方に逃げしが、これまた何事にあらずと思い軍を返して大いに攻撃せり。然れども魔軍の発する投矢飛刀は皆花環となりて、菩提樹を荘厳せり。ラムナム・ンガパ、三六丁

魔王はこれの如き菩薩の行徳の威神力を見て、嫉妬忿怒に勝えやらず。菩薩の前に来て曰く、汝、何が故に菩提道場に坐するや。菩薩曰く、無上菩提を成ぜんが為めなり。魔王曰く、ああ太子よ、能く我言を用いて、王位に上られよ。汝が如き斯ばかりの福力を以て、云何でか解脱を得ん。菩薩曰く、魔王よ、

汝は滅し易き供物を施したる一事に由りてすら、欲界の王となり得たり。されば我は三大阿僧祇《あそうぎ》劫においてて、幾千万億無量の供養を為し、一切衆生等の為めに修せし諸の苦行を菩提に廻向せる故に、将に無上菩提を得べきなり。然るにそれを得ざるべしと云う理由は何処にかあると云われしに、魔王は云えり、されば太子、余が一の供養を施して欲界の主となれりと云う証人は、汝なるが、その如くに汝が無上菩提を得る為めに、三大阿僧祇劫において、無量の供施をなしたりと云う証人は、何処にかあると、大音声にて叫べり。時に菩薩は大悲心を生じて、少しも躊躇《ちゆうちよ》する所なく、卍字輪相の荘厳ある右手を御身に触れ、十方の諸仏を眼前に講じ、優に迫らず、右手にて大地を指示して、我証人は大地これなりとて、

この大地こそ一切の。　生ある者の住家にて。
動も不動も平等に。　乗せて親疎の別をせず。
これぞ我身の証人なる。　我に詭言《いつわり》あらぬかし。
さて地の神ここに来て。　我言証せよ地の神よ。

と言いて、右手を大地に触れ給うや否や、大地は六種に震動して、十八瑞相顕現せり。時に大地の女神教妃と云う者、宝荘厳身にて百千万の眷属と共に、大地の中より忽然現われて、菩薩を礼拝合掌して曰く、菩薩よ、誠に菩薩の言わるる所の如し。この事たるや妾には誠に明確なり。ただこれのみならず、菩薩無辺の功徳は天人および一切世界の共に証明する処なり。大地女神は魔王に向いて曰く、魔王よ、

世尊の言われし所は皆事実なりと云いて、その処に眷属と共に消失せり。ラムナム・ンガパ、三七丁

斯くて魔王は顔色を失い、ただ黙して頭を垂れ、心に怒を含んで立てり。時に菩薩は再び右手を大地に触れ給いしに、その声よりして魔王等は剿滅殺戮《そうめつさつりく》せよとの猛声を聴けり。彼は千万億の魔群と共に戦慄して、皆救いを求めて、悲哀なる歎声を発せり。魔王は大いに喫驚して、叫んで曰く、大聖人、我を容せと請えり。魔王およびその眷属は恐怖失心して、逃げんとするも、逃ぐること能わずして大いに苦痛せり、時に菩薩は一道の光明を放ち給いて、彼等の恐怖を消滅せられたりき。ラムナム・ンガパ、三七、三八丁

後に魔王は麗美、愛欲、無比の三女を菩薩の所に送れり。彼女等は三十二の誘惑法を以て、菩薩を堕落せしめんとして非常に勤めたれども、遂に動かすこと能わざりき。而して彼三女は老婆の姿と変ぜしを以て大いに驚懼して他化自在天に逃げ帰りたりき。彼女等が菩薩の前にて歌いし歌に以下のものあり。チョエ・チュン、二七丁。プートン・チョエチュン、七四丁

優《やさ》しうつくしいとおしの。　妖姿《すがた》や婀娜《あだ》の女郎花。
香ばしき口に妙のうた。　いとも嬉《うれ》しき愛のぬし。
住むふる里の極楽に。　一なる妾等《われら》のたのしみを。
受け給わねば世の中に。　これより上の愚はあらじ。

ギャーチェル・ロルバイ・ドー、二三七丁
而して菩薩は総ての暗黒を照破し、総ての摩群を降伏して、後七日間全く安静に三昧に入り給いき。パクサム・ジョンサン、〇三頁
時に魔王の眷属八十百千万億の者等と九十九百千万億の衆生は菩提心を起せり。而して宿昔修行せし所の八万四千の神等は無生法忍を得たりき。ラムナム・ンガパ、三八丁
（ラムリム伝、パクサム伝、ヤーセル伝、およびプートン伝等皆降魔の後七日を過ぎて、成仏することを説けり。然れどもチョエ・コル史は七日の後と云うことを誌さず。多くの漢訳経説にあるが如く、前半夜に魔群を下し、次いで暁明に成道することを説けり）

第四十五節　成道。

然して菩薩の心内に四禅三智を生じ、吠舎佉月の満月即ち陰暦四月十五日の朝、明星の出でし時、十二因縁、四諦の法を完全に知り、その瞬間廓然大悟《かくぜんだいご》の智慧に依って、全く四魔を降伏し、新たに無上正等菩提《むじょうしょうとうぼだい》を証して、成仏し給えり。パクサム・ジョンサン、三〇頁
一切の衆生は如来の性を有せり。故に一切衆生は兄弟なり、姉妹なりと釈迦牟尼仏は説き給えり。ソルモイ・テンワ三三一丁
時に大地は六種に震動し、光輝、世界に満ちて、一切衆生は少しも争闘、打撃、忿怒等の害を受けざりき。斯くして、世尊が一切智を得らるるや否や、金剛手は如来の心中に入られし事を白八名を以て讃歎

し給いしが、一切如来は善哉金剛手と讃じ給えり。時に諸天子等は互に告げて曰く、世尊は既に成道し給えり。吾人は将に花を散ずべしと。中に過去仏成道の例を知る者あり。曰くその徴を現わさるるまで待つべしと。その時十方の諸仏は告げ給わく、善哉如来よ、正覚を円成せられたりと云いて、右手を伸ばして、告げ給わく、仏身安穏なりや、疲労なく成道せられしか、自然に諸法を証せられしかと訪問せられたりき。また諸の菩薩を遣わして、この三千大千世界に満たしめ、宝蓋《ほうがい》を以て光明荘厳して光輝赫々たり。これらの諸菩薩は如来の足を礼して恭敬訪問せり。

時に世尊は結跏趺坐のまま、七多羅樹高の空上に上りて告げ給わく。道の絆緒を断てり。憂苦は近く寂滅せり。諸漏は尽きたりと宣言せられしかば、天人等は皆散華せり。而して浄居の諸神は白檀の粉を散じ、光明の諸天は線香と勝幢とを供し、梵種の諸神は宝幔を献じ、他化自在天の善際魔等は宝天蓋を供し、自在の諸天は蓮華を奉り、楽変化天の諸神は絹飾総を上り、覩史多《トウシタ》天の諸神は天衣幔を掛け、夜摩天の諸神は香環を献じ、帝釈天は香油、四天王は種々の妙華、空間の諸神は宝鈴、地上の諸神は大地に諸花を荘厳して、供養讃歎し以て菩提道場を好く荘厳せり。これと同じく十方の空間に満ちたる一切の菩薩もまた供養讃歎せり。世尊はまた宣言し給えり。

修福の結果福を得て。　もろもろの苦患を除きけり。
修福の人は何時にても。　願望《ねがい》の総てを得らるなり。

悪魔の王を降伏し。　無上菩提を頓に得て。
摩訶涅槃那《マハーニルヴァーナ》の寂滅の。　不壊の楽をば成じけり。

これの如く成仏の相を示さるるは、所化の衆生の為めに、無上応身の行を示されしものにして、実際は無量塵点劫の古昔に成仏せられたることは、前に述べたる如くなるが大悲蓮華経にも、この如来は昔時不可能言無量の大劫を経たる古代において、成仏せられし方にして、今また五濁悪世の此土の衆生の為めに、無上応身を現じて、その行を示し給えり。なお一切衆生の尽くるまで、断《た》えず応身を現示せらるべしとあり。以上誌したる所は仏教普通の説に随って成仏せられたる相を述べたるものなり。もしそれ秘密乗より成仏せらるる相に至っては以下に説くべし。ラムナム・ンガパ、三九丁

第四十六節　秘密成道相、および成道時の迦毘羅《カビラ》城。

吠舎佉月の八日の昼、菩薩は菩提成熟の身体を尼連禅那《ネーランジャナ》河の岸に置いて、意体は阿迦尼瑟咤浄土に到り、真性金剛の大曼荼羅会中に住し、五現正覚《パンチャ・アビサン・ボージヒ》 Pancha-Abhisam-Bōdhi の門よりして成仏の門を示し、瑜伽秘密経《ヨーガ・タントラ》を説法し、次いで秘密会《グフヤ・サマージャ》 Guhya-Samāja の大曼荼羅会中に入りて、金剛菩提頓生智相の灌頂《かんじょう》をなし、仮空二相の細惑、究竟に滅尽《げんじん》して、中道実相の体相現成し、無上の秘密乗を宣説せられたりき。また降伏魔王の事に至っては黒夜摩忿怒明王、赤夜摩忿怒明王の二王を化現して、完全に魔王を降伏して、後に、この二王に関する秘密経を説かれたり

き。これの如き事等無量不可思議の事は無辺に示され給いき。ラムナム・シガパ、三九丁
その後この成道の地において頻毘娑羅王は成正覚《じょうしょうかく》の窣堵婆《ストゥッパ》を建立せられたりき。ヤーセル三二三丁
（仏成道地、苦行林等の現在処。カルカッタより西北二百九十二マイル東インド鉄道にて行けば伽耶《ガヤ》（Gya と誌しあれども実は Gaya と誌さざるべからず。ギャにては全く通せず）停車場に就く。ここより南方七マイルの地に仏成道地あり。今は仏陀伽耶《ブッダガヤ》と云う。昔は摩訶菩提寺《マハー・ボージヒ・ヴィハーラ》 Maha-Bōdhi-Vihāra 大覚寺と云えり。西蔵人は金剛座《ドルジエ・テン》梵語 Vajra Asana と云う。この座は今なお菩提樹下に存せり。この座の東に大塔あり。尼連禅那《ネーランジヤナ》河の岸までは東に約一丁余りあり、伽耶町の西南数丁の処に伽耶山あり。仏在世の当時この山にて伽耶山項経等を説かれし処なり。伽耶町を離れて南方仏陀伽耶に向うに当って左側に広き河の流れを見るべし。これ尼連禅那河の下流なり。この流れを隔てて南北に奔《はし》れる山脈を見るべし。これ当今のズンゲ・シュリー山窟のある所にして西域記の所謂前正覚山これなり、西蔵伝の華果有窟は山脈の北端にある小山とその南の山脈間を数丁上りたる右側にあり。苦行林は菩提樹下金剛座より南方約一マイルにしてムチャリン村の傍に目真隣陀《ムチリンダ》池あり、これ目真隣陀《ムチリンダ》龍王の住せし池なりと云う。この池と尼連禅那河との間に一小林あり。これ仏世等の六年苦行せられし林なりと知るべし）
菩薩は二十九歳出家せらるる以前において、耶輸陀羅《ヤシヨタハラー》女の胎内に子を宿されし事は既記の如くなるが、

妃か前生因縁の然らしむる所と、胎内の子が前世、王たりし時、清浄行者を六日間、飢餓せしめし因縁の然らしむる所に依りて、胎内に宿れる事六ヶ年、世尊成道の時と同時に誕生せられたりき。その時月蝕ありしかば、その名を羅睺羅《ラーフラ》即ち覆障と名づけらる。然るにタール・ローツァワの訳せし秘密史伝第四章には、世尊出家の時、羅睺羅は誕生せられたりとの記事あれども、これは宿胎せられたりと云うことの誤字なるべし。ヤーセル、三二一丁

第四十七節　成道後の七週間。これの如く世尊は三十五歳の時、成道せられたり。即ち甲午の吠舎佉月十五日の明星出現の時、究竟円満成仏の行相を示されたりき。初めの七日間は菩提樹下に観坐し、第二の七日間は三千大千世界において遠く遊行せられ、第三の七日間に菩提樹を観じて安坐し、第四の七日間は四洲の東西の大海に至るまで遊行せられ、第五の七日間は目真隣陀《ムチリンダ》龍王［Muchicinda-Nāga-Rāja ムチリンダ池を云う］の住処に留り、第六の七日間は尼拘盧陀樹下に禅坐して阿伽摩等を化度し、第七の七日間は龍行樹の林に入られしに、商主黄爪《ツラプシャ》 Trapusha および賢者《バハツドヤ》 Bhadra の二人より供養を上れり。時に四天王の各自は一個宛石の鉢を供したるが、世尊はこれらを受けて一となし、それにて供養を受けられたりき。時に世尊は二商主の為めに、祝福の言を宣し、彼等二人の未来の成菩提の事を授記せられたりき。ラムナム・シンガパ、三九丁

通途の説に依れば、初の七日間は火界定に入って、結跏趺坐のまま菩提樹を観じ給えり。この仏行に歓

喜を生じたる三万二千の天人等は菩提心を起こしたりき。これの如く法味《ほうみ》歓喜《かんき》と安楽の甘露味とを以て、身を養い給いて、徐ろに禅坐より起ち給いしに大地震動せり。欲界の二万の神等は如来と菩提樹とに沐浴を奉りて、その用水を彼等の身に塗りて、菩提心を起こしたりき。華神は世尊に問うてこの七日間入り給いし三昧の名を何と云うやと云いしに、満歓喜食三昧と答え給えり。ヤーセル、三二一丁
また迦毘羅《カビラ》城においては、釈迦牟尼は金剛坐において、死滅せりとの風説起りて、大王始め伯母および妃等は大いに憂慮せられしが、後その然らざりし事、明らかになりて大いに安心したりき。然るに浄飯《シュッドータナ》大王は耶輪陀羅《ヤショタハラー》女が太子と別れてより六年の後に赤子を分娩したるを見て、太子の子にあらずと云えり。これを聞きたる妃は大いに世を厭いて、池の側に立ちて、悉達太子の膝程の大きさの石塊に赤子を乗せて、水に浮べて曰く、汝は釈迦牟尼の実子なれば、ここより彼岸に達すべし。然らざれば沈むべし。斯く信言を発してそれを放てり。然して赤子は安穏に彼岸に到着せしかば、父王もその疑を晴らされたりき。ヤーセル、三二一丁
世尊は第二の七日間において、他化自在天の自在変天王の宮殿に在って、他方国土より来集せし金剛心菩薩等、諸の仏子集まりて、解脱月は金剛心に問いしに、金剛心は如来の許可を受けて十地の法を説明せり。時に如来は身口意平等性の法を示して、光明を放たれしに、宝智菩薩等、十方世界の十仏子が、十仏の真言を持ちて、ここに来集して、世尊を敬礼して、一面に立ちたりき。世尊は金剛曼荼羅を画き

て、金剛手菩薩に灌頂して、その法を授け給えり。次いで大毘盧沙那成仏神変加持大方広経の灌頂を説き給い、次に金剛手菩薩はその経の後編を説きたりき。而して初めに仏者宮殿に入り給いて、普眼菩薩の法の次第を尋ねしに対して、普賢菩薩をして尋ねしめよと、命ぜられし如くに問い上りしに十三昧と十明慧とを示されたりき。心王菩薩もまた数と大住処とを説きたりき。また如来の加持力に依って青蓮華心菩薩は不可思議法を説き、普賢菩薩は仏名海を示せり。また世尊は掌宝菩薩に三十二相、光輝現示の法門を説き給えり。また普賢菩薩は普賢行を示せり。次に世尊は白毫相より光明を放ち給いて、族生徳菩薩を招き給えり。彼菩薩をして普賢菩薩に法を問わしめられしに対して、普賢菩薩は生如来品の法門を示せり。また普賢は仏大方広の三昧より起ちたれば普眼菩薩は尋ねしに対して出世間品を広く説きたりき。然れども普通人の眼にはこの第二の七日間はただ三千世界を逍遥せらるると見たりき。第三の七日間は既に生老病死の苦患を終わりたれば、菩提樹に対して眼瞬《まばた》きもせずして見給えり。第四の七日間は南瞻部洲《ジャンブ》の東西の海辺にまで逍遥し給えり。第五の七日間は目真隣陀池側に禅坐せられしに、龍王は身を以て如来の身を覆えり「蛇身の後光ある仏像はこの伝説より起これり」。また池中の火舌の燃ゆる蓮華中に如来は安坐して、金剛手に大勢至菩薩の真言を説き給えり。第六の七日間に尼枸盧陀樹の下に安坐し給いしに、普走と赤裸体子の二人が斯くの如く国の現状悪しきに、御身は安楽なりやと尋ねしに世尊は答え給わく、妙のみ法を見聞して。　静地を好めば安楽なり。
生とし生けるものどもを。　憐み害を為さざれば。
世界は誠に安楽なり。　圧迫の苦も更になし。
貪欲離れて世は安し。　我という我慢を伏すれば。
最勝楽を得らるるなり。

と説かれたりき。第七の七日間は娑羅《サーラ》樹と竹の生ずる林中に安坐し給えり。時に北方の二適主ツラプスとバハドラは南方より帰路、ここを過ぎて、千牛の乳を煮つめたるものを宝器に入れ、なお蜂蜜、砂糖、果実等を多く持ち来て世尊に供じて曰く、我等を憐んでこの小供養を受け給えと請えり。然れども宝器を以て食うは、外教徒の為す所なり、過去諸仏の食器たりし鉢を用いんと観ぜられし時、四天王は出現して始めに瑠璃等の宝鉢を上りしも、比丘の法にあらずとて受けられず遂に石鉢を受け給えり［以下はほぼ前記ラムリム史に同じければ略す］。ヤーセル三二三丁、三二五丁

第四十八節　勧請説法。而して世尊は観じ給わく、我法甚深微妙にして幽光照徹、知り難く、解し難し。普通論理を解する者等の了会する能わざる所なり。故に何をも説かずして、安処三昧に入るべしと、斯く念じ給いて。

甚深寂静離塵光照。　漏なく集なき甘露の法。

微妙の一乗我得たり。　　我身がこれを説くとても。
他の一切衆生《もろもろ》は悟り得じ。　　されば何をも云ばずして。
林中深くか奥山に。　　過さんとこそ思うなれ。

と宣言して寂然として坐せられしが、十方世界の無数の諸菩薩、無数の諸天善神等は世尊に法を説かれんことを懇請し、特に三千大千娑婆《サハー》世界の主たる大梵天王は世尊に説法せられんことを勧請せられしかば世尊は黙然としてその請を容し給えり。この事を知りて大梵天王は自己の国に帰去せり。而して世尊は他の衆生をして、歓喜せしめ且つ法を悦ぶの心を生ぜしめん為めに、また梵天王にして再三説法を勧請せんには、その徳本を増殖することとなるが故に、斯くならしめんと願い給えると、且つまた微妙の法を云何にして衆生に示さんかと観じ給えり。然して大梵天王はなお世尊の説法せずして観坐し給えるを見て、彼は帝釈天、大自在天等、欲界色界の諸神等と共に、世尊の前に至りて、説法せられんことを懇願せり。然れども世尊は説法の甚だ為し難きが如くに見え給えり。尸葉大梵天王これを知りて、未明に六万の梵天子に囲繞せられて、世尊の前に至って合掌して曰く。

古来摩掲陀《マガダ》に教はあれど。　　正しくもなく知もまた汚かれたり。
されば甘露の法の門。　　開きたまえよ汚れなき。
覚了《さとり》の教を説き給え。　　年尼世尊よ法灯を。

かかげて暗黒《やみ》を照されよ。　如来の旗を押したてよ。
妙音説法の時いたる。　法鼓打てよ獅子王の。
一吼奮迅する如く。　法説き給えと請い奉る。

仏世尊は命せ給わく。

梵天王よ今われは。　万行苦行の功を経て。
総べての過悪を滅したる。　微妙の法を世の欲に。
執着なせる衆生《もろもろ》に。　説くとも善くは悟り得じ。

梵天王曰く世には機根の鋭鈍種々あれば、中に化し易き衆生も多くあるべし。もし彼等にして法を聴かざる時は却って随落する事とならんか故に、説法せられんことを庶幾うと言えり。且つ世尊を讃じて如来の本生中には法を求むる為めに幾千度か生命を捨て給えり。特に本生中にても妙色王および蘊多羅仙人と生まれ給いし時は、妙法の為めに、彼が如き苦行を為し給いて、今日既に法の大海を度し給いて、法灯の真光を明瞭になし給えり。されば何故に説法せられずして般涅槃し給うべきやとて、大いに懇請せり。

世尊は仰せ給わく。

甘露の門戸を開くべし。　誰《た》が聴かんとの懸念なし。

梵天王よひとびとに。　広大無辺の法門を。
宣説するも受けざれば。　その一端をまず説かん。

と告げられて、説法の事を許容せられたりき。ラムナム・ンガパ三九、四〇丁

第四十九節　世尊説法観機、および伽耶山にて普走の徒に遇う。世尊は初めに法を誰人に説法せんかと観じ給えり。かつて成道の後は説法せんことを依頼せし所の阿羅々、迦羅々の二仙人に説かんと念じ給いて、何処に彼等の居るかを観見せられしに、最早彼等は死去せしことを知られしを以て、これに娑羅那斯《クラナシー》に住する阿若憍陳如《アギャータ・カウデンニャ》等の五人の為めに説法せんと決せられたりき。ヤーセル、三二五丁

時に菩提樹の法愛等の四神は世尊に対して、何処に初めて法を説き給うやと尋ねしに、世尊は婆羅痆斯《ヴァラナシー》なりと答え給えり。四神等は彼処は人衆多からざれば他を撰ばれたしと請えり。世尊は婆羅痆斯は古来仙人等の住する処にして、多くの供施を行う処なれば、彼処こそ初めて法を説くに適当の地なりと云いて、婆羅痆斯に向うて出立せられたりき。ヤーセル、三二五丁

途中伽耶山に着かれし時、普走の徒、近行と云う者に遇えり。彼は世尊に問えり。汝の身支顔色、真に清浄微妙なり。何れの師に就いて斯くの如くなられしやと云えり。

世尊答え給わく。

教師は我に誰もなし。　我に斉しき者もなし。

我こそ独り成仏して。　煩悩の火は消滅し。

もろもろの漏を尽したれ。

彼は云えり。憍多摩《ゴウタマ》、仏陀となり給いしか。これより何処に行き給うやと。世尊は答え給わく。

婆羅痆斯《ヴァラナシー》にぞ我は行く。　光有城《カーシー》にわれ着きて。

盲目の如き世の人に。　無比の光を与うべし。

（光有《カーシー》は婆羅痆斯城の異名にして現今のベナレス市なり。カルカッタ市より西北方四百二十九マイルの地にして、恒河《ガンガー》の西岸にあり。伽耶より西北に百三十七マイルあり。東インド鉄道孟買行に乗り、モゴルサライにて乗換え、十マイルにしてベナレスのカントンメント停車場に着く。これより東北約五マイルにして鹿野苑《ムリガダーヴア》、仙人堕処《リシパタナ》即ち仏世尊初めて法輪を転ぜられし旧跡に着く。現今はこの地を呼んでサラナートと云う。現今のインド人は鹿野苑《ムリガダーヴア》、仙人堕処《リシパタナ》の旧名を忘却して、この旧跡の東数丁にあるヒンズー教の神サラナート（シヴァ神の異名）を祭れる神名に因んでこの地方を呼ぶに至りしものなり）

と言われしに、彼は善哉仏陀と讃歎せり。時に見美龍種とある家主とが世尊を詣じて午飯を供艱せり。而して世尊は恒河を渡らんとして、渡場《とば》に行かれしが、船頭はまず船賃を得んと迫りしかば、世尊は空を踏んで彼岸に渡られしが故に、船頭はこれを見て慚愧せり。その後この事が頻毘娑羅王の知る所とな

るや、王は法令を発して比丘衆には渡船賃を取ることを禁ぜられたりき。ヤーセル、三二五丁

第五章　初転法輪より霊鷲山説法に至る

第五十節　鹿野苑《ムリガダハーヴァ》初転法輪。世尊は光有国《カーシー》 Kashi 国に行き婆羅痆斯《ワーラナーシー》城市に着いて、食を乞い食し終わって、仙人堕処《リシパタナ》、鹿野苑《ムリガダーヴァ》 Rishi-Patna、Mriga-Dava に行かれしが、阿若憍陳如《アギャータ・カウデンニャ》等の五人は、遥かに世尊の来たれるを見て曰く、沙門憍多摩《ゴウタマ》大食して苦行の制禁を破りたる者、今将にここに来たらんとす。もし来らば吾人は彼に談話すべからず。起立すべからず。礼拝すべからず。また敷物を与うべからずと互に制禁せり。然れども阿若憍陳如《アギャータ・カウデンニャ》のみは心中にこの事を承わざりき。世尊は阿尸婆河の岸なる彼等五人の住せる処に着き給いしに、彼等五人は世尊の徳相と威厳の大るに打たれて、前約の制禁を打ち忘れて、皆我知らず起ち上って、敬立し。阿若憍陳如《アギャータ・カウデンニャ》は敬んで侍立し、馬勝《アスワ・ジット》は迎えて上法衣と鉢とを受け、婆温波《グスパ》は敷物を布き、大名《マハー・ナーマ》は踏台を置き、大賢《バハドリカ》は御足を洗えり。而して彼等は云えり。長老憍多摩、善くこそ来着せられたれ、まずこの座に坐し給えと云えり。時に世尊は座に着き給うや、彼等は従来の如く、長老憍多摩《ガウタマ》と呼びつつ談話せり。時に世尊は彼等を呼んで、汝等如来に対して、これの如き名に依って呼称することを得ざれ。もし然かなさんに汝等長く苦患を受くるに至るべしと告げ給えり。彼等は問うて曰く憍多摩、汝は従来修せし所の苦行に依って、人法の師範たる最勝の法を得ざりき。されば今云何にして、彼が如き修法に依って、人法の師範たる最勝の法を得たるやとて、不満心を以て説きたりき。世尊は命ぜ給わく、出家の法は二の辺見を修すべからず。その一は欲心等に住して、乞食行を励んで下卑賎悪に往すべからず。他の一は自己を疲労せしむることに励むが故に聖道の修行に害を為す所の総べての行為を云うなり。汝等この二の辺見を離れて、中道の智眼を以て、静寂にして明らかに知り、以て菩提道を円成して、涅槃を得るに至るなり。中道とは八正道を云うなりと示し給えり。ラムナム・ンガパ、四一、四二丁

（五人迎仏処の遺跡。婆羅那《ソラナ》河を渡って東北に向って、ガジ・プール道を行くこと約三マイル半にして左に曲って北少しく東を望めば、小き岡の如きものあり。高さおよそ七十尺、その上に高さ二十五尺の煉化《れんが》にて造れる八角形の塔あり。現今はこれを称してフマユンの塔と云う。フマユンはマホメット教徒の大王アクバルの父にして、彼はかつてこの地に来住せしことありしを記念してその子アクバル大王が西暦一千五百八十八年に建てたるものなる事を、この塔内に存するアラビア文字の碑文に記せり。然れども玄奘の大唐西域記に依れば、この地は正しく阿若憍陳如等が仏を迎えし旧跡に相当せり。而して項上の八角形の塔のみはその材料の新しきより見るも西暦一千五百年代にアクバル王の建てしものなる事は疑を容れずといえども、その岡を形成せる煉化は、非常に古代の物にして仏教隆盛時代の作品たること明らかなれば、マホメット教徒が例の手段に依って、仏塔を破壊してその上に同教徒の八角培を建てしものなるべし。西域記には、鹿野の号ここよりして興れり。伽藍《がらん》の西南二三里七八町）にして窣堵波《ストウツパ》あり。高さ三百余尺、基趾《きし》広く峙《そばだ》って瑩飾奇珍《ようじききちん》なり。既に層龕《そうがん》なくして便ち覆

鉢を置く。表柱を建てたりといえども輪鐸なし。その側に小窣堵波《ストウッパ》あり。これ阿若憍陳如《アギャータ・カウデンニャ》等の五人制を棄てて仏を迎えし処なり。大唐西域記七、五丁

現今このフマユン塔より東北七八丁にして鹿野苑《ムリガダハーヴァ》精舎の遺跡あり。この塔跡を以て五比丘が仏を迎えし処とすれば全く玄奘の誌せる所と一致せるを見るべし、然るに西蔵伝に依れば五人の住せし処は阿尸婆《アシヴァ》河の岸とあり。而して現今はこの塔の附近および鹿野苑の附近には阿尸婆河と云う河なくまた他の名の河もなし、仮りにアシ河を以て阿尸婆の省略せられたる者なりとするも、現今のアシ河はべナレス市の南にありて、鹿野苑とは約七マイルを隔てたれば、現今のアシ河にあらざること明らかなり。且つ現今のアシ河は河と云える程の者にあらず。ただ一つの大なる溝なれば彼河は古代のアシ河にあらざりし者ならんか。而して現今の鹿野苑附近にはサラナート岡より鹿野苑附近まで八町余りの間に河形の池あり。その下にフマユン塔の方向にやや低き地勢の続きて、古代の河床ならんかと思わるる所あり。これ西蔵伝の阿尸婆河の遺跡ならんか。因みに誌さん。インドの諺に河か旅行すと云うことあり。これインドの河には強固なる提防なければ、洪水毎に大抵その位置を変ずるが故にこの諺の起これるなり。鹿野苑の南約一マイルの地に小河ありこれ阿尸婆河の旅行せしものにあらざるか)

第五十一節　初転法輪の二。その後世尊はこの鹿野苑の何れの地において、最初の法輪を転ぜんかと念ぜられしが、過去の諸仏の転法輪処に一千の七宝座現われたりき。時に梵天は高さ四万二千の由旬の獅子座

を建立し、因陀羅《インドラ》および十千万の菩薩等は前同様の獅子座を建てたりき。地上の神等は法輪を転ずる為めの大楼閣、輪奐壮麗、周囲八百由旬《ゆじゅん》のものを出現せり。上空には天蓋宝幔等にて荘厳し、欲界の天人等は八万八千の座を献じ、これに坐して法輪を転じ給えと請えり。

時に世尊は過去の如来を歓喜せしめん為めに、三座を囲繞して獅子王の如くに、猶予する所なく第四の座に結跏趺坐して坐し給えり。梵天帝釈および諸菩薩の献ぜし座にも仏陀は一々坐し給えることを示されたり。五比丘は如来に礼拝し終って一面に敬立せり。その時世尊は御身より光明を放ちて六道の苦患の相続を断ち、十八の瑞相を現じ、娑婆《サハー》世界の国土は平坦にして、一切衆年は互に相慈愛せり。その光明より光音を発して曰く。

千万大劫の修行経て。　仏陀を成じ給いたる。
その法聴かんと願う者。　今こそ時なれ速やかに。
法聴かん為にいざ来よと。

かく宣説せしかば天龍夜叉乾達婆《カンタルヴァ》等の八部衆もまた知りて仏前に集れり。十万無数の菩薩等もまた集れり。要を取って云えば、三千大千世界は秋毫《しゅうごう》の末程も満さざる処なきまでに集れるなり。而してこれら十方集来の菩薩と娑婆世界の梵天帝釈の大有力者等は世尊の足を礼して、一切衆生利益の為めに法輪を転じ給えと奏せり。また梵天王は特に奏して曰く、法の医王よ、煩悩の心病に苦しめらるる所のこれら一切衆生の為めに、妙法輪を転じて、その苦患の根本を断ち給えと願いて、天の瞻部檀金《えんぶだごん》にて造れる千輻輪《せんぷくりん》の千光明あるものにして、過去の諸仏の受け給いし例ある者を奉りて、重ねて法輪を転じ給えと願えり。時に天空に充満せる所の諸菩薩等および八万の天人を主として、天龍等の八部衆、並びに阿若憍陳如《アギャータ・カウデンニャ》等の五人を始めとして世尊の光顔を凝視せり。

時に世尊は夜の将に明けんとする前に、五比丘を呼んで、苦集滅道の四諦の法を説き給えり。而してその四諦の取捨の法およびその四諦を完全に知って、明らかに禅観するに要する所の八支法、即ち二の辺見を離れたる中道を三転して、十二行法輪を転じ給えり。その法音の至る所、聴者の人格に随って、各自解する所を異にしたれば、この時既に三乗に相応したる所の法を聴きたりき。元来この三千大千世界には、四諦に九十四百千万億の名ありて、皆各身の言語の如くに、諦を悟らしむる所の御心を以て法を示し給えり。時に憍陳如および八万の燃威厳の神等は法眼浄を得たりき。世尊は憍陳如に対して、汝は法の総べてを知れりやと問われしに、彼は総て知れりと答えたりき。それより憍陳如を総知憍陳如《アーニャータ・カウンヂニカ》と称せらる。これより以来世界に仏、法、僧、の三宝存在するに至れり。天人等は互に歓んで曰く世尊は婆羅痆斯《ヴァラナシー》において三度、四諦の法輪を転じて、十二行輪を示し給えり。これ世に誰も転ずる能わざる所の妙法にして、これの如き無比法の世に出でしが故に、天人の族繁殖して、非天人の種は衰頽するに至らんと云えり。ラムナム・ンガパ、四一、四三丁

（西蔵伝は阿若多《アーギャータ》を総知《クンセー》と訳せり。然れども漢訳の多くは無知と訳せり。法華疏光宅第一にはこの人無生の空理に従って智を生ずる故に無智憍陳如と云うとあり。法花文句飾宗記は前記と同説なり。阿若多の阿字が短音なれば、無と訳するも正しけれども、この阿の字は長音なるが故に西蔵訳の如く総てと訳するを正しとす。弥勒《マイトレイヤ》上生経疏の上には阿若多は解なりとあり。西蔵訳に近き者と云うべし）

その後二度世尊はこの法輪を転じ給いし時、阿若憍陳如は諸漏を尽して阿羅漢《アラハン》（Arahan 敵を降伏したる者）果を得たりき。その時はこの世界において、一人の阿羅漢あり。他は世尊自身なりき。他の四人は諦を見たりき。これの如く五人が正智を得たるや否や、外道の表象、勝旗等、瞬時に廃滅せり。即ち剃髪して三法衣を着し、鉢を持し、全く出家して比丘（乞士、即ち善知識に乞うて道徳を上進する者）となれり。而して世尊は解脱法幢の衣を持つ者の最勝者は阿若憍陳如なりと讃歎し給えり。而して世尊は他の四人の比丘の為めに、身は我にあらず、苦悩の集なり。無常なり等と広く説かれしかば、彼等四比丘もまた阿羅漢果を得たりき。されば世界には五人の阿羅漢ありて、第六は世尊自らなりき。而して一億四千万の天人と八万四千の人々は諦を見たりき。これの如く世尊の妙梵音は十方の仏国土に響きしかば、十方の諸仏は各々何をも云わずして住し給えり。時に各自の侍者はその所由を問い奉りしに、諸仏はその各自の侍者に対して、世尊釈迦牟尼仏成道して、法輪を転じ給うが故に黙然たるなりと答えられしかば、百千万億無量の衆生は菩提心を起こしたりき。

世尊成道の後、説法せらるる事、甚だ困難の如くに見えたると。幾度か説法を勧請することを要じたると。また法を示さるるに当っても、初めより深遠なる空性等の法を説き給わず。法衣を円満に着すること、正午を過ぎて食せざる事。衣食に就いても二の辺見たる一は裸体にしてほとんど絶食する者、他は衣食を豊かにして放逸に流れ易き者との二を離れたる等の行道を示されたり。この行事を賢者が能く観察する時は菩提道順の修行法の云何なる者なるかを明確に了知することを得るなり。最初に聚善行道の根本は善知識なるが故に、まずこれを十分に択ばざるべからず。何人にても可なりと云うこと能わざればなり。弟子たる者はまず師徳の有無を能く観察して、教師たるの資格ある者を択んで、随習することを要すると同時にまた教師たる者も誰人にても法を示せば可なりと云うにあらず。まずその弟子たらんとする者の器を能く観察して、法を授くべし。また弟子に法を示すに当っても、慈母の小児を育つる如く、医師の患者に薬を与うる如く、弟子の人格性癖等に従って善く導き、次第に深法に入らしむるなり。特に総べての妙法の根源は、戒律を清浄に行うことにあれば、これを堅固に行うことを要するなり。而してこの世を厭い、輪廻世界の諸の苦患を脱れん為めに、まず行集は皆無常なることを観じ、特に有漏のこの身は無常なれば、この身この世に執着なく、後生菩提の大事を観じ、一心にこの生に輪廻を解脱せんと願うべし。これの如き心の生ずる時は、輪廻の根本即ち一切苦の基を知ることを得て、次第に菩提行を上進する方法等を学んで、本師世尊の行法を吾人の修法に資することを得べきなり。世尊最初の転法輪処、婆羅痆斯国《ヴァラナシー》、仙人随処、鹿野苑《ムリガダハーヴァ》において、その後天人および五比丘並びに信仰者等は転法輪塔を作れり。その形は四辺相にして四段あり、一段毎に四方に隆起こしたる所に八門戸あり。これを称して、カーシー国、転法輪塔とて古来有名なるものなり。ラムナム・ンガパ、四三、四五丁

（転法輪塔はフマユン塔の東北八丁を隔てし処に現存せり。現今のベナレス人はこの塔を呼んでダンメクと云う。このダンメク搭より西に数十間隔てたる処に鹿苑精舎本堂の跡あり。その後部に阿輸迦《アショカ》王の建てし石柱あり。西域記に誌せる如く、石玉潤を含んで鑒照映徹なり。この石柱の上にありし四頭の獅子の彫刻は阿輸迦王時代の美術の精粋を表せるものにして、現今は鹿野苑内にある英領インド政府設立のサラナート博物館内にあり。その外多くの仏像等その館内に保管せり）

第五十二節　優婆塞《ウパーサカ》、優婆私迦《ウパーシカ》の起原、および布教師派遣。世尊は五北丘と共に野獣劫盗の徘徊する林中に住せらるるを以て、婆羅痆斯市の長者、徳賢《カルヤーナ・バハドラ》 Kaeyāna-Bhadra が、鹿野苑に最初の精舎を建立して、献ぜしかば、世尊および五比丘はここに住し給えり。時に阿戸婆河の岸に住める在家の子息にして誉持《キールティ》 Kīrti 無垢《ヴィマラ》 Vimala 成就《プルナ》 Purṇa 牛主《ゴーパチ》 Gōpati および賢手《バハドラ・パーニ》 Bhadra-Pāni の五人は多くの芸妓と戯れ居りしが、芸妓等皆酔狂の余りに裸体となりて、女根顕露し、醜状《しゅうじょう》見るべからず。狂態乱状、墓処にあるの感に打たれて、五人の中、誉持《キールティ》は甚だこれを厭いて、世尊の前に行き、礼拝して四諦の法を聴けり。これ優婆塞《ウパーサカ》［Upāsaka 徳に近づく者］の始めなり。而して芸妓等は誉持《キールティ》の他に去りしを見て、その跡を追

尋せしが、世尊の保護にて彼等は誉持を見出すこと能わざりき。誉持は再び世尊の説法し給うを聴いて、法眼浄を得たりき。後に誉持は在俗のままにて阿羅漢果を得たりき。次いで彼の母および妻は優婆私迦《ウパーシカ》[Upāsika 近徳女]となりたりき。その後他の四人もまた誉持の名誉を知りて、世尊の前に行き、法を聴いて阿羅漢果を得たりき。これを世に五近徳部と云う。次て可畏《ルッドラ》 Rudra 等の五十人および曲女《カンニャ・クブジャ》国 Kanya-kubja の迦称廷子《カッターヤナ・プットラ》 Katyāyana-Putra 等の五百人、および優陀夷《ウダイ》等が仏の説法を聴いて、阿羅漢果を得たれば、世尊は彼等を説法の為めに諸国に派遣し給えり。ヤーセル、三二一七丁

第五十三節　三葉迦波の化度。 復び世尊は摩掲陀《マガダ》国に行かんとする途において、魔王は婆羅門《ブラフマン》の身に変じ来りしも、障碍を為すこと能わざりき。迦毘羅《カビラ》城より来たれる婆羅門およびその妻並びにかつて乳粥を供養せし所のスジャター等の二女等は、世尊の説法を聴いて真諦を見たりき。これに優樓頻螺迦葉波《ウルヴィルワー・カーシャパ》 Uruvicvā-kāshyapa 木瓜林護光とてその寿百二十歳に達し、有項の禅定を修得せり。彼は時人等より阿羅漢と尊崇せらるる者にして、五百人の弟子を有せり。その弟に那提迦葉波《ナジーカーシャパ》 Nadi-Kāshyapa 河護光、伽耶迦葉波《ガヤカーシャパ》 Gaya-kāshyapa 伽耶護光との二人ありて、彼等は各々二百五十人宛の総巻髪行者《ジャーターニカ》 Jaṭānika の弟子を有せり。世尊は尼連禅那《ネーランジャナ》河の岸辺に苦行する優樓頻螺迦葉波の許に行き、彼の求めに応じて、毒龍の火室に宿り給えり。夜中迦葉波《カシャパ》は天象星行を見つつありしに、世尊の宿れる毒龍室に、火焔の炎々たるを見て、毒龍が世尊を焼殺せりと思えり。然れども世尊は吐火の毒龍を化して、鉢中に入れて

安坐し給えり。翌朝世尊はその鉢を持ちて、迦葉波の許に至って、鉢中の龍を彼に示して、我、汝の毒龍を化したりと云い給えり。迦葉波およびその弟子等は大いに驚歎せしが、世尊の威神力を見て大いに世尊を信ぜしを以て、世尊は彼等に告げ給わく、我に従って解脱の道に入れよと命じ給えり。他の二弟の迦葉波等は云何なる事の起りしかを見に来たりしが、兄の迦葉波始めその弟子等も世尊の前に在って、法を聴けるを見て、何の事ぞと尋ねしに、兄は云えり。これ実に世の最勝尊なりと。これにおいて二弟もまた世尊に就いて得度せんと願えり。世尊は汝等の弟子等を見よと命じ給えり。彼等はその如く彼等の弟子等を見てありしが、世尊はこれに来れ、解脱の道に入れよと命じ給えり。次いで世尊は伽耶山に住せられたるが、千人の大総結髪行者は法を聴いて阿羅漢果を得たりき。彼等は世尊に一切智明灯仙人と云う尊称を上れり。ヤーセル、三二七、三二八丁

第五十四節　頻毘娑羅《ビンビサーラ》王の奉迎《ほうげい》、帝釈天の問訊《もんじん》。五明学を非常に歓ぶ所の頻毘娑羅王は、ある者より太子悉達多は成仏して、法を説き給えりと聴き、使を特派して、世尊に王舎城《ラージャ・グリハ》に光来あらんことを請えり。而して世尊は千人の阿羅漢と共に、最善塔の前の林中に住し給える時、頻毘娑羅王は多くの従者を卒いて、この林中に入り、世尊の前に至って、礼拝し歓喜して奉迎せり。時に王に従える多くの婆羅門および家主等は、優樓頻螺迦葉波《ウルヴィルワー・カーシャパ》の大衆中に居るを見て、この大沙門と伽葉波とは何れか何れに就いて習学したる者なるかとの疑念を起せり。世尊は彼等の疑念を知りて迦葉波に命じ給わく、大衆懺悔心を生ずべしと。時に

迦葉波はその座に消失して、種々の神通化現を示し如来の前に礼拝して、世尊は我の導師なり。我は世尊の声聞なりと云いしかば、総ての人はその疑念を晴らせり。而して頻毘娑羅王を始め八万の天人、七十万の人々は諦を見たりき。王は法令を発して盗賊の輩に盗を為すなかれと命ぜり。

その後世尊は時来れりと知らるるや、大衆と共に国土を歩行して、王舎城《ラージャ・グリハ》の近郊なる大樹の下に着かれし時、頻毘沙羅《ビンビサーラ》王自ら奉迎して、その翌日王自らの手を以て食を如来に上り、黄金の壷を以て浄水を供せり。而してカランタカ鳥の棲みたる花苑に世尊の住せらるる精舎を建てて仏に上れり。ヤーセル、三二八丁

（このカランタカ精舎は西域記九には出城の北門、一里余を行いて、迦蘭陀竹園《カランタ・ベーヌヴァナ》に至るとある処に相当せるものなるが、玄奘の伝うる所はこの王舎城中に大長者あり迦蘭陀と云う。如来の法を信じて竹苑に精舎を建立して如来に上れり。これを世に迦蘭陀竹園《カランタ・ベーヌヴァナ》と云うありて、西蔵所伝と相違せり。然れども西蔵伝のカランタ精舎も王舎城附近あれば、西域記の迦蘭陀竹園と同一なるべし。その遺跡は現今のラージャ、ギリ停車場の南方約六七町にして、バイバル出下温泉の北三町余の処にその旧跡存す）

その後世尊は摩掲陀《マガダ》国、因陀羅勢羅窶訶《インドラ・シーラ・グハ》山の沙羅《サーラ》樹窟において火界定に入り給えり。時に帝釈天王に死徴現われしかば、彼は恐怖の余りに、瞻部《ジャンブ》洲の行者婆羅門等に尋ねしも、却って彼等は皆帝釈

天に帰敬せしかば、帝釈天は已むことを得ず決心して、世尊の定に入り給える処に、彼の妻および五結髪乾達婆王《パンチャ・ティーラガンダルヴァ・ラージャ》 並びに八萬の天女とを引来て、五結髪乾達婆王および五百の楽手をして、立琴を弾ぜしめしかば、如来は定より起ち給えり。而して世尊は帝釈天の間に対して、災禍を全く消滅する所の真言を説いて、帝釈天をしてその座に死滅せしめて、またその座に生ぜしめ給えり。ヤーセル、三二八丁

（因陀羅勢羅窶訶山《インドラ・シーラ・グハ》 Indra-Shīoa-Guha Giri 帝釈巌窟山は現今のラージャ・ギリ停車場より東南約四マイル程にある山にして、この山に玄奘所伝の帝釈窟今なお存せり。西蔵伝の沙羅樹窟は玄奘の帝釈窟と同一の遺跡の異名なるべし。釈迦方誌巻の中二十九丁にも帝釈窟の説明あれども沙羅樹窟の名なし。これ西蔵伝のみに伝うる名ならんか）

第五十五節　舎利子《シャリ・プットラ》、目蓮子、および長爪梵志の得度。耶蘭陀村の住人、婆羅門《ブラフマン》、得処の娘舎利迦《シャーリカー》 Sharika と婆羅門星王《ティッチャ》 Tichya との間に、除盖障菩薩の化身たる赤子誕生せり。父よりの名を近王《ウパーラージャ》 Upārāja と云い、母よりの名を舎利子《シャリ・プットラ》 Shāri-Putra と云う。また舎羅途和底《シャーラズワチ》 Shāradvati の族なれば、シャーラ・ズワジ・プットラと云う。彼は十六歳の時、論議においてその敵なかりき。また王舎城の前に憍陳如《カウデンニャ》族のポタラカ Potalaka とマウンガラー女との間に一の男子を得たり。その生まるるや親族等は母の膝より生まれたりと見し。故に膝生子と云い、母の名を受けて目犍蓮子《マウドガルヤーナ・プットラ》 Maudgalyāna-putra と云う。彼等両人の

父は各々婆羅門《ブラフマン》五百の子弟の教師なりしが、彼等両人は学友として非常に親しかりき。彼等は初めに外道の六師に道を問いに行きしが、彼等の答うる所、その意を満すこと能わず。帰路、商低羅山《シャンティラギリ》 Shantila-giri の教師全勝有に遇い、全く降伏すと云うことを聴きしのみにて、喜んでその弟子となり、彼教師もまた彼二人の弟子中の最勝者として、自己の道を伝えたりき。彼師後に死なんとせし時、二人に告げて曰く、汝等真に甘露の法を得んと願わば釈迦《サキヤ》氏の太子成仏せん、彼が弟子とならば、不死の妙法を得べしと讖言せり。その後彼等は王舎城《ラージヤ・グリハ》に行きしが、世尊は彼時至れるを知り給いて、馬勝《アシユワ・ジツト》と普走の二人をして、道を行かしむ。舎利子《シヤリ・プツトラ》は彼等を見て汝等の師は誰なるかと問いしに、世尊憍多摩《ゴウタマ》なりと云えり。その法を示せと云いしに、馬勝は四諦の偈を唱うるや、舎利子は諦を悟りて、憍多摩何処に居らるるや曰く迦蘭陀竹林《トウエーヌヴアナ》精舎に住せらると。時に舎利子は馬勝の足を礼拝し、去って目犍蓮子に遇い、彼四諦の偈を二度唱うるや、目犍蓮子もまた諦を悟りたりき。彼等二人は意を決して竹林精舎なる世尊の処に行かんとせる時、魔王は思えらくこの二人の大学者にして、憍多摩の弟子となるならば、いよいよ以て不可なり。まず彼等の入道を妨げんとて、彼は馬勝の姿に変じて、舎利子に対して曰く、余が先に云いし処は全く反対の言なれば、釈迦を信じて行くことなかれ。然れども舎利子等は彼を魔王なりと知り、目蓮子は彼に反問したりき。而して二人はその弟子二百五十人を引いて、如来の前に行きしが、世尊はこれに来れ、解脱の道に入れよとて、皆得度し給えり。これ如来の弟子中、智慧第一の舎利子と、神通第一の目蓮尊者とて、世に名高き者なり。彼等の弟子二百五十人と三迦葉波の弟子千人とにて、仏弟子一千二百五十人と称せらる。

舎利子と目蓮子が声聞弟子の首座となるや、魔王は大いに憂いたりき。五百の魔女を以て如来に供養せしも、七度返戻せられしかば、彼は釈氏の太子は心欲を離れたれば、我は彼を云何ともすること能わずなどと談せしかば、魔女等は却って如来を信仰して、如来の前に至って、説法を聴いて帰らなざりければ、魔王はいよいよ怒って、その子勝智に謀り、須迷樓山頭に兵器を備えたるが、仏の威神力にて、兵器は皆供養の品と変われり。また如来は白毫より光明を放って、五百の魔女に正法を示されしかば、彼等は無生法忍《むしょうぼうにん》を得たりき。而して如来はまた大集項相の起原を説かれしが、彼等の女身は変じて男身となり、第二の法忍を得たりき。時に魔王は悲歎に打たれて安坐すること能わざりき。

長爪梵志は如来に問い上りしに依り、世尊は長爪梵志請問経を説き給えり。而して世尊はまた斎住思樹が尋ねたるに対して、説法せられたる時、舎利子は阿羅漢果を得たりき。而して長爪梵志は諦を悟れり。如来は長爪にこれに来れ、解脱の道に入れよとて、得度し給えり。彼は後に修行して阿羅漢果を得たりき。ヤーセル、三二八、三二九丁

第五十六節　大迦葉および諸大弟子の得度。遠国に布教師派遣。迦葉波《カシャパ》族の婆羅門《ブラフマン》にして、その名を榕樹生《ニャグローダ・シャータ》 Nyagrodha-Jāta と云う。彼は色欲を棄てたれども父母の命にて家主となれり。後は云えり、

もし瞻部檀金色の娘を得んには、我は娶るべしと。後、迦毘羅《カビラ》城の婆羅門の女跋陀羅《バハドラー》 Bhadrā と云う者、その求むる所の如くなれば、彼は遂にその女を娶れり。然れども彼等は名ばかりの夫婦にして、両人共に浄行を修し、一人眠る時は他は起き居れり。両人とも出家せんことを望みしも父母は許さざりしかば、十二年間家に留れり。父母の死後、彼等は少しも惜しむ所なく、総ての財産を貧民に施し、共に家より出でて道を別にして去れり。跋陀羅女は初めは外道の成就に随うて得度せり。その後長時を経て、世尊の弟子となりて、阿羅漢果を得たりき。榕樹生は外道の六師に道を問いしに満足すること能わず。後に王舎城《ラージャ・グリハ》に行いて、世尊に遇うや、直に世尊よ如来は我の本師なり。我は世尊の声聞なりと奏せしに、世尊もこれを快く受けられて得度せしめ給えり。時に世尊は五蘊の法を説かれしが彼はその観に入りて、その日の中に須陀洹果 Srotapatti 入流果を証せり。その後八日間にある弟子等の死したりしが、第九日に至って阿羅漢果を得たりき。他の者等より特に証得著しければ、摩訶迦葉波《マハー・カーシャパ》 Mahā-Kāshapa 大護光と尊称せり。知満足の第一として尊称せられたりき。

その後摩訶枸稀羅《マハーコーシユテイヒラ》「Mahā-Koshthila 大肚《スエポチエ》。漢訳には大肚、大膝《カッテイヤヤーナ》の二訳あれども蔵訳には大膝の義なし。この摩訶枸稀羅は舎利子《シャリ・プットラ》の母の弟にして世に長爪梵志と異名せらるる者なるが、前に挙げし長爪梵志請問経の長爪梵志とは同名異人なりと知るべし」須達舎那《スダルシャナ》 Sudarshana 等得度して阿羅漢果を得たりき。須達舎那に説かれし所の懺悔基原法は今に伝うる所のものにして漸次に伝授せられしものなり。如来はまた火功徳もまたこれに来たれ。解脱の道に入れよとて得度なし給えり。彼は聖大迦旃延《シリマハー・カチヤーヤナ》 Maha-katyā-yana なり。如来は彼に有無の二見を離れたる所の法を示されしが、彼は阿羅漢果を得たりき。当時聖王城《ウツジヤニ》［Ujjayaṇi 鄔闍衍那《ウッジヤエナ》、現今のマルワ洲のウッジャイン市］の王を最照《プラバハ》 Frabha と云う。彼は二妃、太子、大臣、婆羅門の五最勝なる者と、五近最勝とて、象の一日百瑜膳那《ヨージヤナ》を行き得る者と、牝象の八十瑜膳那、駱駝の七十瑜膳那、馬の五十瑜膳那、牝馬の二十瑜膳那を行得る者を持てり。世尊は彼国の人民を教化せん為めに大迦旃延と五百の僧侶と共に派遣し給えり。最照王は大迦旃延の足を礼拝してその大衆と共に音楽の行列を以て、多馬城に迎えたりき。大迦旃延は傘盖の下にて王および王の従者等の為めに説法せられしかば、彼等は皆世尊および世尊の声聞に非常の信仰心を起こしたりき。ヤーセル、三二八、三二九丁

第五十七節　火生《ジヨティ・シカ》長者の出生。王舎城中に甚賢《アチハバドラ》 Atibhadra と云う長者、厚く外道を信ぜり。世尊はその家の前に食を請われしが、彼の妻は阿羅漢となるべき子を懐胎せるを以て、世尊は告げ給わく、彼妻は男子を生まん、その子出家して阿羅漢となるべしと。時に甚賢は大いにこの事を厭いて、妻に随胎薬を腹せしめしもその効なかりき。次第に母胎は増大せしかば、彼は拳手を以て強く腹部を打ちしも、その手は腹部を外れたりき。夜中隣家の知らざる時、彼女を林中に率《ひきつ》れ行き、敷物をその面に覆いしかば、彼女は遂に死したりき。それより尸体を火葬場に持ち行けり。これを聞きし裸体子《ニルグランタ》［Nirgrantha 露形外道にして

現今のジャイナ教徒」は揚言《ようげん》して曰く、憍多摩《ゴウタマ》の初めの予言は外れたりと罵《ののし》れる時、世尊は微笑して顔上より二の光明を放ちてまたそれを内に収め給えり。何事ぞと問い奉りしに、我は墓所に行くべし、法衣を持ち来れとて、次いで墓所に着かれたりき。時に頻毘娑羅王も侍臣を率いて来観せり。その時世尊の微笑し給えるを裸体子等は見て、彼長者を呼んで問うて曰く、汝が妻は天命を終えて死したるかと。彼は然りと答えて、薪中に横われる尸体に火を放てり。火焔炎々彼妻の尸体を焼くや、中に一の大蓮華現われて、華中に一の美わしき赤子を誕生せり。時に長者および裸体子等は大いに赤面して、見てありしが、世尊は長者に彼子を取れと命ぜられしも、彼は取らざりければ耆婆童子《ジーヴァクマーラ》［Jīva-Kumāra 仏在世の有名なる医師］に命ぜられき。耆婆は火中に入りしに、その猛火清冷にして、火の為めに害せられず。安全にその子を取り来て、長者に対して汝この子を受け取れと云えり。然れども裸体子等は長者をしてその子を受け取らざらしめしを以て、世尊の命の如くその子を頻毘娑羅王に渡せり。これの如く火中に生まれしを以て火生《ジョティ・シカ》と名づけたりき。この子後に長者となりて三宝に帰依せり。彼はその母の殺されし地に完全に精舎を建立して仏に供養せり。その精舎を敷座苑《アーサナ・バヴァナ》 Āsana-vana と云う。ヤーセル、三二九、三三〇丁

（殊底色迦《ジョティシカ》 Jyotiṣhka 蔵伝には前記の如く火生と訳せり。星暦と訳したる者あれどもこれに用いたるは星暦の義にあらずして火生の意なり。漢訳涅槃経師子吼品会疏第二十八巻には同趣少異の記事あり。それには長者が六師に懐胎の子の男女何れかを問いしに、六師は女と答え、世尊は男と答えしより、

六師は嫉妬心を起こして、菴牟羅果に毒薬を和合して彼妻に服せしめて殺せり。次いで長者は多く薪を積んで火葬す。時に燃えたる中より腹裂けて子生ず。世尊耆婆をして取らしむ。長者仏にその子の命名を請いしかば、仏は火生と名づけ給えりとあり。この子後に長者となり、三宝に帰依せり。彼が母の殺されし地に、完全に精舎を建立して、仏に献上せり。
その精舎を敷座苑《アーサナ・ヴァナ》 Asana-vana と云う）

第五十八節　逝多林《ゼータ・ワナ》、給孤独精舎《アナータハ・ビンジイカ・アーラマ》の建立。丁酉の年世尊御寿三十八歳の時、給孤独長者は世尊に遇い奉りて法を聴いて入流果を証得して、優婆塞《ウパーサカ》となれり。長者の住地室羅筏悉底城《シュラーヴァシティー》に Sh̲rāvastī に、如来を招待せん為めに、彼は逝多《ゼータ》太子の遊苑を購うにその地に黄金を布いて、これを求め、その地に精舎を建立して、如来を迎えたりき。これを名づけて逝多林《ゼータ・ワナ》、略して祇園と云い、給孤独精舎《アナータハ・ピントウイカヴィハーラ》 Jeta-vana-anāth-piṇḍika-vihāra と云う。長者は後に如来より成仏の授記を得たりき。ヤーセル、三二〇丁
時に憍薩羅《ゴーサラ》国の鉢羅犀那特多王《プラセーナジット》（Prasenajit 旧に波斯匿王《プラセーナジット》訳戦勝と云う。逝多太子の父なり）は逝多林に住せらるる所の釈尊の前に行いて曰く、世尊は無上菩提を円成して、仏陀となり給えりと云うは、虚構の言なりと、世に世尊を誹謗する者ありと奏せり。時に世尊は答え給わく、我は無上菩提を円成せり。王また曰く、彼老熟せる婆羅門の如き、また成就派の行者の如きも、これを承わず。然して世尊は生まれて長時を経ずして、出家せられ、また長時を経ずして、云何にして成仏せられたるやと問い上り

しに、世尊は太子時の英雄行経を説き給いて、王をして、信心を起こさしめたりき。王は国内の劫盗《ごうとう》等に劫盗を為すべからずとの令を発せり。而して世尊三十九歳の時はこれに安居を為し給えり。巳亥の年四十歳の時、防止等の法を説き給えり。

第五十九節　如来、父王に遇う。阿難陀《アーナンダ》の得度。世尊御年四十一歳、庚子の年、戦勝王《プラセーナジット》は浄飯王に儀を送りて、曰く、王の太子は甘露の法を得て衆主を化度せりと。その後浄飯王は幾度か世尊に使を送りて、迦毘羅《カビラ》城に帰られんことを、請われたりき。然れども世尊は帰途に就かれざりき。父王は更に優陀夷《ウダイ》Udayiを遣わして、我および親族を慈愛して、帰城あらんことをと願える勅書を送れり。優陀夷は世尊に遇うて書を呈し、次いで舎利弗《シャリープツトラ》に随って、出家得度して、その弟子となれり。彼は修行の結果、神通力を得て一瞬迦毘羅城に着いて、光栄ある法服三衣を着して、王に遇えり。王はその威儀を見て、不思議に感じて、問うて曰く、悉達太子もまたこれの如く立派なるかと、優陀夷曰く、我は誠に小なる者なり。あたかも妙高山に対する芥子粒の如し等と説明せしかば、王は大いに歓喜せり。次いで王は太子は帰るべしやと問われしに、優陀夷は、太子は帰らるるも王宮に住み給わず、精舎に居住せらるべしと云いて、祇園精舎の縮円を画いて、王に献せり。而して王は尼倶盧陀《ニヤクローダ》の地に新たに精舎を建立せられたりき。

時に世尊は目蓮尊者に命じて、大衆に告げしむ。今如来は父王に会遇の為めに行かるべし。大衆にして参列せんと欲する者は、法衣を着して共に来たれと。依って一千二百五十人の比丘衆は出でて、世尊と共にロヒタ河の岸に着きたりき。父王はかつてこの事を知られしかば、その地と精舎との間の行路を清掃せしめ、白檀香水を撒ぜしめて世尊の一行を、尼倶盧陀精舎に奉迎せり。時に浄飯王は謂えらく、もし太子にして家に在らば、転輪聖王となるべかりしを、既に出家したれば、今や我財を以て、彼を養わざるべからずと、斯く思惟して、不平の念を起こしたりき。而して釈迦《サキヤ》族の総てに命じて、汝等、我太子に遇い、あるいは奉事供養する等の事を為すべからずとの令を発せり。而して世尊はこの事を知られて、優陀夷をして、空中に結跏趺坐して、王の前に行かしむ。王これを見て、信心歓喜し、前の令を取消し、迦毘羅城より尼倶盧陀精舎まで、八万の釈迦族に囲繞せられて、世尊に遇いに行かれたりき。世尊は父王に少しの我慢心あることを知られて、七多羅樹高の空中に坐し、大衆して六多羅樹高の空中に坐ぜしめ、而して人の高さ以上の空中に、右に梵天王、左に帝釈天王、および周囲に四天王並びに衆多の天人を立たしむ。父王は何れが太子なるか、知ること能わずして、優陀夷に尋ねられたりき。時に優陀夷は無垢不可思議法王は彼処に在ませり。いざ御覧あれと云いて、示せしかば、父王は世尊の御顔を知り給いて、その徳相に王自らの我慢倨傲《がまんきよごう》の念は消失せり。釈迦一族の人々は、父王が太子に礼するか、また太子が父王に礼するか、何れならんと疑念を起せしが、父王は世尊の足を礼拝して坐し給えり。而して父王は涙を流し、身を震わして、世尊に対して曰く、

金殿玉楼宝牀の。　我家を出でていかなれば。

寂莫恐怖《こふ》の山林の。　　うちのみに住みたまうぞや。

と告げられしに、世尊は、

人々の主よ誰にても。　　家の繋縛《きづな》を離るれば。

聖人の住処を択びたる。　　十種の場処に住むぞかし。

等と答えて、父子相遇の礼を終れり。而してそこに集まれる人々の為めに、説法せられしかば、白飯《シュブローダナ》王は七万の釈迦《サキヤ》族と共に諦を証見せり。その翌日世尊は婆羅摩苑に行いて、法を説かれしに六万人は諦を証見せり。

世尊の甥阿難陀《アーナンダ》（Ānanda 皆歓喜《グンガーオ》と訳す）の生まれし時、観相家等は世尊の侍者となるべしと予言せり。故にその父甘露飯《アミリトーダナ》王はこれを喜ばずして、世尊の行かれざる迦毘羅《カビラ》国と吠舎離《ヴァイシャリー》国との間に率《つ》れ行きてその子を隠匿せり。世尊はこれを観じ給いて、阿難陀《アーナンダ》の居る処に行き給いしが、彼隠匿せる家の戸は、自ら開けり。阿難陀は手に団扇を持ちて出来り、世尊を見て礼拝し、団扇にて世尊を扇けり。世尊行かるるや阿難陀は何の考もなく、世尊の後に随い行けり。誰か彼を制止しても止むること能わざりしかば、象に乗せて、世尊の後に行かしむ。途中彼の象は優曇波羅《ウドンバラ》の束を食いしを、観相家は見てこの子は聞持第一の弟子となるべしと云えり。彼は十力迦葉波《カシャパ》に随って得度せり。

第六十節　孫陀羅難陀《スンダラーナンダ》、羅睺羅《ラフラ》、提婆達多《デーヴァダッタ》等の出家。父王思えらく釈尊の親弟、孫陀羅難陀《スンダラーナンダ》（Sundarānanda

美歓喜）をして王位を継かしめば、転輪王《アラネーミ》となるべしとて、望みを属し居られしが、世尊は孫陀羅難陀をして、出家せしめんとせられたりき。然れども彼はその妻に愛着してその事を承わざりき。時に釈迦歓生と云う者あり、年若くして死去せしを以てその家族は大いに悲哀の言を発して痛歎せり。父王は親しくこの事を見て、釈尊に話されたるに対して、世尊は人の死後云何になるかと云う経を説き給えり。後に世尊は孫陀縫難陀《スンダラーナンダ》の戸口に立ち給いて、光明を放ち給いしに、彼はその妻に非常に愛着せるも、世尊の至り給えるを見て、外に出でて礼拝し鉢中に食を盛って供養せり。世尊は特にそれを受け給わず、彼にそれを持たしめて、尼倶盧《ニヤグローダ》精舎に還り給いて、精舎に入ってその食を召し給えり。而して世尊は彼に対して、汝出家するやと尋ねられしに、彼に承諾の旨を答えて、直に得度せり。然れども彼の心は釈尊の御心を歓ばしめん為めに得度せし者なれば、彼は直にその家に帰らんとせり。然れども世尊の神通力に障えられて、彼はその家を見出すこと能わず。遂に断念して出家に留れり。また父王は釈尊の子羅睺羅《ラフラ》（Rahula 覆障）をして、王位を継かしめんと思われたりき。然れども世尊はその子を出家せしめんが為めに、耶蘇陀羅《ヤシコダハラー》女の供せる午飯を受けに行かれたりき。而して耶輸陀羅《ヤシヨタハラー》は他をして己れが意の如くならしむる所の呪薬を、羅睺羅の手に持たしめて、世尊に献ぜしめ、且つ彼女はその容貌を凝らして美女が他の心を奪うに足る容態を備えて、彼女の願望を成ぜんとせり。世尊は彼女およびその侍女等を化導せん為めに、神を示されたれば、皆諦を証見せり。ただ耶輸陀羅《ヤシヨタハラー》女のみは愛執の念深きが故に、その時は諦を見ること能わざりき。世尊外に出でられしに、耶輸陀羅女は全く夫に離れたる念を起こし、楼上より身を投げて自殺を謀れり。時に世尊は神通力を以て、彼女を取り、元の坐に居らしめて、為めに輪廻の苦より解脱する法を説き給いしかば、彼女は諦を証見せり。而して羅睺羅《ラフラ》もまた出家得度せり。

父王は太子に愛執深くして苦慮せらるる事多し。世尊はそれを化度せんと欲して、父子相遇経を説き給いしに依って、父王は大乗の入流果を証得せられたりき。時に曼珠師利《マンジュシリー》は釈迦牟尼仏を以て、過去以来の諸仏の頂なりと讃歎せり。而して斛飯《ズロノーダナ》、甘露飯《アミリトーダナ》もまた諦を証見せり。提婆達多《デーヴアダッタ》（Deva-Datta 天施）離婆多《ラーイヴアタ》（Rāivata 室星）善星等、五百人の釈迦族の少年等出で来りしが、路にて観相者は提婆達多を見て、彼は仏世等の敵となるべしと云えり。然れども世尊は彼に出家を許し給えり。その理由はもし彼をして出家せしめざれば、彼は王となりて、教法と衆生とに対して、大害を与うる者となるべきことを、達観せられしに依るなり。

憍多弥《ゴウタミー》夫人は釈迦族の婦女を率いて、世尊に法を聴聞せん為めに行きしが、途中、摩訶那摩《マハーナーマ》（Mahā-Nāma 大名《マハー・ナーマ》）の妻はその荘飾品を落せり。彼妻はその婢を返えして、それを捜索せしめたれば、彼婢は法を聴くこと能わざりき。而して彼婢は大いにこの事を憂悲せり。世尊は彼女を化度せん為めに、法偈を文字に誌して与えられたりき。彼女は大いに喜んで帰りしが、帰路牝牛に打たれて殺され、次いでセイロン王の女と生まれたりき。彼女の生まるるや、真珠の雨降りしが故に、真珠如意女とてその名高き者となれり。

また優波離《ウパリ》（Upali 近従）および六群等も得度せり。後に優波離は持戒第一の弟子と讃せらるるに至れり。時に五百の劫盗も出家得度して、後に阿羅漢果を獲たりき。ヤーセル三三一丁、三三二丁

第六十一節　世尊、母后の為めに説法す、並びに仏像の起原。

世尊四十一歳庚子の年三十三天に行いて夏安居をなし給えり。これ世尊の母、摩耶《マヤー》夫人は三十三天に生まれたるを以て、母后に法を説かん為めに往かれたりき。而して無量の天人等に徳本あることを観給いて、三十三天の法賢天人会において、仏、頂髻《ちょうけい》より白傘蓋真言《びゃくさんがいしんごん》を発声し給えり。次いで天人歓喜苑《かんぎおん》において、世尊は帝釈天、梵天、八部衆、大智者および諸菩薩等と共なりき。時に世尊は光明を放ちて、三千大千世界を照して、一切衆生の苦を除かれたりき。而してそれらの衆生は世尊の前に来て仏徳を讃歎せり。

帝釈天、仏に問うて曰く、この天人族の中に、天子無垢宝光と云う者、死して七日を経たり。今何処に生まれたりや。世尊答え給わく、因陀羅《インドラ》よ、彼は無間地獄に生まれたり。帝釈天は仏に彼を救護せられんことを請えり。為めに世尊は悪法を浄《きよ》むる確法を説き、次いで因陀羅に悪道を浄むる作法を示されしが、因陀羅《インドラ》はその身を曼荼羅の中に入れて、灌頂を受けて修法せり。これに依って彼無垢宝光は、一瞬間に地獄の苦を脱れて、三十三天に生まれ、浄居の天人等と共に歓喜苑に来って、世尊と帝釈天とに謝辞を述べ、供養雲を以て供養したりき。

而して世尊は総《す》べての天人が集会する所の石室の前にある阿留母尼迦《アルモニカ》の白羊毛布の如き平面宝石に坐し給いて、舎利弗《シャリープットラ》、大迦葉波《マハーカシャパー》、迦旃延子《マハーカウスチラ・プット》、円成、離婆多《ラーイヴァアタ》、馬勝《アシユワ・ジット》、劫賓那《カピナ》大膝《カツテイヤヤーナ》、優波離《ウパリ》等の阿羅漢八千人および阿難陀《アーナンダ》等と共に一坐に夏安居を為し給えり。その時多くの菩薩も集まりたれば、仏母摩耶《マヤー》夫人も大いに歓喜し給えり。而して善処法王子に有財の神呪を授与せられたりき。時に天人等は織賢族の大軍と戦いて大いに敗られたり。故に因陀羅は大いに恐怖して、世尊の前に行いてその事を奏せり。世尊は為めに勝軍幢頂荘厳の真言を与えられたれば、彼等はその難を免れたりき。また観世音菩薩は仏に天人等は塔を作らんことを請べり。云何にせばその功徳増進するやと問い奉りしに、世尊は因縁心経を説き給いたりき。また天人甚縁と云う者、自ら七日の中に死して地獄に生まるべしとの声を聴いて、因陀羅王に告げたりき。王は世尊にその救助法を乞い奉りしに、仏頂尊勝全浄悪道の真言を授け給えり。依って彼天人はその罪消滅して長命したりき。

時に十地の菩薩のみ集まりて、弥勒菩薩は贍部《ジャンブ》洲の災害を消滅せんことを願えり。為めに世尊は足を以て地を踏み給いしに、それより不動忿怒明王、出現して暴悪人等を調伏し、次いで不動秘密経を説かれたりき。またある天人は死して遂に生まるべきを前知し、大いに悲慟して、胸を打ち居りしが、世尊は彼に三宝に帰依すべしと告げ給えり。彼はその教えの如くにして、吠舎釐《ヴァイシャーリー》国の大商主の子と生まれて、その名を智有と称せられたりき。ラムナム・ンガパ、五一、五二丁時に諸の信仏者は世尊の何処に居らるるかを知らずして大いに憂いたりき。中にも婆羅痆斯《ワーラナシ》国の優多羅衍那《ウッタラ・ヤーナ》王は、世尊を敬慕するの余りに、牛頭称檀を以て、仏身を彫刻して供養せり。後世この仏像は支那に至れりと伝えらる。ヤーセル三四一丁

世尊、三十三天に居らるる間は、目蓮尊者は瞻部洲において、法を護る為めに留れり。然るに普通の人間等は、世尊が何処に行かれしが知らざりしを以て、頻毘沙羅《ビンビサーラ》王、波斯匿《プラセーナジット》王並びに四衆の弟子等は、室羅筏悉底に夏安居する目蓮尊者に世尊の何処に在しますかを尋ねたりき。目蓮は答えて天人界に居らると云えり。彼等は大いに歓喜せり。夏三月過ぐるや、彼等は再び目蓮子に云り今や我等は世尊を見ざること久しければ、尊者は我等の言を以て、世尊を招待せられよ。目蓮は一瞬間に、天国に行いて、世尊に四衆の挨拶を述べ、早く世尊の瞻部洲に下られんことを願えり。世尊答え給わく、目蓮よ、汝行いて告げよ、世尊は七日の後、光有城《ヴィユマーン》（Vyumān は婆羅痆斯と摩掲陀《マガダ》との間にあり）の「アパザリ」林の優曇波羅《ウドンバラ》樹の前に下るべしと云えと命せ給えり。目蓮は瞬間に瞻部洲に帰りて、人々にこの事を知らしめて後、また三十三天に行けり。阿尼律陀《アニルツダハ》 Aniruddha 蔵語に無障《マカクハ》、漢訳に阿那律は随順義とあり）作怖乗王《ウットラヤーナ》にこの事を報ぜしが故に王は喜んで光有城を浄掃せしめ、供養の品を準備せり。そこに住せる大衆の者等もまたその地を天上の歓喜苑の如くに荘厳せり。而して仲秋月の二十二日世尊は毘首羯磨（Vishva-Karma 神工の総称）の作れる瑠璃の宝道より、歩行して瞻部洲に下り給えり。左右の宝道よ

りは天人等は奉送して下れり。世尊は毘首羯磨《ヴィシュワ・カルマ》の供養を受くる為めに、歩行して下り給いしといえども、無信仰者の眼には、神通力にて下り給う如く見えたりき。地上より上空十二瑜膳那《ヨージャナ》に至るまで人間の臭気の上れる故に、天人等は下るに困難を感ずるを以て、白檀香にて満空に香気馥郁たらしむ。また人間界の男子が天女を見、女子が天人を見んには、愛欲の為めに、死没なさんが故に、神通力を以て、男子は天人のみを見、女子は天女のみを見ることを得る様になし給いて、光有城に着き、帝釈天の作れる獅子座に着き給えり。時に作怖乗王《ウツトラ・ヤーナ》および四衆は世尊を奉迎し、法瓔珞乾達婆《ダハルマーカンダハルワ》（音楽の神）は立琴を弾ぜしに大声聞の身さえ震動せり。この降天の処に仏の信者たる天人々間が集まりて記念の為めに、降天の窣堵婆《ストウツパ》を建立せり。その形は四段にして八角をなす。その各方面に盛り上れるその上に梯段を作れり。

ラムナム・ンガパ五二、五三丁

世尊、天上より下り給える時、須菩提《スブフティ》は諦を見て阿羅漢果を証せり。彼は婆羅門《ブラフマン》の生まれにして。その前生五百生の間、龍たりし習気よりして、怒気強く、世尊の声聞等に辛く当れり。ある時天人の仏を讃ずるを聴いて得度し、阿羅漢果を得て、前生を明知してより今後忿怒せずと誓えり、その後煩悩に悩まされず。世尊は無煩悩第一の弟子として、讃歎し給えり。ヤーセル三三一丁

第六十二節　婦女子の出家許可、吠舎釐《ヴァイシャーリー》国等の化度。発音精舎《クルシュ・タアーランニヤ》 Krushta-Āranya において摩訶波闍波提《マハープラジャーパティ》（Maha-Praja-Patī 大生主、あるいは憍曇弥《ゴウタミー》 Gautami 夫人と云う仏の伯母、後に出家して、

その名を大愛道比丘尼と云う）が、世尊に出家せんことを願われたれども世尊はこれを許し給わざりき。されば夫人は大いに失望落胆して、再び出家の事を願われしが、世尊は婦人は身心共に小にして、愛着心大なるが故に、菩提道を得る事難しと三度まで答え給いて、その出家を許されざりき。夫人は門側の小舎に入りて憂悲泣涙せしが、阿難陀《アーナンダ》はこれを見て、その所由を尋ねて後に、婦人の出家を許されんことを願えり。世尊曰く阿難陀よ汝は婦人の出家を願わざれ。もし彼等をして出家せしむれば、戒律は長く世に存せずして、五百年間正法の存在を短くすべしとて、許されざりき。阿難陀曰く夫人は世尊を養育せられし大恩ある方なり。また他の諸仏も比丘比丘尼、優婆塞《ウパーサカ》、優婆私迦《ウパーシカ》の四を有せらるる事なれば、彼女の出家を御許しあらんことをと強いて願いしかば、遂に許されたりき、而して憍曇弥《ゴウタミー》夫人はその侍女五百人と共に出家得度してこの丘尼となれり。後に耶輸陀羅《ヤシヨタハラー》女もまた出家得度せり。これにおいて四部の大衆は完備するに至れり。ヤーセル、三三二丁

吠舎釐《ヴァイシャーリー》国において将軍獅子《シンハ》 Singha と黎車蔑《リッチャヴィ》 Lichchavi 族等が猿池精舎を建立して、世尊に上れり。時に婆羅門族にして吠舎釐にある五百の童子並びに悲賢 Kalna-Bhadra 等の黎車蔑族も出家して、後に阿羅漢果を得たりき。また婆羅門《ブラフマン》族の馬賛も出家して後、阿羅漢となりたりき。かつて世尊は覆障仙人待風林中に居られし時、一の猿が世尊の鉢を取って、沙羅樹《サーラ》の上に昇り、清浄なる蜂蜜を鉢中に盛りて世尊に供せり。然れども世尊はこれを受けられざりしを以て、彼は声を発し、涙を流して、三度供せし

かば、遂に受けられたり。彼猿は大いに歓喜し、枝上に跳躍し、地に随ちて死したりき。後に彼は覆障仙人の子に生まれしが、その時に蜂蜜の雨降れり。その後毎日彼に三鉢の蜂蜜を献ずる者あり。彼は一を仏に次を比丘衆に残りの一鉢を自ら用いたりき。後人これに猿が蜂蜜を仏に奉ぜしことを、表する為めに塔を建立せり。ヤーセル、三三二丁

その後世尊は婆羅痆斯《ヴァラナシー》国において、如幻三昧を説かれしが、離塵夜叉女は女身を変じて男身を受けたりき。而して憍賞弥《コウシャンビ》国の王照作《ウダヤ・カーラ》（Udaya-Kara）に真の敵は、自己の煩悩なることを悟らしめられき。また悪音城の王弟、護国《ラーシュトラパーラ》 Rāshtra-Para は出家得度したりき。

第六十三節　善星《スジャウジ》比丘の邪見。釈迦族《サキャ》白飯《シュブローダナ》王の太子に善星《スジャウジ》と云う者あり。彼は星、王に宿りし時、生まれしを以て、善星と名づけられたりき。またの名を護龍《ナーガ・パーラ》と云う。宝積経三聚会第一品に世尊曰く、迦葉波《カシャパ》よ、比丘善星は我に奉事し、我前において語り、歩み、また坐するを見よ。また神通力を以て空中に歩行するを見よ。法を一致したるを以て一千の外道を降伏したる事をも見よ。然れども彼は我を信ずる心なし。一語一語に対しても、和する所なくして、反言するを見よ。これの如く何れの言においても、和することを為さざる者は、邪途に随《ずい》すべしと。また涅槃経第十二、問迦葉波品に曰く、比丘善星は、仏世尊、菩薩たりし時の太子なり。後に出家して経部十二分教を暗誦し、能く解釈説明し、欲界の絶ての煩悩を伏し、四禅をも証得せり。然るに、如来は何を以ての故に彼を邪見者流として、彼はこの劫波《カルパ》中、地獄の衆生となりて、苦

患するもなお且つその罪は滅せずと識言せらるるや。また彼は前に正法に帰依したる者なるに、後には彼の救護となり給わざるや。もし然らんには大慈悲あって善巧方便せらるると云うことと、矛盾する所なきやと奏せしに、世尊は種々の譬喩《ひゆ》を以て、邪見の人は自ら求めて、苦患するが故に、如来の大慈方便をも受くることを防止して、自ら深坑に陥るに至る等の事を説明し給えり。またその実例を挙げ給わく、我王舎城竹林《ラージャ・グリハトウェーヌヴアナ》精舎にありし時、頻毘沙羅《ビンビサーラ》王が、四ヶ月間我に供養奉事せり。裸体子はこれを見て、大いに憂愁せり。彼憂愁の状を見たる所の善星は、彼は阿羅漢になりたりと我に告げたりき。我は彼の阿羅漢にあらざることを説きたるに、善星曰く何故に阿羅漢が阿羅漢に嫉妬するやと。我は阿羅漢を嫉妬せず。彼裸体子は七日の中に食物咽喉に塞かりて死なん。死して後に嘔吐を食う餓鬼に牛まれて苦むべしと告げたりき。善星は彼裸体子の所に行きて曰く、長老よ、汝は知るや否や、沙門憍多摩《ゴウタマ》は云えり。汝は今より七日の中に食物咽喉に塞がりて死なん。而して食嘔吐餓鬼に生まれて苦しむべしと。故に汝自ら注意せよ、然らば憍多摩は妄言せる事となるべしと告げたりき。然りしより彼裸体子は六日間全く絶食してありしが、第七日に当って彼は甘蔗の汁を吸い、次いで水を飲みしが喉を塞いで死せり。彼死骸は墓所に運び去られしが、彼は食嘔吐の餓鬼となりて、尸体の前にあり善星《スジャウジ》は彼処に行いて問うて曰く、汝は死したるが、何の原因にて死したるやと彼は答えて汝善く注意して聴け、如来は徳義を以て告げ給えり。全く事実を話されたり。時に適したる真言を説かれたり。意義あり、法に相応したる事を言われたるに、汝は何を以て信ぜざるや。衆生にして如来の云われたる所を信ぜざる者は、遂に余の如き苦患を身に受くるに至るべしと云えり。而して裸体子は余を憂に陥れたりと善星は云いたりき。然れども裸体子は懺悔の徳を以て、三十三天に生まるるに至れり。これの如く善星は如来の言を信ぜざるなり。また善男子よ、我は善星に対して、正法を説明せしも、彼は毫もその法を信じて、心に持つの念を生ぜざりき。彼は十二分教を暗誦し、四禅を証したれども、小にしては一句偈の意をも信ぜず。遂に不善の友に親んで、四禅の果をも失わん。四禅果を失うが故に、邪見を生じて、仏もなく、法もなく、苦解脱の果もなし。沙門憍多摩《ゴウタマ》は観相家としては知識ありて他の心を知れりなどと云うに至らん。これの如く善星の邪見を広く説き給えり。また迦葉波《カーシャパ》の問に答え給わく、我は過ぐる二十年間、善星と共に居りしも、邪見の者は徳の根本を全く切断するが故に、彼が悪道に坐することを止る事能わざりき。何となれば一小微虫だも殺さば罪となるべきを、邪見行悪の者は殺すも罪とならずとせり。彼善星は思慮なき衆生にして自ら地獄に陥るなり。迦葉波曰く善星は徳の根本を断ぜし者たることを知り給いしなれば、何として世尊は彼の得度を許し給いしや。世尊答え給わく、もし彼をして出家せざりしならんには、彼は王となりて仏法を破滅するに至らん。これを以て彼に出家を許せしなりと説き給えり。ヤーセル三三二、四丁

第六十四節　阿難陀《アーナンダ》侍僧となるおよび、諸国の化導。　尼連禅耶《ネーランジャヤナ》河の岸において、阿難陀が一心に法を聴かんとの観念に入りしを以て、眼科医盲作が彼の頭上を打ちしも、彼は知らずして、観念に入りたりき。

而して彼は五百生に暗んじ得る程の論書六万部を記憶して能く微相を知る所の学者となれり。後に沙羅《サーラ》林中に住みし時、世尊は四衆に告げ給わく、我は老いて、他の四衆を使うことは煩なり。誰か我か侍僧たらんことを願う者なきかと。時に阿若憍陳如《アギャータ・カウデンニヤ》は起ちて我は侍者たらんと願えり。世尊は汝も老いて侍者を必要とする者なり。座に坐せよと告げ給えり。次いで馬勝《アシュワ・ジット》等五百の弟子が願いしも許されざりき。時に目蓮尊者は世尊の意向を観じて、阿難陀を侍者となさんとの御心あるを知り、舎利弗《シャリープットラ》尊者にも謀りて、阿難陀に対して、汝世尊の侍僧となるべしと云えり。阿難陀曰く世尊は甚だ事え難きが故に、余は侍者たる事を願わずと。然れども目蓮は世尊の意、彼を侍者となさんとせらるるにあることを説得せしかば、阿難陀は然らばこの三条を許さるれば侍者となるべし。それは第一、如来の衣類を余に与えざる事。第二、如来に供養せし食物を余の食わざる事。第三、時と非時とを択ばず何時にても如来の前に行くことを許さるる事なり。この三条を許さるることを願うと云えり。目蓮はこれを如来に奏せしに、世尊はこれを聞かれて阿難陀を智者なりと讃じ給えり。その所由は始めの二要件は、衣と食との為めに侍者となれりと云う、世の誹譏を避けんが為めにして、後の一条は、他の人々をして如来に遇うに、時と非時とある事を知らしめんが為めなり。これ皆彼れ自身の利益の為めに願いしにあらざれば、三条とも許して侍僧たらしむべしと命じ給えり。然りしより阿難陀《アーナンダ》は世尊に随従して侍者として奉事したりき。その後世尊は王舎城《ラージヤ・グリハ》に行き給えり。時に彼地に五百の商人の餓鬼道に陥れる者あり。彼等の為めに説法せられしかば、彼等は諦を見たりき。また化生長者は天上に生まれて諦を見て、前生に説かれし法の続を世尊に説明せられん事を願えり。而して世尊は霊鷲山《グリドラ・クータ・パルワタ》において目蓮尊者を以て、神通第一の弟子なりと讃歎し給えり。

また竹林《トウエーヌヴァナ》精舎にて牛死戯等得度して阿羅漢果を得たりき。而して世尊は婆句羅《バックラ》精舎 Bakkula Ārana に夏安居し給えり。時に憍薩羅《ゴーサラ》国に住する水牛牧者五百人と林住者等得度して、後に阿羅漢を成就せり。

その後室羅筏底城において、屠者の子等出家して阿羅漢果を得たりき。如来は長者憍多摩《ゴウタマ》の娘と婆羅門《ブラフマン》の娘月女とは、持戒と聞持《もんじ》の最勝なりと讃じ給えり。世尊はただ一度《ひとた》び、比丘尼衆に戒律を説かれしを月女は総べて記憶せり。

如来は過去世に五百人の阿羅漢を殺せし所の成就王の地獄に苦患する実状を示されしに、これを見し人々は、悪を厭い徳を励みて多くの利益を与えられたりき。他にも出家得度して他を利益する者多かりき。ヤーセル三三四丁

第六十五節　諸国に化度して諸経を説く。および霊鷲山の説法。簸有城 Shurpa に有慧長者とその妻ケテキーとの間に財受等の三人の子と妾に生まれし成満と云う者あり。成満は宝珠を得ん為めに七度海に往きしが、その終わりの時、船中の乗客たる一商人が経文を諷誦《ふじゅ》せるを聴いて、大いに仏陀を信仰せり。後に国に帰る途において、中インドに到り給孤独長者に遇い、世尊の所に行いて、世尊の招きに応じて出家せ

り。その後他の兄弟等不和となれるを以て、兄の財受は海中の島に行けり。彼は彼の島にて最勝の白檀の木を切りしを以て薬叉等は大いに怒って、大風を起こして、彼の船を覆さんとせり。時に成満は神通力を以て船上に行き、黒風を沈静せり。而して財受は安全に白檀等を以て簸有城に帰えり、兄弟皆和して如来および弟子の大衆等を招待せんとせり。また白檀を以て精舎を建立し、成満はその荘厳等を為し、空中よりして世尊および弟子衆を招請せり。世尊および大衆もまた神通力を以て行かれしが、途中五百の寡婦と五百の仙人とに説法して出家得度せしむ。彼等は世尊の頭髪と爪とを得て塔を建立せり。次いで世尊は簸有城に着かれて、その国王および成満の兄弟等に遇うて説法せられたりき。財受が如来に午飯を供養せる時、黒龍王は大海よりこの国に来らんとして大海波動し、五百の恒河《ガンガー》一時に降るが如くなりしを以て、世尊はその国を害せんことを慮り、海に入って龍王等の為めに法を説かれたりき。帰路、行者火施 Aditi は世尊の空を行かるるを見て、我に一の記念を遺されたしと請いしかば、世尊は足跡を遺されき。去って無熱悩池［Manasaravara］湖の岸に着いて、美龍王および無熱悩龍王の為めに説法して、目蓮の問に応じて、大方広智慧経を説かれたりき。かつて目蓮尊者の母を餓鬼道の苦より得脱《とくだつ》せしめられしが、彼女は西方光明国に生まれて、その名を賢女《バハードラー》と名づけらる。世尊は神通力にて、彼女の所に至って、説法して信心を得せしめられたりき。

その後、祇園精舎において波斯匿王《プラセーナジット》の臣の娘、行女は出家して阿羅漢果を得たりき。また龍世の子、意行は、遂に独覚となるべしと授記せられたりき。那蘭陀《ナーランダ》 Nāranda 施無厭において、新たに入りし比丘衆の為めに、法念処の解釈を説かれたりき。後に長髪女の供養を受け、次いで最照《プラバハ》が精舎および諸具を献じたるを受け給えり。比丘衆は大いに増加せり。世尊は霊鷲山《グリドラ・クータ・パルワタ》（Gridhra-Kuta-Palvata 西蔵訳は禿鷲塊山《チャゴエプンボイリ》とあり、今のラージャ、ギリ停車場より約六マイル、旧王舎城《ラージャ・グリハ》趾の東北三マイル半にして頻毘沙羅《ビンビサーラ》王建立の大石道あり。巌山石室等大唐西域記に誌せる所に斉《ひと》しきもの今なお現存せるを見るべし）において、如来心経および九の譬喩と意義とを合して大乗に信念すべきことを示され、この二経を阿難陀《アーナンダ》に受持すべき事を命ぜられたりき。また竹林《トウエーヌヴァナ》精舎において、長者の子二人と前に世尊に牛乳を献ぜし所の喜有等も共に出家得度して阿羅漢果を得たりき。室羅筏悉底城において貧人雄施等五百人の間に応じて、問長者雄施経を説き給えり。

また世尊は鹿持大臣の子の妻、卯月女の献じたる伽藍を受け給えり。長者の子金世、天華、金着、等多く出家得度して阿羅漢果を得たりき。世尊は大衆に対して多くの経を説かれ、また曼珠師利《マンジュシリー》には寿経を、阿難陀には然灯仏授記経を説かれたりき。

ある婆羅門《ブラフマン》の子が世尊と大衆とを請じて、午飯を供せんとなせしも、非時（正午十二時を過ぎたること）なりしを以て、受けられざりき。然るに王族のある子が供養せし時は正午なりしを以て受けられたりき。然れば婆羅門の子は喜ばずして曰く、もし我に権力ありしならば、彼等の頭を皆切断すべかりしなりと云えり。王族の子は、我は仏および沙門に奉事供養せんと。その後婆羅門の子は樹下に臥したりしが、車輪に敷かれてその首を切断せられたりき。然して王族の子は商隊長となり後また王となりて、世尊に奉事供養したりき。後世尊は彼の為めに問勇智経を説かれしかば彼は諦を見たりき。また世尊は摩掲陀《マガダ》国において鸚鵡《おうむ》の人語を話す所以を説き、また霊鷲山において、舎利弗《シャリープットラ》等の為めに、華聚経と迦葉波《カシャパ》の為めに仏頂荘厳経とを説かれたりき。ヤーセル、三三四、五丁

第六章　戒律成立より大迦葉波に半座を頒つに至る

第六十六節　四波羅夷罪戒律の制立、および看病法の制立。世尊四十七歳丙午の年、弗栗持《ブリッジ》（Vrji 捨作）国に行かれたり。時に迦蘭陀迦 Kalandaka 市の長の子　賢　施《バハードラ・ダーナ》　Bhādradāna と云う者ありて、出家得度せり。賢施はその家に到って己れの妻と媾合《こうごう》を実行せり。世尊成道してより十二年、この時に至るまで、沙門の中に不浄行を行いし者一人もなかりき。然るに賢施の出家するにおよんで初めてこの事あり。彼は後悔心を起こしてこの事を世尊に奏せり。時に世尊は十事の功徳を観じて、制戒の学処を立て給えり。第一根本重罪として、もし比丘にして不浄法即ち男女媾合を行う者は波羅夷迦《パーラジカ》（Parajika 随罪、あるいは無余即ち出家として余命なきが故に在家に帰還せしむ）なりと制し給えり。その後王舎城《ラージャ・グリハ》の林中において、ある比丘は牝猿に交合を行えり。然りしより一切の獣類と媾合するも同じく随罪なりと制戒し給えり。室羅筏斯底城において、後親等の五人、鄔闍衍那《ウジャヤカーナ》国の美歓喜、迦毘羅《カビラ》城の婆羅門迦賓那《ブラフマンカピナ》、金毘羅《キンピラ》国の乾毘羅《ガンビーラ》等出家得度して阿羅漢果を得たりき。その後王舎城において、陶器師たりし賊、財有と云う者、王の薪を盗みしより、与えざる者を取らされ、もし取る者は随罪とすとて第二根本重罪を制立し給えり。婆羅門畢陵陀婆蹉《ビリンダバッサ》は出家得度して、阿羅漢果を得たり。彼は悲心第一の弟子と讃歎せらる。彼はある時恒河《ガンガー》を渡らんとして曰く、賢女《バハードラー》よ少頃待てと云いしに、恒河は止りて流れざりきと云う。彼は出家してより病人を看護することを勤めしかば、世尊は彼に命じて看病者となして、病人に対する学処を説き給えり。

婆羅門因有の弟子五百人出家得度して阿羅漢果を得たりき。而して室羅筏斯底城の波斯匿王《プラセーナジット》の水牛牧者等多く出家して、阿羅漢となり、他の為めに多くの利益を施せり。世尊は、弗栗持国の松林中《トンシンギツァル》（トンシンとは西蔵語に松を呼べり。然れども一説にはトンシンとは水松葉形の樅《もみ》の木とあり、弗栗持国は今のベージャ地方なれば、ネパール雪山より移植せし松林あり。故に普通の説に随うて松林と訳せり）に居られし時、比丘衆をして不浄観を観ぜしめられしが、彼比丘衆等の中において、迦葉派仏の時に良く不浄観を観ぜし比丘六十人あり。彼等は皆ある比丘の為めに殺されたるが、その殺したる所の比丘も死して入流果を証せり。その所由は、比丘反鹿等は死後受くべき所の福果を知れるを以て、彼等は比丘隠覆に請うて余等を殺せ、我等の法衣および鉢等は汝の物となすべしと云えり。隠覆比丘は刀を以て六十人の比丘の生命を奪えり。而して彼はその刀を水にて洗える時、ある悪魔は来って善哉と讃ぜしに、彼は死して天に生まれて入流果を証せり。これの如き事は比丘衆を滅ずるを以て世尊は阿難陀《アーナンダ》を呼んで、第三根本重罪即ち人を殺す者は随罪なりと制立し給えり。

世尊、吠舎釐《ヴァイシャーリー》国弥猴池の岸に居りし時、過去迦葉波仏の時に婆羅門の雄弁学者摩奴子迦毘羅と云う者、その母に誘導せられて、阿羅漢等に対して云えり。牛の頭を持つ所の汝等は果して何を云うやと罵詈せしが、死後彼は十八の異形の頭ある大漁と生まれたりき。ある時五百人の漁師は彼大魚を捕えしに、その中に多くの虫類居りしが、世尊は漁師等に命じて、彼虫類を水に放たしめ、また大魚をして人口を能くし、彼が前生の事を想起せしめて、尋ねられしに、彼は云えり、余は迦毘羅《カビラ》と云う者なりしが、我母は不善の友となりたるに、我は従うて不善を行いし結果、地獄に陥り、次いで畜生身を受けまた地獄に陥るに至らんとて泣涙せり。世尊曰く我を信じて悪道に執着せざれ、然らば汝は三十三天に生まるべしと。彼は世尊の仰せられし如く、信心歓喜して、死して天人と生まれたりき。而して彼天人は仏の説法を聴聞の為めに仏所に来って法を聴いて、入流果を証せり。而して五百の漁師も出家得度せり。

世尊、林城の前の杖林中に居らるる時、飢饉あり。彼五百の漁師たりし沙門は、阿羅漢ならざるに食を得んが為めに阿羅漢なりと云いて、多くの食物を得たりき。この事に依って第四根本重罪人法師妄語と云う堕罪の制戒を立てられたりき。ヤーセル、三三五、六丁

（以上四の重罪は何れの一を犯すも出家たる資格より堕落する者なれば堕罪と云い、また出家として戒体を敗らるる者なれば被敗罪《パムパ》とも云う。これ仏法中における最大の重戒なり。第四の人法師妄語は我が国にては大妄語と云うものにして、阿羅漢ならざるに阿羅漢なりと云い、あるいは菩薩ならざるに菩薩なりと云い、神通を得ざるに、神通を得たりと云うが如き、法の上における僭越の虚言を云う事これなり。その他の虚言は懺悔浄罪法を行えば出家の資格を失わざるなり）

第六十七節　諸人の化度、憍梵波提《ガヴァンパティ》および離婆多《ラーイヴァタ》の出家得度。世尊は綿樹葉有等と共に林中に居られたりき。時に婆羅門《ブラフマン》の蓮華心と云う者に、その弟子の中に博学にして醜貌《しゅうぼう》なる者あり。蓮華心は彼を三十二相八十種好を備えたる憍多摩《ゴウタマ》なりとして、世人に示す為めに卒《つ》れ行けり。而して彼の醜貌者は穿てる靴の破れしかば、急に不平を云えり。彼の言の終らざるに、婆羅門はそれを聴くことを歓ばずして、彼を打ちたりき。而して彼は迦毘羅城に行きしが、釈迦《サキヤ》族の人々は指し示して彼釈迦は来れりと云えり。世尊は彼の醜貌者を見て曰く、彼は甘蔗族の婢女の血統の者なりと示されしが、彼は黙然として何の答をも為さざりしを以て、金剛手は彼の頭を打たんとせり。故に彼は我血統は仰の如くなりと聞けりと云えり。世尊は彼に対して広く説法せられしかば彼は諦を見たりき。ヤーセル、三三六、七丁

また憍薩羅《ゴーサラ》国の七葉精舎においてスワジラ・クリシュナは出家得度して、阿羅漢果を得たりき。仏は王舎城《ラージャ・グリハ》にて夜は眠り昼は高座に坐して、外に聖を示す所の者等の為めに法を説かれたりき。また迦毘羅城より尼拘盧陀市に嫁せる女は、世尊に供養せしに、世尊は微笑せられしかば、その所由を問い奉りしに、彼女は後に独覚甚善願と云う者となるべしと授記せられたりき。然るにその後彼女の夫は世尊は供養を得んが為めに、妄語せられしかと問えり。世尊は無妄の舌を示し、偈を説いてその信を示されしが故に、彼は信心歓喜して諦を見たりき。

枸留国（Kuru 今のデルヒ地方）の多くの人民に法を説かれたりき。また般茶羅《パンチャーラ》国 Panchāla のある

婆羅門《ブラフマン》に二十劫の後に、独覚たるべしとの授記を与えられたりき。また婆羅門因陀羅《ブラフマンインドラ》と云う者、その容貌美にして、自負の念強し。彼は世尊の頂相の高さを知らんと欲して、世尊の頂を見たるに、その頂相次第に高くなりて見る事能わず。世尊曰く汝、自負の念を以て如来の頂相を知らんと欲せば、妙高山頂に上るも見ること能わず。汝が護摩を焚ける炉の下なる白檀の勝地より見れば窣塔婆あり。それが仏母の身より高き量なり。それより見よと説かれたりき。彼は世尊の言の如くにして見たるに頂相を見ることを得たれば、大いに仏を信じて、法を聴いて諦を見たりき。また温泉場において天人の請に依れる比丘の問に対して善相経を説かれたりき。時に鹿頭と云う者、出家得道して阿羅漢果を得たりき。

室羅筏悉底城の波斯匿王《プラセーナジット》が目蓮尊者の為めに七日間午飯を供せり。世尊は長者賢施の為めに法益を施され、また長者の子、僧育および五百の商人並びに僧育の一族一千人と共に出家得道して、阿羅漢果を得たりき。而して憍梵波提《ガヴアンパティ》（Gavan-Pati 牛主）は舎利弗《シャリープットラ》に就いて出家得度して阿羅漢果を証せり。世尊は般多奢耶沙那《プランタ・シャヤーサナ》 Pranta-Shayāsana を信心第一の弟子なりと讃ぜられたりき。離波多は出家してより後、何事に対しても、疑を狭みしを以て、疑議難婆多とてその名高し。

世尊は霊鷲山《グリドラ・クータ・パルワタ》に住して、王舎城《ラージヤ・グリハ》に食を乞われし時、商主および長者等五百人出家得度して、阿羅漢果を得たりき。また世尊は舎利弗の請に依って、菩薩乗経を説き給いて、火生《ジョティ・シカ》および音楽師等の五百人に成仏の授記を与えられき。而して優陀耶《ウダヤ》の太子薩羅那迦旃延《サラナカツティヤーカナ》は出家得度して阿羅漢果を証せり。

その後世尊は霊鷲山において、神通力にて種々の変化を示して衆生を善導し給えり。而して妹女恒河女《ガンガー》神に成仏の授記を与えられき。また曼珠師利《マンジュシリー》の請に依って、智光明荘厳経を説かれたるに、ある悪魔は道心を起せり。また護国は阿羅漢果を得たる後に、世尊は問護国経を説き給えり。摩掲陀《マガダ》国の野畔を模形として形作れる法衣、即ち切り綴ぎ合せて四囲を縁取りしたる美わしきもの（我が国の袈裟の大なるもの）を、阿難陀《アーナンダ》が作りて世尊に上りしに、世尊はこれを受けて善哉と命ぜ給えり。世尊は起尸鬼第七の神兜（起尸鬼とは梵語に韋陀羅《ベダーラ》 Vedāla あるいは訖利多《クリティヤ》 Kritya にしてサラット・チャンドラ氏辞典には赤色鬼あるいは厭禱鬼と訳したれども、これ別の鬼なり。この鬼は尸体に宿りて尸体を起たしめ以て種々の悪戯を為すと云う）を説かれしかば起尸体は静まれり。また世尊は王舎城杖林において、最巧英雄問経をも説かれたりき。ヤーセル、三三七丁ヨリ三三八丁

第六十八節　外道の六師等、世尊に神通競争を挑む。その後世尊、五十七歳丙辰の年、室羅筏悉底城において、大神通を顕現し給えり。その事たるや、世尊成道せられて後、無数の神と人とを済度して、正法を成就せられしかば、瞻部洲《ジャンブ》中の九の大王は総べて、世尊および声聞の比丘等を供養せり。成就作《クリターカーラ》 Karitā-Kara等の外道の六師は、嫉妬心を起こし、心意を悩まし、世尊に桃戦せんことを願えり。而して魔王は六師外道の心を助長して、世尊に挑戦する心を大いに増長せしめたりき。

然れば成就作等の外道の六師等は、頻毘沙羅《ビンビサーラ》王の前に行いて曰く、我等と憍多摩《ゴウタマ》とは共に智者として、

世に知られたる者なり。故に我等は彼と共に神通を比べんことを願う。されば大王はその準備をせられたしと云えり。王大いに笑うて曰く、汝等云何に愚なるや、仏陀はその神通力実に大なり。然るに汝等は云何にして、仏陀と争い競べんとするや。六師曰く吾等は両方ともに七日後において、大神通を競うべき事明らかなり。競うて後に何れが勝つかを見られよ。王曰く余がその如くなさば汝等は大なる恥を受けんと云えり。然れども彼等は求めて已まざれば王はその事を世尊に奏せり。世尊曰く我は時を知れりとてその事を許し給えり。王は神通競争場を準備せしが、七日目の日中、世尊は僧侶と共に吠舎釐《ヴァイシャーリー》国に行き給えり。

されば六師等は王に対して曰く、憍多摩《ゴウタマ》は神通において我等の敵にあらずと云いしも、王は信ぜざりしが、今や神通を競《くら》ぶる時に当って、彼は逃げ去りたりと罵り、大いに慢心を起こして、世尊の後を追い行けり。而して頻毘沙羅《ビンビサーラ》王もまた世尊の後を追いて吠舎釐国に向えり。吠舎釐の人々は世尊を奉迎せり。而して六師等は梨車蔑《リチャピ》等に七日の後において、我等と憍多摩と神通を競《くら》べんことを乞うと云えり。梨車蔑等はその事を世食に奏せしが、世尊は我は時を知れりと云われてその事を許し給えり。然れども明日となれるその日、世尊は憍賞弥《コーシャンビ》国に行き給えり。この国においても六師等は競神通を願いしが世尊はまた以前の如くにして瞻波《チャムパ》国に行き給えり。六師等はまたその国王因陀羅跋摩《インドラ・ヴァルマ》に奏せしも、世尊はまた婆羅痆斯《ヴァラナシー》に去り給えり。彼等はその国王梵施有《ブラフマ・ターナ・マン》に願いしも、また世尊は迦毘羅《カビラ》城釈迦《サキヤ》族の住処に行き給えり。

これの如くなりしかば、六師等は非常の慢心を起こして、頻毘沙羅王に幾度か仏と神通を競べしめよと強請せり。王曰く汝等もしこの事を三度云うならば流罪に処すべしと厳命せられしかば、彼等は謂えらくこの王は憍多摩の味方をなせり。波斯匿王《プラセーナジット》は公平不偏の心ありと世に称せらる。彼の処に行くべしとて、世尊の後を追いて行けり。而して世尊は室羅筏悉底城《シラヴァシティ》祇苑精舎に着きて住し給えり。

時に頻毘沙羅王は五百の童子と四万の兵卒とを随えて同城に着けり。梨車蔑は五百の童子と六万の兵卒とを随えて到着し、優多羅衍那《ムツタラ・ヤーナ》は八万の兵卒等と駿地陀は五万の兵卒等と、因陀羅跋摩は六万の兵卒、梵施有は八万の兵卒、釈氏は九万の兵卒を卒《ひき》いて到着したれば、室羅筏悉底城の地は人を以て埋まるに至れり。

時に六師等は波斯匿王に対して曰く沙門憍多摩は我等と神通を競ぶべき時に至って逃奔《とうほん》せり。今やその国々より随い来れる者は大多数に達せり。ただ大王は大地と同じく何れを好悪する事なく、公平に事を断ぜらるることを知れり。憍多摩にして勝たんか、我等は彼が意の如くならん。我等勝たんか、彼を我等の意の如くなすことを許せと。王曰く何故に汝等の如き卑賎にして、何をも知らざる者が、法の大王と神通を競べんとはするぞ。汝等は敗らるるに決せり。六師曰く、王もまた憍多摩に欺かれたり。ただ神通を競べて後に明らかなるべし。王曰く然らば余はこれを世尊に奏せんとて、王はその後この事を三度奏言せり。世尊は観じ給うに、この地は過去の諸仏も、大神通を顕わし給えり。且つ七日の後にはなお多くの衆生も集るべしと知り給いて告げ給わく、大王よ七日の後、願の如くなすべし。王行いてこの堂にあらざる広大なる集会場を作るべし。而して王は六師等にこの事を報ぜり。六師等は相談して曰く、憍多摩《ゴウタマ》は逃ぐるか、あるいは他の助力者を捜すか、この二の中、彼は必ず助力者を求むるならん。されば我等もまた助力者を求むべしと云いてこの事に決定せり。

彼等は大力国の普行《アーガムカ》 AGamuka 最賢の処に行いて曰く、汝は我等の友となって、憍多摩と神通を競ぶる事を為すべしと請えり。最賢曰く、我日中に緩流河《マンダキニー》 Mandakinī の岸にて乞食して、それを無熱悩池の辺にて食いし時、舎利弗《シャリープットラ》の沙弥弟子、犍吒迦利《カンダカーリ》 Kaṇḍa-Kārī は、糞掃衣（墓場にて尸体に着せる衣を取り捨てたる品、あるいは塵介中より拾い集めたる布）の一束を持ち来りしが、無熱悩の神は、それらを洗いて、彼に上りしに、その水滴我頭に落ちたり。されば我等は彼の弟子の弟子にさえ、およばざる事遠ければ、汝等、彼大神通者と神通を競争せんとするは甚だ善からずと云えり。されば六師等は彼を乗せて、雪山の辺りに住する五百の仙人に対して、彼等の神通競争に助力せんことを請えり。彼等は承諾して、時来たらば報を送れと云えり。

その頃波斯匿王《プラセーナジット》の臣クリシュナは反逆を謀れり。執法官は彼れが四支を切断して村落に捨てたり。而して彼れの親戚友人等は、六師に対して、汝等、真言を以て、この身体を元の如くに還せと請いしが、彼六師等はその法力なければ何をも云わざりき。時に阿難陀《アーナンダ》はその前を過ぎたれば、彼等はこれを彼に云えり。阿難陀はこの事を釈尊に奏せしに、世尊はこの真言を以て前に還せと命ぜられたりき。阿難陀は三宝の最勝なることを深く信ずる力を以て、この四支前の如くなるべしと言いしが、クリシュナの支体は元の如くなり、苦痛もまた愈《い》えたりき。さればこれを見たる衆人は阿難陀は六師に勝ちたりとて驚歎の声を発せり。而して世尊はクリシュナの為めに説法せられしかば彼は不退転果を証せり。波斯匿王は彼を臣下として、再び用いざりしかば、彼の住処を祇園精舎の中に建て、切断精舎《カハンダ・アーランニヤ》 Khanda-Alāña と名づく。彼はここに住みて、世尊に奉事して、神通力をも得たりき。

波斯匿王は室羅筏悉底《シラヴァシティ》城より祇苑精舎に至るまで、大神通競争場として、百千の大布を以て縫いたる一大天幕を張り、白檀香水を以て撒布し、旌旗勝幢《せいきしょうどう》を飾り、絹布《けんぷ》の花鬘《かまん》を荘厳して、天人等の歓喜宮の如くになし、中において、世尊の御座は宝珠を鏤《ちり》ばめたる黄金の獅子座を置き、外道の六師の坐としてはその各派に適合する所の色布を以て覆いたる座を設けたりき。

第六十九節　如来大神通を現わして六師を降伏す。外道の六師等は、現大神通競争会場に来て、使を波斯匿王に送って曰く、陛下、我等は既に来れり。沙門憍多摩を呼び寄せ給えと奏せり。王は大臣等と共にその事を聞いて、大神通競争会場に行けり。而して世尊を迎うる為に、婆羅門《ブラフマン》子弟の教師を送れり。これ終冬の月の一日なりき。世尊は鷲王の如く空中よりして、現大神通場に行かれたりき。この事を見たる波斯匿王は外道の六師に対して、世尊は既に神通を示したり。今や汝等の時に当れり。神通を示せ。彼等は曰く、陛下ここに多数の人々集まり居れば、彼神通は誰れか為せしか明らかならず。沙門憍多摩《ゴウタマ》なるか、あるいは我等の中の一人なるか、確かに判する事能わざるなり。時に切断精舎王は神通力を以て、香山より阿牟羅樹の白葉を以て、飾れるものにして、鳥の鳴声を発する者を取り来て、大神通競争会場の北側に置き、長者悪戯賢施は神通力を以て、天上の如意宝樹を取り、会場の南側に置けり。王は六師に対して、世尊は神通を顕わしたれば汝等もまた顕わすべしと云えり。彼等は、陛下、この神変は誰か為せしか何人も知る事能わずと言えり。

時に大神通を見る為めに集れる衆生は実に無数にして、空中にもまた無数の天人集まりたれば、世尊は祇苑精舎の講堂に還り給えり。而して講堂の戸の間より、光明を放ちて、大神通競争会場の総てを火光を以て燃焼せり。時に六師等曰く、陛下、今この競大神通会場を焼くべし、然るに彼沙門憍多摩はこの火を滅すること能わざれば、云何にして、彼に神通ありと云うべきかと。時に王および王后末利夫人並びに大臣等よりして、給独長者胆婆王に至るまで、仏教信者は皆黙然として憂に沈めり。然れども六師と彼等の弟子等は大いに歓喜せり。而して世尊、神通力の火は、その大会場の臭気を焼尽して、自然に焼滅し、会場は以前より美わしくなりたり。されば王は大いに喜んで外道六師等に対して、世尊は既に神通を現わしたれば、汝等もまた現わすべしと迫れり。然れども彼等は勇気沮喪して黙然たり。

時に世尊は大神通競争会場に着かれたれば、まず波斯匿王《プラセーナジット》は供養の品を上りて奉迎し昼飯を供して奉事せり。世尊は柱杖を地に突き給うや否や、七宝の大樹、広高五百瑜膳那《ヨージャナ》あるものとなり、花の大きさ大車輪の如く、果の大きさ五斗入の壷の如く香気芬々、葉々法楽の音を発し、光輝日光を圧するものを化生せり。これを始めとして種々の大神変を示されたれば、仏法を信ずるに至れる者衆多あり。世尊は彼等に法を説かれたれば、彼等はその機に相応したる三乗を確信するに至りたりき。

第二日は優多羅衍那王《ムッタラ・ヤーナ》が世尊に奉事したるが、世尊の御身の左右より、非常に高き宝石の大山にて壮麗に且つ五色の燦爛《さんらん》としたるもの現わる。右の山には華果繁茂して種々の樹木生じ、百味果の多く実れる物あり、多くの人々は歓喜してこれらを賞味せり。左の山には美しき緑草の繁生せるを、無数の獣類は喜び勇んで食しつつあり。第三日は駿地多王が世尊に奉事したるが、世尊は御顔を洗い給いし水を撒じたるに、その水変現して、二百瑜膳那の大きさある七宝の浴池を現成せり。その池中に種々の色彩ある蓮華開敷し、その各々の色彩に一致せる光明、天地を遍照したれば、会場の衆人は皆その浴池を見て大いに感歎せり。

第四日は因陀羅跋摩《インドラ・ヴァルマ》王が世尊に奉事したるが、宝石の浴池の四辺において、各辺において、各々八条の水道あり。その池に落つるや瀧となり、水声法音を宣揚して、その水、池中に洄舞せり。

第五日は梵施有王が世尊に奉事したるが、世尊の御顔よりして、黄金色の光明を放ちて、三千大千世界を照破せり。その光明に触れたる一切の衆生は、三苦悩と五蓋より離れて身心共に安穏を得たりき。

第六日は梨車蔑《リチャビ》等が世尊に奉事したるが、世尊は神通力を以て、会場における衆人をして、各自相互に他の心を知り、また各々の善不善の業を知らしめたれば、皆大いに自ら満足して歓喜したりき。

第七日は釈迦《サキャ》族が世尊に奉事したるが、会場の衆人皆一々各自に転輪聖王となり、各々七宝を有し、また一千の子を有し、多くの小国を随え、諸大臣等に随順せらるる事を示されしかば、彼等は皆深心に歓べり。

第八日は因陀羅《インドラ》王は世尊を招待せり。世尊は右足を浄香宮に入れ給うや否や、大地は大いに震動せり。六師等は今こそ仙人等よ輔助に来れと云えり。而して五百の仙人等は報知を送れりと思いて、ここに来れり。而して仏身の光明昭々赫耀として、日の如くに麗美なるを見て、信心を起こして、出家得道せり。而して彼等は皆阿羅漢果を得たりき。次いで世尊はその五百の阿羅漢と共に、競大神通会場に行かれて、無数百千の大衆の中において、帝釈天王の作れる獅子座に着き給えり。時に大目犍連子曰く吾神通力を以て、これらの外道を降伏すべしと請えり。然れども世尊は告げ給えり。外道の彼等は我に神通を競べんことを求むれば、我自ら為すべしと。次いで波斯匿《プラセーナジット》王に告げ給わく。如来に外道の人々と共に神通を競べんことを請いしは誰なるか。王、座より起って合掌して曰く、世尊何卒神通変化を示し給えと願えり。時に世尊は座より消失し給うや否や、会場の四隅に現われて、空を歩行し、あるいは起ち、あるいは坐し、あるいは臥し、四行を示して、種々の光明を放ち、あるいは御身の下部より大火炎々と燃え上り、上部よりは清水流散する等の変化を示して、これ声聞と共通の神通なりと云われて、獅子座に坐し給えり。而して梵天王は右に、因陀羅王は左よりして奉事供養せり。

世尊また問い給わく、如来に神通変化を示せと請いしは誰なるか。波斯匿王は我なりと云えり。時に世尊の御手、地に触れしが、龍王等は車輪の如き大きさなる黄金千葉の宝蓮華にして、金剛宝石の蘂《しべ》あるものを献ずる為めに、地中より現われたりき。世尊はその宝蓮華中の心蘂に坐し給えり。而してこれの如き宝蓮華が非常に多く現われて、一々その宝蓮中に化仏坐し給える者、非常の多数なれば、究竟天の空に至るまで満ち給えり。彼等化仏のある者は身より火を燃やし、ある者は光明を放ち、あるいは雨を降らし、あるいは泉水を湧出し、あるいは一切智者を授記し、あるいは法意を尋ね、あるいは法意を答え、あるいは我慢を破り、あるいは食し、あるいは起ち、あるいは坐し、あるいは臥し給えり。而して普通凡人等も仏身を明らかに見ることを得せしめ給えり。各国より聚集せる王候大人およびその眷属並びに天人および百千万億の衆人に至るまで、衆目瞬きもせず、一心に世尊の神通変化を観て、驚歎の余りに、不断に礼拝し、信心歓喜し、香花を散じて供養せり。化身の諸仏もまた経偈を以て説法せり。而して比丘衆生等よ、今や世尊は神通変化を消散すべしと告げらるるや、一大壮観は直に消失せり。波斯匿王は六師等に対して曰く、云何に世尊は神通変化を示し給えり。汝等の時は来れり。いざ示せと。時に成就作《クリターカーラ》は黙然として黒神子に指示せり。黒神子はまた完勝に、完勝はまた無負に、無負はまた背僂旃迦延に、背僂旃迦延はまた親戚子に指示し、親戚子は却って成就作に指示せり。波斯匿王《プラセーナジット》は三度同前の言を繰り返して迫《せ》まれるも、彼等は一より他に、他より他に指示し、逡巡咨嗟《しゅんじゅんしさ》して、意気阻喪《いきそそう》し、皆頭を垂れて、為す所なく、ただ心中の怒気充満して、身体震動せるのみ。

時に世尊は御手を以て獅子座を押されしに、それより大牛の声の如き大声発して、十五人の大羅刹鬼現われ、六師の座を破壊せり。而して金剛手は刃に火の燃ゆる金剛杵を以て、六師の頭に置きて、赤風と強雨とを送れり。されば六師等は大いに恐怖震慄して、皆逃奔せり。黒神子は山の間に隠れ、完勝有は草の茂れる間に隠れ、無負は深林中に、背僂迦旃延は倉の中に、親戚子は神詞中に隠れ、成就作は池に飛び入り、自殺して大地獄に陥れり。而して六師は成就作と同名の首席弟子をして、彼が代となして、皆婆羅村に逃げ去れり。而して彼等の弟子九万人は仏世尊を信じて出家得度して、阿羅漢果を得たりき。

第七十節　六師降伏後の神通示現およびその塔建立。時に世尊は御身の八万の毛孔より一々光明を放ち給いしに、その一々の光明に蓮華座あり。その座に坐し給える化身の仏陀は一々法を説き給えり。

第九日は梵天王が世尊に奉事したるが、世尊の御身は梵天王の天国に至るまで増長して、光明を以て天地を照破して、妙法を顕示し給えり。第十日は四天王が世尊に奉事したるが、世尊の御身は色究竟天に至るまで増長して、光明を放ち給えり。第十一日は給孤独長者が世尊に奉事したるに、世尊は獅子座に座し給いながら、御身を消失し光音を放ちて、法を宣説し給えり。

第十二日は地多長者が世尊に奉事せしが、世尊は慈心三昧に入られて、黄金色の光明を放ち、その光明に触れたる衆生をして、皆慈心に住する様に為し給えり。

第十三日は駿地多王が世尊に奉事したるが、世尊は獅子座に坐し、御身の臍より、二の光明を放ち、七尋上の空に坐し、二光明の頂上より二蓮華現われ、中に化身の二仏現われ、その二仏もまた臍より各々二の光明を放ち、各二の蓮華および二の化仏を現わす。これの如くして三千大千世界は化仏を以て充満するに至れり。

第十四日は優多羅《ムツタラ》・衍那《ヤーナ》王が世尊に奉事したるが、王は散華の供養を行いたるに、その華、梵天の世界に達し、宝石の大車輪にして黄金の如くに光れる大宝玉を以て荘厳せる者一千二百五十となり、その一々の上に、一々化仏坐し、光明を放ちて、三千大千世界を照耀せり。

第十五日は頻毘沙羅《ビンビサーラ》王が世尊に奉事したるが、総ての器に百味の食物を満して、神通変化を見に集れる無数の人々に与えて歓喜せしめ給えり。而して世尊は御手を地に触れ給いしが、十八大地獄の自ら現われて、その中の衆生は種々無量の苦患を受く。火中に焼かるる者等は、ああ我等はこれの如き大苦を受くるなりと叫びたるが、相互に見ることを得て、悲心を生ぜり。また彼等は如来を見ることを得たるが、如来は五指より黄金色の光明を放ち給いて、彼等地獄の衆生に触れしむるや、彼等の大苦は消失し、法を聴くことを得て、忉利天に生まるるに至れり。これの如く世尊は室羅筏悉底《シラヴアシテイ》において大神通を現じ給いしが故に、天人および人間の信仏者は示現大神通の搭を建立せり。その形は四角にして四階段あり。各側に凸形のあるものなり。ラムナム・ンガパ五三、六〇丁

第七十一節　第二転法輪般若部の説教および化導。その後天人および人間の諸の国土において、世尊は天龍等の為めに、無辺に法輪を転じ給えり。而して霊鷲山《グリドラ・クータ・パルワタ》において、十方の諸仏国土より集まれる、不可計数の諸菩薩衆と、無数の声聞衆と、無数の天龍等の所化の為めに、経宝大般若波羅密多経《マハープラギャ・パーラミタースートラ》 Maha-Prajñāpāramitā-Sūtra を説き給えり。（後に誌す如くこの説明時はヤーセル史には世尊五十八歳の時なりとあり）この説法は第二の転法輪にして、無相の法輪と称す。而して如来は他の国々においては、三昧王経、大方広仏華厳経、聖大宝積経等、第二転法輪部に属する経典を無辺に説法し給えり。ラムナム　ンガパ六〇丁

（仏華厳経を般若部に属するは、吾人には奇異の感なきにあらざれども、西蔵にては全く普通の説なり。西蔵中論派の仏教学者は、経部中般若部を以て、最上の経典と判ずるが故に、その上に他の上乗の経典あることを許さず。されば華厳経のみならず、法華経もまた般若部の経典なりと判ずるなり。然れども西蔵唯識派の説に依れば、経部に第三の転法輪ありとす。この事後に説明すべし）

室羅筏悉底城の近郊の林中において、外道の仙人約五百人あって、護摩《フーマ》を焚きつつありしが、世尊は彼

等を化導せんと観じ給いて、彼等の護摩炉中に足跡を化して印し給えり。然して彼等は護摩を焚き始めしも、云何にするもその中にて火を燃やすこと能わず。後に彼等は謂えらく、この足跡は大有力者の跡ならんとかく信ずるに至って、火は容易に燃え上れり。而してその火炎梵天に至りしが、時に世尊は彼等に現われて、法を説かれしかば、彼等は不還果を証し、長時を経ずして阿羅漢果を証せり。この外、波斯匿王《プラセーナジット》はその友人南方取皷と北方取皷と共に議論しつつありしに、世尊はそこに行き給いて、説法せられしかば、南方取皷は入流果を証し、北方取皷は未来成仏して全勝如来となるべしとの授記を得たりき。

室羅筏悉底城より摩掲陀《マガダ》国に至る間の途において、一千の危険なる肉食鬼《ピシャーチャ》 Pishācha 住せり。ヤーセル、三四一丁

（玄応音義第二十二に曰く畢舎遮《ピシャーチャ》、旧に毘舎闍または毘舎遮となす。鬼の名なり。餓鬼中の勝者なり。また癲狂鬼と云うと。ある一説には人の精気を食う鬼なりとあり。西蔵訳は Shasa《シャーザ》 肉を食う者とあり。梵語史談経海《カタハー・サリット・サーガラ》には畢舎遮《ピシャーチャ》はインド西北方の土人にして、梵語の賎しく訛りたる語即ち畢舎遮《ピシャーチャ》語とて名高き方語を用うる野蛮人なりと誌したれば、西北部のヒマラヤ山中に住む肉食土人の事なるべし）

彼等は行路の人々に多くの害を与うるが故に、波斯匿王は頻毘沙羅《ビンビサーラ》王と共に、世尊に彼等を化度せんこ

とを願い上れり。而して世尊の命に依り、毘沙門天王は畢舎遮等を降伏して集め置きしが、彼等は逃げ去りたれば、火を以てその周囲を廻らし、再び彼等を集めて、為めに世尊は彼等に心性道徳の法を説かれたれば、彼等は皆出家得度せり。

世尊は迦毘羅《カビラ》国の林中に五百の阿羅漢と共に居られし時、神、鬼類、龍、兇悪鬼、覆障鬼、瑜伽女、阿修羅等を集めて、彼等各自の心に相応したる大法雨を降らして、彼等を潤うし給いしかば、多数の神等は諦を見、多くの鬼類等は道心を起こし、所有を供養して一心に帰命したりき。また室羅筏悉底《シラヴァシティ》の五百の商人は林中悪鬼の風を怖れて、一心に世尊に帰命して、彼等の国に帰ることを得たりき。然れば彼等は大信心を起こし、出家得度して遂に阿羅漢果を得たりき。また世尊は室羅筏悉底城において、須菩提《スブフティ》 Subhuti に能断金剛般若波羅密多経を説かれたりき。（このヤーセルの説に依れば大般若経説時の前に金剛舵若経を説かれたることとなれり）宇具羅忿怒明王に対して、問宇具羅《ウグラ》忿怒明王経を説かれたり。また世尊は天人の将軍に神通変化を示されしかば彼は大いに信心を起せり。彼の為めに問天将軍経を説かれて、成道の授記を与えたりき。また銷山 Shyamika-Palvata の頂上において除盖障菩薩に宝雲経等を説き給いて、因陀羅王に付嘱し給えり。ヤーセル、三四一丁

（これより以下ヤーセル史は、先にラムリム史より引きし所と同じ事たる、世尊上天為母説法の事を誌せり。この説に随えば世尊上天為母説法は世尊五十七歳の時に当れり、而して如意宝樹史《パクサム・ジョンサン》もまた上天を

現神通の後に置けどもこの分は年月を誌さざるに依り、時間の順序を明らかにすること能わず。故に今はラムリム史の説に随いて、四十一歳上天、五十七歳現神通の願序に置けり）

名僧チャクロー（チャクロー湖中の中央の島に住せし学者なりと伝う）等は、世尊四十五歳乙巳の年、大般若経を説かれたりと説けども、現神通、降天、説般若との順序にして、現神通の時には、阿難陀《アーナンダ》は既に出家して、比丘となり居りし事は戒律蔵にも説かれたり。而して夏安居の順序等諸方面の説を参酌《さんしやく》する時は、世尊御年五十八歳の時、竹林《トウエーヌヴアナ》精舎より余りに遠からざる処に、鷲頭の如き山あり。故に鷲頭山と称す。如来はここにて般若経を説き給えり。かつて悪魔が鷲の形となり、世尊の法経を運び去らんとせしが、如来の大慈悲力に依って、そこに棄て去れり。それが厳石となりて高まりたれば、大鷲台山とも称せらる。その山、高くして、梅檀《せんだん》等種々の樹木繁茂したる浄境なれば、幾千万の諸仏は異草珍花を植え給い、山苑には獅子鹿群共に遊び、水畔には白鷗水鳥逍遥せり。夏中は渓間の諸流、水雲を呼び、甘露の雨を降らして、日中なお清涼なり。この霊山に観世音、文殊師利菩薩、弥勒菩薩等の最勝菩薩を首として、声聞阿羅漢および一千二百五十人の比丘衆と共に住せらる。時に世尊は御身より光明を放って、十方世界に満たしめ、その光明に浴せる衆生をして、道心を起こさしめ、また三千世界に拡がれる広長舌相より種々の光明を放てり。山頂には一の蓮華と一の如来出現して、十方世界に六波羅密多経を説き給えり。また舎利弗《シヤリープツトラ》の為めに甚深般若波羅密多経を説き、また舎利弗、須菩提、富楼那子の為めに諸の般若経を説き給えり。而してこれらの受持を阿難陀《アーナンダ》に附属し給えり。また観世音菩薩は舎利弗《シャリープットラ》の為めに般若心経を説き、世尊も善哉と讃じ給えり。また如来心経を説いて如来の大慈悲心を示されたりき。また世尊は迦葉波《カシャパ》の間に答えられたる問迦葉波品を説き、次いで宝積経を説き給えり。曼珠師利《マンジュシリー》は真俗二諦の譬喩を説き、また室羅筏悉底《シラヴァシティ》において、舎利弗の為めに、法性無差別門を説き、また天人多光明と云う者の為めに、完神変経を説きたるが、魔王は如来身に変現せり。世尊は跋陀利迦を以て、美音第一の弟子と讃せり。また無悩は出家得度して、阿羅漢果を得たるが、鋭根第一の弟子と讃せらる。ヤーセル、三四二、三四三丁

第七十二節　経部第三転法輪に就いて。

然して世尊は吠舎離《ヴァイシャリー》国等において、経部の第三転法輪即ち経部の注釈に属する経典を説き給えり。ラムナム・シガパ六〇丁

その後世尊は名山摩羅耶、吠舎離国等において、一切乗に全く入りたり大衆の為めに、経部の終時に属する真諦は全く実在にして、一切諸法はその実性虚無なりと云うことを示し給えり。これは唯識派が善良完全に説明を与えたる所の経部根拠の法輪にして、最勝真実義なり。第一、第二の法輪は方便説なり。然れども中道派は第二法輪を以て異実義となせり。唯識派に依れば終時説法の必要は、有無の二辺見を除く為めにして、中道派に依れば大乗の所化を保護せん為めに説かれたるものなりと称せり。これの如く経部の第三法輪を置くは、ある一部の学者の構成せる説にして、畢竟ずるに第三法輪の所化者を要ず

る等の説は、一概に確実なりと云うこと能わざる者なりと知るべし。説法の時限に就いても、初時を六年七ヶ月、あるいは七年二ヶ月弱とする者あり。第二時を十二年、あるいは三十年、あるいは二十七年、あるいは三十一年とする者あり。而して終時を十年、あるいは十二年、あるいは七年、あるいは九年、あるいは二十六年、または二十九年とする者あり。これの如く多くの異説ありて、この時限の確説は決定すること難く、またその説の根拠を見出すこと能わざるなり。パクサム・ジョンサン、四六、四七頁（前説の如く西蔵の唯識派は経部の第三転法輪を説き、中道派般若部の上に唯識派の依経ありとの説を伝うれども、これ畢竟アージシャ等の唯識派に傾ける人々の所説にして、新派黄帽派の開祖宗喀巴《ゾンカーワ》の見よりして云えば、第三時説を取る理由を見出さざるなり。パクサム・ジョンサンの若者もまた唯識派の主とする所の言説を誌しながら、その言を否定し去りたるなり。且つ新教派の秘密部依経たる時輪経には以下の偈あり。

霊鷲山のいただきに。　上なきみ法の大乗の。
般若智をもて彼岸《かのきし》に。　到るてだてを菩薩等に。
示し給いてその時に。　他には南天米丘《タハーンニャ》の。
大塔内は法性の。　曼荼羅会中に妙第一。
大荘厳の密結を。　月きさらぎの望《もち》の日に。

如来は示し給いけり。
この如く彼黄帽派最上の依経には般若経を以て、無上大乗の経典なりとし。この経と同時に妙第一大荘厳の秘密経即ち時輪経を説かれたりとす。これ無上の般若を表とし、最勝の時輪を裏とし、顕密相応したることを示す者なり。これに依って見れば、新派の依る所は、顕部においては般若部を以て最勝とする事明瞭なりと云うべし）

第七十三節　世尊秘密真言の法輪を転ず。世尊霊鷲山《グリドラ・クータ・パルワタ》において、大般若経を説き給える時、即ち如来五十八歳の時、それと同時に聖米丘塔《シリー・タハーンニヤカタカ》において、吉祥時輪経等、無上の真言秘密経を無辺に演説せられたり。

（蔵語にパルデン・デーブン・ギチョエテン、聖米丘塔あるいは吉祥米丘塔と云う。梵語にShrī-Dhāmya-Kataka と云う。この塔跡は南インドクリシナ河の南岸にして、今のベズワダ市より約十八マイルの西にあり。現今の地名をアマラヴァテイ不死処と云う。またこの地方を陀羅尼吒《ダハーラコッタ》 Dhārani-Kotta と名づく。呼吒《コッタ》はクーダの俗語なれば丘または岡と訳すべし。故に陀羅尼呼吒は真言丘あるいは総持か岡となる。これ真言秘密経の蔵まりありし塔丘の存せしに依って、この名の起りたるなるべし。現今この塔跡を以て、我が国密教家所伝の南天の鉄塔なりと云う者あり。余もまた然かならんと予想せし一人なれども、米丘塔と南天鉄塔とは果して同一体の異名なりや否やは今なお明らかにすることを得ず。我が国密教家の所伝に、南天の鉄塔に対して米丘塔の名ある事を聴かず。また蔵伝に南天の鉄塔と云う名は伝わらず。これその証明を欠く所以なり。而して彼注意深き玄奘は大唐西域記の巻十に駄那羯礫迦《ダハーンニャ・カタカ》即ち米丘国の事を説けども。ダハーンニャ・カタカ塔の事を誌さず。ただダハーンニャ・カタカ市（今のベズワダ市に当る）の南山の巌中は執金剛神の住処たる事と、その中に清弁論師の入りし事とを誌せり。而して南天の鉄塔の事に至ってはその名も誌さず。されば歴史上の事実としては、南天の鉄塔を南天竺のある地方に求むるよりは、我が国真言宗所伝の一説の如く、南天の鉄塔は龍樹菩薩の心源塔にして、広く云えば吾人衆生に法爾に存する清浄菩提心なりとする方真に近からんか。併し強いてこれを地上に求むとすればダハーンニャ・カタカ塔を措いて、他に類似のものを見出すこと能わず。ただ今はその証説なきが故に、蔵伝の米丘塔を以て、南天の鉄塔となすに躊躇するのみ）第九十四、九十五節参照を要す。

而してなお秘密経を説かれし所は妙高山頂、三十三天、覩史陀天、浄居の諸天、龍宮、薬叉の宮殿、烏仗那《ウッディヤーナ》等、瞻部洲《ジャンブ》の多くの霊跡において、四部の秘密真言の法経を説き給えり。ラムナム・ンガパ、

六〇丁

（四部《チャトウル》の秘密真言秘経《グブタヴアータ・タントラ》 Chatr-Gpta-Vāda-Tantra とは、西蔵仏教中、秘密部に属する多くの経典の高下を判釈する名目なり。また秘密部四《ギュッテ・シー》 Chatr-Tantra とも名づく。第一は蔵語に作秘経《チャギュッ》

にして梵語には Krya-Tantra と云いて、多くは真言、印相等を主として説きたる秘経をこの中に属せり。第二、修秘経《ジョエギユツ》 Charya-Tantra 我が国の大毘盧沙耶経等、修行を主とする経典はこの部に属せり。第三、相応秘経《ナルギヨルギユツ》 Yōga-Tantra 即ち瑜伽秘密経《ヨーガ・タントラ》にして、境行果相応修の秘経とも云う。金剛手青衣怒秘経《チヤクナ・ドルジエ・コエンチヤンギダクポイギユツ》。身語意密厳《グスントウクサンワゲンギ》の荘厳秘経《コッパイギユツ》等はこの部に属するなり。第四、相応無上秘経《ナルジョルラーメギユツ》 Yōga-Anuttara-Tantra は即身成仏の方法において、最易最楽頓速無上にして、時輪秘経《カーラ・チャツクラ》、呼歎金剛秘経《ヘイ・ヴァツザラ・タントラ》、文殊最勝真実名義秘経十品等多くの経典これに属せり。この四部の秘経は成仏の方法において、始めの者より後の者ほど有力にして、次第に高尚迅速なりとし、第四に属するものを以て、最勝無上の秘密経部とするなり。この判教は西蔵仏教徒の一般に用うる所にして、ただ古教赤帽派に属する諸派は四部を再別して九乗となせり。而してナルタン蔵経目録の判釈に依れば、第三瑜迦部において智慧と方便との二に別ち、第四無上瑜迦部において男と女と中との三部に分ち、古派中の一派の如きは女尊秘密部を以て最上中の最上なる者となせり。然れども新派に至ってはこの三部中、別に高下の区別をなさず。例せば新派の最上秘経中のものなりとせらるる秘密集根本秘経、金剛可畏秘経の如きは、男尊部に属するを以ても明らかなりと云うべし）

第七十四節　秘密経を非仏説とする説およびその仏説なりとの証説。ある庸愚《ようぐ》なる思想家は謂えらく、釈迦牟尼仏は経部の諸経を説かれたりといえも、秘密真言部の諸経に至っては全く説かれざりしなりと。これの如く称導する所の者は、微細に研究せずして、妄《みだ》りに断言したるに過ぎざるなり。既に説明せる如く、世尊は三十三天において、夏安居を為し給える時、法賢天人会において、仏頂相より聖白傘盖真言、即ち他の顕現すること能わざる所の最勝真言を宣説し給えり。これよりして作密部の如来族なる聖母白傘盖の潅頂法と口伝とは、今日に至るまで相伝する所なり。

また世尊は普陀落《ポタラ》山に行かれし時、観世音菩薩の獅子吼真言を宣説し、また観世音菩薩の不空羂索真言と千手千眼観世音菩薩の真言等の作密部を多く説かれたるが、これらと共に作密の蓮華部の灌頂と口伝もまた今日に至るまで相伝する所なり。また世尊は未生怨《アジャータ・シャトロ》王の罪業を消滅する為めに、作密中金剛部の完全降伏の秘経を説かれたるがその口伝もまた伝統も断えずして今日に至るまで相続せり。なお三聖言建立等作密部の秘経を広く説かれしことは、実に明らかなる所なり。

また第二修密部に属する大毘盧遮那成仏神変加持秘経、および金剛手菩薩灌頂秘密等と、第三瑜迦密に属する金剛法界の曼陀羅とその要略等を如来成道の時、阿迦尼瑟吒《アカニスタハ》において説かれたると、三十三天において夏安居の時、天人無垢宝が死して地獄に落ちたりしが、因陀羅王はこの事を見て、世尊に奏して、これが救済の法を請えるに対して、世尊は悪道を完全に浄除する法を説き給えり。因陀羅王はその儀規口伝に依って、自ら悪道浄除の法を行うや否や、彼天人は地獄より脱れて、前生の天国に生まれたりき。彼は大信心を起こし、大歓喜して、世尊に礼拝供養して曰く。

ああみ仏よ真言の　功徳は実に不思議なり
罪の為めにて無間獄に　堕ちし衆生の今直に
天人界に生まれたる　功徳は実に不思議なり

と謝恩の意を表せしは世の普く知る所なり。

無上瑜伽密部の秘経を世尊の説かれたるは、如来五十八歳の時二月十五日聖米丘塔《シリー・タハーニヤカタカ》において、福生国《シャンバハラ》（Shambhala 現今のオクサス河の南岸バルカハ地方ならんか）の王月賢《チャンドラ・バハードラ》 Chandrabhādra の請に依って、彼王と及王の多くの眷属の為めに時輪経および金剛可畏大明王の根本秘経等多くの無上秘経を説き給いてこれらを秘密主金剛手菩薩に付属せられたり。なおまた総ての無上秘経中最勝超絶完全なる者は、吉祥秘密集秘経たる事は、総ての大行者の一致する所にして、世尊がこの秘密集秘経を説かれし事は、この経の序品に世尊は金剛王妃の陰門形法生の中なる宮殿の中に住し給いて、十方の空間に充満せる所の大衆に対して、秘密集秘経を説かんと宣言せられたりき。ラムナム・ンガパ、六〇、六二丁

根本秘経第十七品には聖弥勒菩薩を始として、明王、金剛手等の大衆は次の如く世尊に奏せり。不可説また不可説なる無量劫の過去時の燃灯仏よりして以来、迦葉波《カシャパ》に至るまでの諸仏は、無上の秘密経を説かれざりしが、ただ今世尊のこれを説かれたるは、実に大讃歎の外なしとて、広くその事を讃説せり。

また世尊は烏仗那《ウディーヤナ》国においてその国王因陀羅菩提《インドラブアーニイ》 Indrabhuti を守護する為めに秘密集秘経 Guhya-Samāja-Tantra を説かにて、金剛手菩薩に附属せられたり。而して因陀羅菩提王は秘密集三昧に入り、その身の一生の中において、中道の瑜伽を証得せられたる事は、古来諸大学者の一致せる証なれば、世尊の秘密経を説かれたる事は明瞭なりと云うべし。ラムナム・ンガパ、六二丁

（これに吾人は日本仏教徒として大いに注意を要すべき事あり。特に我が国真言宗の人々はなお一層の注意を以て研究せざるべからざる事あり。その次第は我が国の真言宗においては、往来大毘盧遮那経を以て、最勝無上の秘密仏典として、毫も疑わず。他宗の学者もまたそれを否定する者なかりき。然《し》かのみならず、弘法大師の如きはこの経を以て法身の説法なりとして、他の報応二身の説きたる秘密仏典に比ぶれば秘密中の秘密にして真の秘密なりとす。而して他の二身の説かれたる真言の如きは、この真密なる大毘盧遮那経に対して云う時は、顕部と判ぜられたる程にして、とにかく我が国の真言密教には、これ以上の密部経典あることを許さざりき。然るに西藏密教の判釈は吾人の無上密典を以て、第三位なる修密部に属せり。これ我が国密教家の大いに研究せざるべからざる問題なりとす。もし西藏密教の判釈が正当なりとすれば、我が国の密教は改造すべき運命を有する事となるべし。とにかく我が国の密教徒に対しては一大問題なるが故にいささか注意するのみ）

第七十五節　如来は種々の身と諸種の言語を以て法を説かれたる事。またある者は謂えらく、無上秘経

の多くは、金剛薩埵《ヴァッザラサットワ》が説かれたりと誌せども、世尊釈迦牟尼仏が説かれたりと伝えざるが故に、世尊の説にはあらざるなり。これまた精細に調査せずして発したる者の言なり。世尊が報身の姿を以て、曼荼羅会中の主となりて、説かれたる秘密経を、云何にして世尊が説かれたるにはあらずと云うことを得るや。世尊が御姿を変えて法を説かれたる事は、戒律蔵の中にすらなおこれあり。例せば彼辺鄙の国王劫賓那《カピヒナ》(Kapphina 南憍薩羅《ゴーサラ》国の王にしてカピヒナ星宿に祈りて生まれたれば斯く名づけらる)は自らの武力を恃んで、波斯匿王《プラセーナジット》等インド六大国の王に特使を派して曰く、汝等七日の中に我許に来れ。然らざれば我兵を卒いて汝等の国を蹂躪《じゅうりん》せんと云えり。他の五国の王は大いに恐怖して、室羅筏悉底《シラヴァシティ》の波斯匿王の所に集まりて相談して後、世尊の前に至ってその事を奏せり。世尊は彼特使を我前に送れと云われたりき。波斯匿王等は彼特使に対して曰く、我等より遥かに等き大王の在しませば、そこに行くべし。次いで彼特使は祇苑精舎に行きたるが、世尊は転輪聖王の姿にて坐し給えるに対して、彼は書を上れり。化身の王はその書を足下に蹂躪して特使に対して云えり。我は四天統一の大王なるに汝が主は何者ぞ。何が故に我命を用いざるや。汝速に帰って汝が主に我命を告げよ。汝の王にしてもし七日の中に我許に来らざる時は法罰に処すべしと、斯く告げよと命じて、彼をして帰らしめられたりき。

次いで劫賓那王は室羅筏悉底に集れる天下の王候等に迎えられて、彼等と共に祇苑精舎に行けり。時に祇苑精舎は壮麗浄潔なる天上の市街の如くに化現し、世尊は深宮の中に転輪聖王の相好にてその位に坐し、目蓮尊者は大臣の姿に変じて、劫賓那王に遇えり。劫賓那王は化現の大臣を見て謂えらく、彼大臣すら我より身体壮大いにして、威厳あれば、その武力や云何に大ならんかとて、心中に怖れを懐けり。而して因陀羅《インドラ》王は大弓を持して、侍者の如き態度を以て、それを彼大臣に上れり。大臣はその大弓を金地王に渡せしも、王はこれを捧ぐる事能わず。而して化身の転輪聖王はその弓を取って、小指を以て一撥して、これを劫賓那王に渡して、一張を試みさしむ。

劫賓那王はその弓を運ぶことすら、為す事能わざれば、化王の世尊はその弓を取って、大箭を弦に番い、引き取るに大地も動くかと見らるる。一刹那、一箭鏃《びょう》と放てば、大鉄鼓を打つが如き声と同時に、五箭となり、各箭端より無数の光明を放ち、一々の光明端に、転輪聖王一々現われ、その光明法音を発声して、一々衆生を利益せり。而して劫賓那は驚歎して、自己の我慢は消滅して思えらく、ああこれ実に云何なる人ぞやと深く感歎せり。時に世尊は王の心を知りて、彼に相応する所の法を示し給いしかば、彼は諦を証見せり。而して世尊は法爾の身に還りて、説法せられしに、劫賓那王、大臣並びに八千の士卒と共に皆出家して、阿羅漢果を得て、長老大劫賓那 Maha-Kapphina とてその名高かりき。

これ世尊が転輪聖王の姿を以て、迦賓那を化度したるものなれば、世尊の化度したるにあらずと云うことを得べきや。況んや応身の釈迦牟尼仏の説かれたる無上の秘経の多くあるにおいてをや。彼の時輪秘経《カーラ・チャヤックラ》の如きは応身の世尊釈迦牟尼仏の説かれたるものなりとは、総べての学者の一致する所なり。また時輪《カーラ・チャックラ》秘経等の多くの無上部に属する秘経の根本は仏説曼曼珠師利《マンジュシリー》最勝名義経 Manju-shri-namasangiti なりと称せらるる者なるが、その名義経には以下の文あり。

時に世尊の釈迦牟尼が　大秘真言族のもろもろと
真言明呪の具足者と　三族等をば能く見給い
在家出家のともがらと　世を輝かす大族と
大法楽の無上族と　大頂族とを見そなわし
妙語の主か偈を説かる　秘密真言の六大王
差別なき身となり給い　不生の法性説き給う

と云うよりして、聖曼珠師利名義経、世尊釈迦牟尼仏の説き給える者終れりとあるが如し。また幸福最勝秘経もまた世尊釈迦牟尼仏の説き給いしものなる事は、彼空行海と云える書に、闘争時に釈迦獅子が説き給えりと明らかに説かれしが如し。

されば菩提道次第を深心より修錬せんとする者は、庸愚者の所言を信ずることなく、道の根本は善知識に依るにあることを熟知し、終に真言道果究竟中道を修し得ることは、皆本師世尊大慈悲者、釈迦牟尼法王の教に依る者たることを、確実に心裡に徹底して、如来の教命より他に余ある真実のなきことを熟知して、法王の教勅を最勝のものなりと確信すべきなり。

世尊大慈悲者釈迦法王は三蔵および四秘経の教法に就いて、無量無辺に説かれたるが、その事たるや以下の如し。

神の言葉と龍族と　薬叉の言語と吸血鬼
さては人間さまざまの　いきとしいける者どもの
用うる言葉を用いつつ　我こそ法を示したれ

と云われたるが如く、天、龍、人間等の衆生各自の言語に随って、法を説示せられたりき。また一音の説法は衆生各自の言語に解せられ、また各自の機根と志望とに相応せる法を、無量無辺に説かれたりき。また御身の毛孔の一々より、広大無辺に法の意義を不断に顕示せられき。ただ仏の説かるる所の法は、ただ仏のみ能く宣揚し得る所にして、誰も他に能くする者なし。而して所化の煩悩八万四千の正反として、結集に収められたる法門はその数八万四千の教勅となれり。ラムナム・ンガパ、六二、六四丁。

第七十六節　諸の秘密経を説かれし事、セイロン王女の化度。菩提道場の塔前において、賢護《バハドラ・パーラ》 Bhadra-pāla の為めに甘露生真言を説き、金剛手には賢門真言を与え、月蔵 Chandra-garbha には智度月蔵経を説かれたりき。世尊は室羅筏悉底《シラヴァシティ》において、前生五百生間の父たりし所の婆羅門《ブラフマン》に遇えり。彼は歓んで世尊を抱かんとす。侍僧の比丘衆も制止したるが、世尊はその制止を解き、彼婆羅門の意に任じて、御身を抱擁せしめ給えり。次いで為めに説法せられしが、彼は諦を見て出家得度して、阿羅漢となれり。また阿難陀《アーナンダ》に中道の法を説き給えり。また山比丘の為めに阿難陀《アーナンダ》に対して大孔雀経を説き給えり。而して摩揭陀《マガダ》国の燃火窟またの名を因陀羅《インドラ》巌窟と云う。ここにて金剛手に真言の王后勝有と因陀羅王に無畏施真言を説かれたりき。地蔵菩薩の為めに大集部地蔵十輪経を説き給えり。また梵天王の上りし真言を弥勒《マイトレイヤ》と目蓮とに付属し給えり。弥勒の為めに、虚空蔵経を説かれ、大吉祥天女の為めに吉祥最勝経を説かれたり。また婆曬途茶《バハラヅワチャ》は出家得度して、阿羅漢果を得て、乞食行のみを行ぜられしかば、乞食受と広く称せるに至れり。世尊は彼を獅子吼の第一弟子なりと讃じ給えり。また王舎城《ラージャ・グリハ》の多くの人々は目蓮の神通力に感化せられて出家得度せり。世尊はまた頻毘沙羅《ビンビサーラ》王の為めに、経部の十二鑰を説き給えり。次に霊鷲《グリドラ・クータ・パルワタ》山において沙羅《サーラ》樹を観じ給いて、観沙羅樹経を説き給い、また舎利弗に対して菩薩の別解脱成就四法経を説き給い、王舎城において有慠長者の娘智賢《マティ・バハードラ》女の問に応じて、問智賢女経を説いて曼珠師利《マンジュシリー》菩薩に付属せられ給いき。ヤーセル、三四四、三四五丁。

その後世尊は祇苑精舎において、除蓋障菩薩に対して、大乗宝籠荘厳経 Mahāyāna-sutra-kāraṇḍa-vyuha を説いて、観世音菩薩が地獄道および餓鬼道の衆生の為めに、利益を施さるる所の功績と、六字真言（唵摩尼叭咪吽《オーンマニパンミフーン》 Ōm-mani-pad-me-hun）の功徳とを説かれたりき。ヤーセル、三四五丁

（西蔵にては宝籠荘厳経《サマトク・コンパイドー》は非常に名高き経典なり。その次第は西暦三百三十一年即ち仏教未だ西蔵に伝らざる三百十八年以前において、西蔵国王吐吐利《トトリ》、可畏強力《ニャンツァン》（蔵語、Tho-tho-ri-gnyan g san の）

宮殿上にこの経典の落ちたるより、西蔵に仏教の因を為したりと伝うるに依るなり。またあるいは云う。これは当時于闐国より仏僧のこの経を将来し来りしことを神話化したるものなりと。とにかく西蔵人等は彼等の国土を以て観世音菩薩の浄土と信ずるを以て、その菩薩の功行とその真言の功徳とを説きたる経なるを以て、同国民はこの経を国祖の訓示の如くに考えて多く読まるるにも依るなり。西蔵人はこの六字の名字を称うることあたかも我が国人の弥陀の六字名号を唱うるが如く、時処を択ばず唱え居れり）

時に除蓋障菩薩は六字の真言を請いしが、世尊は菩薩に対して婆羅痆斯に行て説法師を尋ねよ。彼説法師は妻子を有して、戒律を破りたるが如くに見ゆるも、彼は観世音菩薩よりその六字真言を与えられ居れば彼れより受くべし。而して世尊は大自在天とその妻、中道女の為めに成道の授紀を与えられたりき。また迦毘羅《カビラ》仙人に対して八支の戒律を説き給えり。また非人子の六群等出家得度せしかば、戒学処の基礎はこれに破れんとする凶徴なりとて、悪敵如猿経を説き給えり。

中インド国の商人等獅子島（現今のセイロン島）に行いて、仏の経文を諷誦してありしが、真珠如意樹女はそれを聴いて、その翌日彼商人等を呼んで、その諷誦せしものの何なりやを尋ねしに、彼等は仏陀の教勅なりと云えり。仏陀とは何ぞやとて彼女はまた問えるに商人等はその説明を与えたれば、彼女は信心歓喜して、書を仏に上れり。その偈に

神と阿修羅と人間の　帰依する所のみほとけは
生老病死の苦よりして　確かに出でて広き世の
主たる名高き大仙人　甘露法もて護りませ

と商人等は世尊にこれを上りしが、世尊は御身の姿を画師に画かしめて、商人等を経て彼女に送り給えり商人等はこれを彼女に与えて、なお多くの人々をして、彼仏像を拝せしめて、信仏心を起こさしめたりき。彼女はまた商人等の手を経て、世尊に書を上りしが、二度目より三度目の間において、彼女は入流果を証得せり。三度目には三個の大真珠大きさ拇指の如き者を三宝に上るとて、世尊に献じたりき。されば阿難陀《アーナンダ》はその所由を尋ねしに、世尊答え給わく彼女は大名《マハー・ナーマ》の婢女なりしが今は彼国王の娘に生まれて、我にこれを送れるなりと仰せ給えり。ヤーセル、三四五、三四六丁

第七十七節　給孤独長者の娘、結婚して裸体子を拝せず。給孤独長者に一女あり、賢女《バハードラー》 Bhadrā と云う。時に室羅筏悉底《シラヴアシティ》城より百六十一瑜膳那《ヨージャナ》（約一千百二十七マイル）を隔てて甘蔗増《イクシュワークブリディ》城あり。彼城市の豪商に小脳主と云う者あり。彼の子に中秋月あり。裸体子等は給孤独長者の娘賢女の人となりを非常に讃ぜしかば、彼の豪商は長者に対して彼の娘をその子に与えんことを乞えり。長者はこの事を世尊に尋ねて、その娘を結婚せしむべく甘蔗増城に送れり。彼の娘はその家に着いて後、彼の舅父は裸体子を招請し、彼女をして彼の裸体子等を礼拝せしめんとしたるに、彼女は無恥の裸体子を拝すること能わずとて、その礼拝

を拒絶せり。舅父問うに他に善き教師ありやを以てす。彼女は我が父の伽藍に仏世尊住し給えりと云えり。舅父また曰く、拝謁することを得べきか。彼女は浄掃して準備せられよ。明日招待すべしと云いて、楼上に上り世尊の方に向て花を散じ、黄金壷より水を撒じ、念して曰く、妾はかく辺鄙の国に在りて、世尊と離れ上れり。願わくば世尊比丘衆と共に光来あらせ給えと願えり。世尊は直にこの事を御覧ありて、阿難陀《アーナンダ》に明日神通を得たる者等と共に行くべく命ぜられたり。阿難陀は阿蘭若の阿羅漢等に総べて法の如く修めて、神通力を得たりき。

翌日世尊は御身より金色光明を放ちて瞻部洲《ジャンブ》に満たしめ、室羅筏悉底より甘蔗増城に至るまで、山脈等消失して、彼この障礙なく、明らかに見ることを得せしむ。阿若憍陳如《アニーター・カウジンニャ》、摩訶迦葉波《マハーカジャパ》、舎利弗《シャリープットラ》、目犍連《モウガルヤーナ》、無障、弥勒《マイトレイヤ》、馬勝《アスワ・ジット》、優波離《ウパリ》、迦旃延子《マハーカウスチラ》、大膝《プットカッティヤヤーナ》、護力子、二億者、羅睺羅《ラフラ》等の五百人は、種々の神通にて行き、金剛手もまた世尊に随って行けり。上には浄居の天人等並びに欲界の天人等あり。右に梵天、左に帝釈、外囲には獅子乾達婆《カンタルヴァ》王および天龍等の八部衆ありて行かれたれば、路において人および非人等の一千七十七人信心を発得せり。甘蔗増城に十六の城門あり。一々の門に一の現化身を示して、賢女の宅に入り給えり。多くの市人は世尊を見ること能わずして、賢女の家を壊《やぶ》らんとせしかば、世尊は神通力にて総べての家壁を硝子の如く透明ならしめて、御身を彼等に示し給えり。次いで賢女等に説法せられしかば、彼女は得難き入菩薩乗果を得たりき。過去世迦葉波仏の時、クリキ王が釈迦牟尼仏の教法に関したる前徴の十夢を見たりしに、婆羅門《ブラフマン》等は全く反対の判断をなせり。彼王の女、黄金曼は迦葉波《カシャパ》仏に奏して、その正解を得て、王をして安心せしめたりき。その時の王女は今の賢女《バハードラー》なりとの因縁を説明して、賢女に成仏の授記を与えられたりき。ヤーセル、三四六丁

第七十八節　提婆達多《デーヴァダッタ》阿闍世に結托して比丘衆の分裂を謀る。時に王舎城《ラージャ・グリハ》において大飢饉あり。比丘衆の神通力を得たる者等は、無熱悩池の岸に生ずる瞻部《ジャンブ》樹の果、あるいは北拘留洲の無耕の米（シャーリShāli と誌せどもこれは普通の耕作米なれば自然生米ニーワラ Nivāra の誤りなるべし）または天界より甘露食を取り来て、自ら用い他にも与えたりき。これを見たる所の提婆達多《デーヴァダッタ》は神通力を得んことを願いて、世尊にそれを教えられんことを請いしが、世尊は三学に精励すべしと命じ給えり。然れども彼は世尊が神通を教えずと思いて、阿若憍陳如《アギャータ・カウデンニャ》等の五百の阿羅漢に一々請いしも、阿羅漢等は彼れが心術の正しからざるを知りて、教えざりしかば、彼は巌室中に隠栖する所の十力迦葉波の所に行てそれを請えり。十力迦葉波はその観を以て彼が心操の云何を見ずして、彼にその法を授けて、彼をして禅定に入らしめしかば、彼は初禅果を得たりき。

而して提婆達多は未生怨王《アジャータ・シャトル》を己れの弟子となさんが為めに、王に馬、象、女、鳥等を化して、王を信ぜしめ、王をして五百の馬を以て、自分を迎えしめたりき。彼は美食を以て、世尊の大衆を欺いて、己れの下に属せしむべしと思えり。比丘衆は彼に云えり。汝の安穏盛大は皆十力迦葉波より出でたるものな

れば、汝は彼の許に行かざるかと問いしに、提婆達多は答えて、余が精励の力を以て得たる者なりと云えり。これの如く彼はその師を師として、恩を報ずるの念なく、また僧伽《サンガ》をして不和合ならしめて、己れの下に属せしめんとの悪念を懐《いだ》きしかば、彼の神通力は次第に消失して、何の小事をも現化する事能わざるに至れり。

世尊は竹林《トウエーヌヴアナ》精舎に夏安居を為し給える時、提婆達多は世尊に対して、僧伽を我に付属して、隠居せられんことを請うと云えり。世尊曰く、汝は愚か何人にも少頃は付属せずと告げ給いしかば、彼は大いに怒って、彼が四人の弟子に告げて、僧伽を分割し得るなれば、吾人はこの生においては完全円満にして、死して後はその名誉長く後世に伝わらんと云いしに、ある者は分割は不可能なりと云えり。またある者は老人には衣類道具を与え、壮者には美食を与うれば、分割し得べしと云えり。

時に飢饉起りしかば、舎利弗《シャリープットラ》、目犍連《モウガルヤーナ》は南方の山に行けり。これに善星に属する比丘衆五百人あり。提婆達多は彼等を引いて、未生怨王に遇いしに、王は彼等に多くの物を送れり。されば提婆達多は彼大衆の信仰を得て、世尊の如く振舞わんとせり。時に地震いて凶徴顕われしかば、舎利弗と目犍連とは、直ちにこれを知りて、神通にて直に世尊の前に行て、僧伽を統一せんと請えり。

世尊はこれを許し給いしかば、彼二人は直ちに南方の舎利迦精舎に居る提婆達多の許に行けり。彼は善星の比丘五百人と共に住する所に、彼二人の着きたれば大いに喜んで、彼二人をも自己の許に属せしめんと思いて、舎利弗《シャリープツトラ》、目犍連《モウガルヤーナ》をして己れの両側に居らしめ、あたかも自らは世尊の如くになして、曰く、我は少しく背の痛めば、舎利弗よ、汝は大衆に法を説くべしと云いて、彼は寝ねたりき。舎利弗大衆に示して曰く、汝等が教師のこれの如く威儀なきを見よと云い、また目犍連《モウガルヤーナ》は神通変化を現示して、五百の大衆をして、提婆達多《デーヴァダッタ》の無能にして師とするに足らざることを知らしめ、また舎利弗は世尊の信ずべくして、提婆達多の邪法を行ぜることを説明せしかば、彼大衆等は衣食住に執着して誤謬に陥りたる事を自覚せり。故に舎利弗および目犍連は五百の比丘衆を引いて去りたりき。少頃してコカリカは提婆達多を起こして共に、舎利弗等の跡を追いしも、神通の為めに、その眼を覆われて、彼等を見出すこと能わざりき。彼等は竹林《トウエーヌヴァナ》精舎に着きたる時、世尊は為めに十二因縁法の生起および滅尽等を説示せられしに、彼等は入流果を証し、次第に上進して阿羅漢果を証するに至れり。而して竹林精舎において、僧伽《サンガ》不和合に勝ちたる窣塔婆《ストウツパ》を建立せり。ヤーセル、三四六、三四七丁。

第七十九節　釈尊半座を大迦葉波《マハーカシャパー》に分つ。摩登伽女《マータンガー》済度。世尊は霊鷲山《グリドラ・クータ・パルワタ》において曼珠師利《マンジュシリー》と舎利弗との為めに、象力経を説き給い、吠舎釐国《ヴァイシャーリー》において無垢光比丘の為めに、曼珠師利に対して究竟清浄業障経を説き鹿野苑《ムリガダハーヴァ》仙人随処において、舎利弗に断犯戒経を説いて、阿難陀《アーナンダ》に付属し給えり。また問豪商吉祥宝珠経を説き給えり。時に梵施王女のは出家得度して阿羅漢果を得たりき。

世尊は室羅筏悉底《シラヴァシティ》において、半座を分って摩訶迦葉波《マハーカシャパー》に坐せしめて、仰せ給わく、大迦葉波《マハーカシャパー》は我と斉《ひと》しき者なりとて広大に讃歎し給えり。さればその後大迦葉波は天上人間の導師となりたりき。後、舎利弗等の為めに持道徳根本経を説き給えり。ヤーセル、三四七丁、三四八丁

時にまた摩登伽女《マータンガー》は大いに阿難陀を恋慕せり。

（マータンガー Mātangā は西蔵訳に Gdolpai-pumo ドルパの娘とあり。ドルバとは蒙古の一族にして、古代においてインドに移住せし者ならんか。蒙古人の伝説に依れば、彼等の祖先はインドより来りし者なりと云う。何れにしてもこのマータンガ一族は蒙古種族に関係ある者なるべし）

彼女の母は一日阿難陀を請待し、神呪を以て阿難陀を誘惑して、云何《いかん》ともすること能わざらしめて、彼娘に結ばしめんとせしが、阿難陀は世尊を念ぜしかば、彼の神呪の力消滅し、正念回復して、世尊の前に至りしが、摩登伽女もまた阿難陀の後に随いて行けり。されば阿難陀は慚愧に勝えずして、世尊に保護を願えり。世尊は彼女に告げ給わく、汝は阿難陀を汝の夫に得んと願わばまず汝の父母より汝の身の自由を得べし。而して彼女は父母よりその身の自由を得たりき。而して世尊は彼女に阿難陀を得んと欲するならば、阿難陀の如くに剃髪染衣すべしと告げられしかば、彼女は欲念の支配する所に随って出家得度せり。故に世尊は彼女の為めに説法し給いしかば諦を証得し、罪障を懺悔して遂に阿羅漢果を得たりき。

憍賞弥国《コーサンビ》に美人妙青女《シャーマー》 Shyama と云う者あり。彼女を聚らんが為めに、多くの王族集まりたるが、彼

女の父は大いに憂いて、彼女に対して誰人に行くかと問えり。彼女は自ら手統《ハスタ・ワンサ》 Hasta-vansa の牧牛処に至って、妾が夫は彼なりと云いて、手統に花を散じて、牧牛処に入らんとせり。時に世尊は手統を化度する時の至れを見て、夜、牛の行路の草深き処に行き給いしが、手統はその声を聴いて外に出んとせしが、戸口において妙青女に遇えり。手統は彼女に余は直に帰るべければ、汝は家に居れよと云いて、世尊の前に至れり。為めに世尊は法を説かれしかば彼は不還果を証得せり。而して彼は還て彼女に対して曰く余は不還果を得たれば汝は父の家に帰えるべし。然らざればただ夫婦と云う名のみの関係にて余の許に留るべし。何れとも汝の好む所に随うべしと。而して彼女は夫を師として敬事せり。後に手統は死して天上に生まれたりき。

世尊は獅子力の為めに諸法不生の広説を与えられたりき。また憍賞弥国《コーシャンビ》において婆羅途茶《バハラズクジャ》が衆生の為めに種々の利金を施せり。彼手統の妻たりし妙青女は、彼国の優陀耶王の妃となれるが、王にはなお一の王妃あり。無喩女と云う。無喩女は妙青女を嫉妬して、妙青女の深く仏を信ずるを以て、王に讒誣《ざんぶ》せしが、王は世尊の前に至りたれば、世尊は為めに問優陀耶王経を説き給えり。王は信心歓喜し供養奉事して、更に妙青女を信ぜしかば、無喩女は嫉妬の余り妙青女を焼殺せり。されば王は悲哀して妙青女の為めに世尊に尋ねられしに、世尊は業力の相続を説示して、王をして歓喜せしめられたりき。その後舎利弗《シャリープットラ》は妙青女の如く、後の王妃をして、信仏心を起こさしめたりき。

また世尊は王舎城《ラージヤ・グリハ》において、頻毘沙羅《ビンビサーラ》王の王妃安有女に成道の授記を与えられたりき。時に世尊は病悩あり。耆婆童子《ジーヴアクマーラ》は洗薬優婆羅破多乾多《ウツパラハスタカンタ》 Utpala-hasta-kanta を上りて病悩平愈《びようのうへいゆ》あらせられたり。ヤーセル、三四八、三三五〇丁

第七章　阿闍世王の父王逆殺より牛角山の讖言に至る

第八十節　提婆達多《デーヴァダッタ》の支嗾《しそう》に依り未生怨王はその父頻毘沙羅《ビンビサーラ》王を逆殺す。提婆達多は奮闘心を以てするも、世尊の教法を云何ともする事能わず。鬱憂《うつゆう》の余り、大病に犯され、烈しく苦みしが、世尊はその病床に見舞われ、御手を頭に戴せ給いしに、病悩頓に平愈せり。然れどもそれを徳として、恩に感ずるの心なく、却って世尊を怨み、怨を含みしかば、暴風起こって、凶徴を呈せり。彼は云何にして釈迦世尊を滅すべきかに就いて思考せり。かつて頻毘沙羅《ビンビサーラ》王の夫人、韋提希《ヴァエィデーヴィー》夫人（Vai-devī 蔵語に体聖女《ルエパクモ》と訳す）あり。ある時頻毘沙羅王が一の仙人を怒らしめしが、彼の仙人は王を呪詛して、王に生まれし所の子は、王を殺すに至るべしと云えり。その呪詛の力を受けし所の子が、韋提希夫人の胎内に宿りし時、夫人は王の肉を食う悪夢を見たりしかば、夫人はこれを観相家に尋ねしに、彼等は皆この子生まれなば、父王を弑《しい》するに至るべしと云えり。これの如く一致したる予言ありしかば、生まれし赤子を阿闍多設咄路《アジャータ・シキトウルー》（Ajātashatru 旧訳に阿闍世、未生怨と訳す）と名づけたりき。

提婆達多は未生怨の所に行きしに未生怨は彼に何事ぞと尋ねき。彼曰く余は汝と親友なれば、総べての世人が汝に悪言を放てることを告げん。夫は世の諸王は太子の生まれて後間もなく、王位を譲れるに、汝の父はなお今に至るまで、国家に執着して、王位にあり。これ汝の為すなきに依ると云えり。されば今や時至れり。父王を殺せ。我もまた仏陀を殺して仏陀とならん。而して新たに王と仏と出ずる時は、人々幸福なるべしと云えり。未生怨はこれを聴いて、父王に対して、一双の金剛を投げ打ちたるに、逆風吹いて後に還れり。

世尊は観念して目犍連《モウガルヤーナ》に命じて、室羅摩那賒《シュラマナジャ》の所に、食を乞わしむ。目犍連は日輪に乗じて、室羅摩那《シュラマナ》賒《ジャ》の前に降りたれば、彼は目犍連に五百種の調理の食物を献せり。目犍連はそれを以て世尊に献ぜり。時に頻毘沙羅王もまた世尊の前に食物を以て供養せん為めに来りしが、王は室にて食物の香を臭いて、誰れか世尊に供養を上りしかと問えり。世尊は室羅摩賒より上りしものなりと云いて、余部を与えられたりき。次いで室羅摩那賒は出家して、跣足にて行かんとせしが、非人鬼等は敷物を地上に敷けり。彼はそれを受けずして、深心より励んで足を以て地を踏みしが、為めに大地震動せり。その後諦を証見して遂に阿羅漢果を得たり。精進第一の阿羅漢なりとて世尊は讃じ給いき。

頻毘沙羅王は宮城に帰って、未生怨に対して、我子よ。汝は何故に我に金剛を投げしかと問いしに、彼は父上は国家をその所用とせらるるに、我にはその事なしと云えり。父王はその子が提婆達多と提携して、他を害することのみを励み居るを以て、もし彼に位を譲らんか、王の供養奉事する所の世尊と、比丘衆等に、大なる害あるべしと思惟して、その子に瞻波迦《チャンパカ》国を与えたりき。然れども未生怨はこれを満足せざりしかば、摩掲陀《マガダ》国の全国を与え、而して諸宝蔵等、総べて国家の全権を譲れり。而して王は懇切に未生怨に対して、釈尊を信ぜざるべからざることを説きしも、彼は聞かざりき。されば父王は強くこの事を説きしに、彼は怒って父王を獄に投ぜり。而して国民が父王に食物を献ずるを禁せり。韋提希《ヴァエィデーヴィー》夫人は足輪の中に水を満たし（足輪は金あるいは銀の大き輪にて中は空虚なり）身の荘飾中に食を隠して、獄中に行て、飲食を王に上れり。この事未生怨の知る所となるや、またその事をも禁ぜり。而して父王は飲食なしといえども、霊鷲山《グリドラ・クータ・パルワタ》より世尊の放ち給える光明を窓より入れ、王もまた仏身を窓より見て、歓び居りしが、それをも遂に窓を覆いて、受くることを禁ぜり。然れどもなお木の割目等より、光明の入るを以てそれをも禁じたりき。王は足械の為めに足に瘡を得て、その苦痛劇烈にして堪え難かりしが、世尊は目犍連《モウガルヤーナ》をして、神通力にて獄屋に入らんめ、且つ言を伝えしむ。我は汝の善知識なりされば王は悪道より解脱せらるべし。ただ今の苦患は前業の結果なり等の説法を伝えしめ、且つ少しの食物を王に送れり。王問うて曰くこの如き美食は何処にあるかと。目犍連は四天王の宮殿にあるものなりと云えり。時、に未生怨王の子に、優陀耶跋陀羅《ウダヤ・バハツドラ》と云う者あり。彼は指端に潰瘍を病めり。未生怨はその指を自己の口中に入れて、吸いしが、多くの濃血出でしかば彼子は苦んで、大いに泣き悲めり。これを見たる韋提希夫人は、これ遺伝病なり。汝が小児たりし時、これと同じき病を得しが、父王は今汝が為せる如く為して、多くの濃血を吸取られたりと云えり。未生怨はこれを聞いて大いに感じて、彼の怒は頓に消滅し、且つ逆罪を犯せることを悔いて曰く、誰れにてもあれ、我父王を活かし得る者あらば、我王国の半を与えんと云いしが故に、侍従の者等は喜んで、父王の居らるる獄屋に奔れり。彼等は先を争いて、獄門を開く為めに喧噪を極めたりしかば、衰弱し果てたる王は驚怖して死したりき。次いで王は毘沙門天王の国に生まれて、甘露を飲食し、喜んで余は今勝者牛王《ジナビヒマテ》となれりと云いしかば、彼の名もまたその如く名づけられたりき。ヤーセル、三五〇、三五一丁

第八十一節　提婆達多《デーヴアダッタ》、仏世尊を弑せんとす。未生怨王は深く憂愁せしが、その憂愁を散ぜん為めに、南方の歌舞者が土鑵鼓《ムリダンガ》 Mridangga を打ちたるが、世尊は光明を放ちて、その声をして、経を説かしむ。その経は仏鼓声経にして、韋提希夫人の憂愁を消する為めに、その法を説かれたるなり。

而して提婆達多は未生怨王に請求して曰く我は汝を国王に為し終われり。されば汝は我を仏位に置くべしと云いしが、王は曰く汝は世尊の如く黄金色にあらず、また足輪等なければ云何せんと答えしかば、彼は黄金鍛冶工を招きて、般朱 Panchu と云う穀類の油を以て体を塗り、黄金を溶解して、体に塗布せしめしかば、大いに苦めり。また鉄冶工を招いて、鉄輪印を熱して、足底に印せしめしが火熱の為めに被は大いに苦しめり。而して提婆達多は未生怨と共に、世尊憍多摩《ゴウタマ》を殺さん為謀りて、戦争の魔術師に真珠瓔珞の黄金万両に価する者を与えて、それに従う一千の兵士に過分の金を与えて、世尊の住せらる霊鷲山の前の山中には、戦術師自ら五百の兵を卒いて潜伏せり。而して道の両側には一百五十人宛の兵卒を埋伏せり、もし五百の兵士が急に憍多摩を殺すこと能わざらんか。彼は何れの道よりか逃げ来らん。

その時は容赦なく彼を殺すべしと命ぜり。而して彼戦術師の卒ゆる五百人は、彼に問うて曰く、この矢を誰に放つべきやと。戦術師は憍多摩《ゴウタマ》に対してなりと云えり。彼等は皆曰く然かなさんよりは、吾人は自ら死するに及《し》かずと云いて命を用いざれば、戦術師も共に同意して、彼等ば何処にか逃げ去れり。世尊は道の善からざるを以て、神通力を以て霊鷲山頂より梯道を化作して、外に出で給いしが、途において彼兵士等に遇いて、説法せられたれば、彼等は信心歓喜して諦を見たりき。

提婆達多《デーヴァダッタ》は彼等は云何になせるかを見に行きしが、彼等は世尊の前に在って聴法し、他の五百人もまた他に逃げ去りたるを見て大いに怒って、自ら石拏を取り、大力者の上ぐるに勝えざる大石を以て、世尊に打ちしが、金剛手菩薩は金剛を以て、その大石を砕破せり。然るにその砕破の大片が、世尊の前に堕ちんとせるを以て、金毘羅《キンビラ》夜叉はそれを受けしも、強く打撃せられしを以て、彼は死して天人に生まれたり。その後、彼は世尊に法を聴いて諦を見たりき。

時に大石の一小片、世尊の御足を打て流石淋漓たり。甚だ痛みに悩まれしが、耆婆童子《ジーヴァクマーラ》は直に来て曰く、我許には善き薬なし。栴檀地勝と云う長者の許にありとて、自ら請に行けり。当時阿闍世王は律令を発して、世尊に供養する者は死刑に処すと云えり。然れども長者は世尊の疵の速やかに癒えんことを願いてその薬を献上せり。世尊は彼に栴檀仏となるべしとの授記を与えられたりき。然れどもその疵痛の止まざりしかば、初産男子の婦人の乳汁が功ありとて、求められしが、一の婦人にして初生男子の者あれども、その乳量至って少なくして、能く育つる能わざる程なれば、その乳汁を世尊に上る時は、赤子は死に至らん。且つ彼女は世尊に供養すれば王より厳罰に処せられんとの事を知りしも、彼女はその乳を搾りて世尊に上れり。後に世尊は彼女に施乳仏となるべしとの授記を与えられき。然れどもなおその疵痛止まざりしが、十力迦葉波《カシャパ》来て真言を以て、三偈を称えしがその痛苦止まれり。哥珂理迦《コカリカ》等の摩掲陀《マガダ》国人、皆この事を聴いて大いに怒り、提婆達多を殺さんとして、来りたれば、提婆達多は驚いて、寂漠なる樹下に行けり（このコカリカは第七十八節に挙げたる提婆達多の弟子なるコカリカとは同名異人なり）

世尊は金毘羅において、比丘金毘羅の為めに、四念処を説き給えり。龍歓喜および近歓喜の弟子をして阿羅漢果を得せしめ給えり。時に提婆達多は阿闍世王をして、仏のみならずその弟子衆にも、供養することを許さずとの法律を発せしむ。また非常に強暴なる大象の宝護と名づくる者と、五百の大象とに、強く酒を飲ましめて、世尊を踏殺せん為めに彼等を放てり。大象等は強暴に行路の獣群を踏殺して、足に流血を滴たらしながら、その身を赤く染めて奔れり。世尊の従者にして、声聞果を得たる者は、空に上り、その得ざる者は、四方に逃げ奔れり。世尊は阿難陀と共に坐し給いしが、手指より獅子の炎火燃え出ずる者を化生したるに、五百の大象は恐怖の余りに地に仆れ、宝護は世尊の前において、その頭を地に着けて平伏せり。世尊は彼に告げ給わく、汝は前生に、悪業を作りて、畜生身を受け、今また悪事を為してなおも悪道に墜ちんとするかとて、為めに善悪因果の真理を示されたれば、彼は深く信じて世尊に随従せり。世尊は精舎の中に入り給いしに、彼は世尊の見えざるを憂いて、内に入らんとて、精舎を破壊せんとせり。されば世尊は、精舎の柱壁を水晶の如くに化現して、彼にその身を示し給えり。その後彼は死して、三十三天に生まれたりき。而して王舎城《ラージヤ・グリハ》において、大象宝護降伏の塔を建立せられたりき。ヤーセル、三五一、三五二丁

第八十二節　裸体子および吉祥密《シエリーグブタ》は火穴毒飯にて世尊を殺さんと謀る。時に世尊は五濁悪世の力強くして、四衆法を聴くことを願わざる者多ければ、東方普光《サマンタ・プラバハ》 Samanta-prabha 国に行かんとして、体聖山に行かれて、阿難陀《アーナンダ》をして大衆に教勅を伝えしむ。摩掲陀《マガダ》国の因陀羅《インドラ》窟に化身を留められ、次いで普光国に行て、彼処にて、偽と仏弟子等との為めに、入正欲行成仏経を説かれて、その経を弥勒《マイトレイヤ》に付属して、帝釈窟に帰り給えり。而して帝釈天の為めに、鉄鉤真言を説き給いて、阿難陀をして野蛮人を降伏せしめ給えり。

王舎城において、家主吉祥密《シエリーグブタ》 Shrī-gubta は、火生《ジヨティ・シカ》長者の妹の婿にして、また給孤独長者の娘の夫なるが、彼は非常に裸体子を信仰せり。時に火生長者は吉祥密に対して曰く、汝は世尊を招待供養すべしと。吉祥密曰く、然らば汝はまず我師の満子《プルナ》 Purna を招待すべしと。次いで火生長者は満子を招待せり。満子は長者の宅に足を入るるや否や呵々大笑せり。彼の弟子等は何事ぞと問いしに、彼は答えて、一の

猿が樹より落ちて死したりと云えり。火生長者は総菜の上に乳米飯を覆うて与えしが、彼等は総菜のあるを見ざりしかば、これ非礼なりとして、行かんとせしかば、火生長者はその乳米を戸外に棄しに、その汁彼の頭に触れて火傷せり。

彼はこの事を吉祥密に告げて、彼に乞うて曰く、これの如く我を苦しめし故に、汝はまた汝の家門内に大なる穴を堀り、その中に大火を置き、布を張り、土を覆うべし。また食に毒を入れて、彼等を毒殺すべき準備を為して、憍多摩《ゴウタマ》を招くべし。彼来らんには、必ず殺すべしと云えり。吉祥密はその意に随うて、準備を為して、世尊を招待せり。

世尊はその招待に応じ給いしかば、吉祥密はその家に帰りて、火生の妹たる彼が妻を倉の中に隠し、給孤独の娘には満子も歓喜の意を表すれば、彼等の謀に害なしとして、彼女を門側に置いて、世尊を迎えしめ、吉祥密と満子とは陰に隠れて窺い居れり。世尊は大衆を引いて、門内に御足を入れ給うや、彼炎々たる火は蓮花と変ぜり。而して給孤独の娘は、吉祥密に対して、これの如きことを見られよと云いしが故に、彼は大いに世尊を信ずるに至れり。而して彼は満子に対して、世尊憍多摩はこれの如き事を為されたり、汝もまたこれの如き事を為すべしと、云いしかば、彼は戦慄して逃げ去れり。

而して吉祥密は火生の妹を引い来て、世尊に懺悔して高座を作り、世尊を招請せり。我この食は皆毒を入れあれば、新たに作る間、少頃待たれたしと願えり。世尊は我は三毒を棄てたれば、毒の我を害すべきものなしと云いて、大衆の食をも浄化して、食せられたりき。されば吉祥密《シェリーグプタ》は大いに仏陀を信ぜしが、世尊は為めに、説法し給いしかば、彼は諦を見たりき。

火生《ジョティ・シカ》長者の宅は、日夜の別なく、何時も光明昭々たり。かつて頻毘沙羅《ビンビサーラ》王生存の時、王はこの家に七日七夜宿りしことあり。王は何時も日中の如く思われたりき。未生怨王はこの家を火生より得て、王の宮殿を給せしが、火生の到る所に、その光明現われたれば、王は七度交換せしも、王の家となるや、その光明滅して、火生の家のみ前の如く光明赫耀たりき。されば未生怨王は兵を送って彼が家を破滅せんとせり。然れども彼はこの事を前知して、その家財総てを貧民に施し、世尊の前に至って出家得度して、阿羅漢果を得たりき。ヤーセル、三五二丁

第八十三節　鬼子母神の化度。迦陀羅《カタハラ》 Kadhala 国において、般遮羅《パンチャラ》 Panchala と云う薬叉あり。彼はその国王および大臣等を守護せしより、彼の財産は増殖して富有となりき。時に王舎城《ラージャ・グリハ》に薩多婆佐《サタヴァーサ》と名づくる薬叉あり。彼は王舎城を護れり。かつて彼は薬叉般遮羅と薬叉の集会場に遇うてより、両人非常に親密となり、薩多婆佐は時々、彼に摩掲陀《マガダ》国の花と果物を贈り、般遮羅もまた薩多婆佐に、迦陀羅国に生ずる花果を贈れり。彼等二人はますます親密の度を増せり。ある時二人は会遇したるに薩多婆佐は告げて曰く吾等子々孫々この親密の交際を続くるの方法何かあると、般遮羅曰く、我もまたその事を考え居りしなり。未だ我等には子はなけれども、それらの生まれざる中より親戚の縁を結ばん。我に男子生まれ、汝に女子生

まれんには、彼女を我子に与えよ。事これに反する時は我女を汝の男子に与えんとて約束せり。

もし両者男子のみか女子のみの場合には、この約束は消滅するなり）

（この風俗現今もなおインドに行わるる所にして、二婦妊娠するや、互に結婚の約束を為す者あり。

後日薩多婆佐の妻は一の玉の如き女子を生めり。この女子はかつて彼女の前生に、一の果物を阿羅漢に上りて、摩掲陀国の小児等を食う者と生まれんと呪願して生まれし者なり。彼女は甚だ美麗なりしかば、薬叉の種族は皆大いに歓喜せり。さればその名を歓喜作女《アーナンダカーラー》と名づけたりき。また般遮羅の妻に一の男子生まれたり。その名を般地迦《パンヂカ》と云う。また薩多婆佐の妻に一の男子生まれたり。この子の宿りし時、山辺に鶴鳴けり。またその生まれし時も、山辺に鶴が鳴きしかば、その名を薩多祇利《サタギリ》（Sata-giri サタ山の義）と名づけたりき。彼成長したる後彼の父母は死したれば彼はその家を続けり。而して彼の姉たる作歓女は喜薩多祇利に請うて曰く、王舎城中に生まるる程の赤子を皆奪い来れ、我は彼等を食わんと欲すと。薩多祇利答えて曰く、姉よ我等の父母は王舎城主頻毘沙羅王を始め大臣および人民に至るまで保護せりと聴けり。さればまた我等も彼等を護らざるべからず。たとい他より彼等に害を加うるもの来らんとも、吾等は加害者等と戦いて、彼等を守護すべきなり。汝姉よ、不正の心を起こすべからずと戒めたりき。

然れども彼女は宿願の力強くして、云何に戒飭するも、その欲望を阻止すること能わざりき。されば薩多祇利《サタギリ》は我彼女の悪望を阻止すること能わず。故に父の約束しある所に送嫁するに如かずと。人を般遮羅《パンチャラ》に派して曰く、作歓喜女は最早結婚時に近づきたれば、聚り呉れよと云い送れり。而して般遮羅は彼女を迎えて般地迦の妻となし、彼等は楽しく日を過したりき。彼女はその夫と親しくなるに随い、己れの悪性を発揮して曰く、大首府王舎城《ラージャ・グリハ》に住する赤子の生まれたる者を奪い取って食わんと云えり。般地迦は彼女を戒めて曰く、彼城は汝の生まれし処にして、汝の親戚の居る所なれば、他の者が害を為さんとも防護せざるべからず。されば決してさる不正の心を起こすべからずと、戒めしも。彼女は宿願の力強くして、夫に対して、無用の言を言うなかれと云えり。

彼女は五百の子供を得て、彼が家にて食物を得る能わざれば、一定の住所を定むること能わずして、林中より林中にと流浪して、妊娠の女がその子を生むや否や、その赤子を殺して食えり。而して王舎城の人々は、云何に防御の方法を講ずるも、遂にこれを阻止すること能わざりき。彼女は人の子を奪えば、世人は彼女を名づけて、奪女《ハーリティー》 Hārītī（意訳鬼子母神）と云う。されば妊娠の女は他に逃げんとすれば、彼奪女は怖ろしき姿を現わして、道を阻めば逃ぐる事能わざりき。故に王舎城の人々は、世尊に彼女を化導せん事を願えり。

世尊は彼女の住する処に行かれしが、彼女はその子の総べてと共に、赤子を猟さり食わん為めに、出で行きし後なりき。そこにただ一小児の遺れるあり。彼は彼女の最愛の末子なり。世尊は彼小子を大鉢の中に隠して、彼女をして見ること能わざらしめて、そこに置きたりき。奪女は帰って愛子を求むるに得ず。彼女は狂気の如くなりて、求むるも見ることを得ず。四方に隈なく求めて、妙高山頂に至るも、得ること能わざりしかば、彼女は有財城に行いて、薬叉の王毘沙門天王に願いしが、天土は世尊に願わば汝の子を得べしと教えられたりき。

彼女は直ちに世尊の前に至って、その子を与えられんことを願えり。世尊尋ね給わく汝に幾人の子ありや。彼女は五百人なりと云えり。世尊仰せ給わく、されば一人なくとも、別に歎くにもおよぶまじ。彼女はもし彼子歓喜を見ること能わざれば、余は血を吐いて死すべしと云えり。世尊曰く、汝五百人の子あれども、その中の一人を失う時は、これの如き憂愁あり。されば何故に他人の子を殺し食うや。彼一人よりなき所の子を殺食さるる時は、彼母の悲痛は云何ばかりぞや。汝、他人の子を食うことを全廃するにあらずんば、汝が子を得ること能わず。彼女は然らば妾は何を食うべきや。されば汝、我を教師とするなれば、我および我弟子が食する以前に、汝等に一握の食物を与うべしと命ぜられしかば、被女は堅く信じて、命の如くなすべきを誓えり。而して世尊は一握飯を与うることを許し給える、法会を定め給いしより、今に至るまで訶利帝母《ハリティボ》法とて、吾人は食前に一握の飯を、鬼子母神とその子等に与うる所の者これなり。ヤーセル、三五二丁、三五三丁

（ヤーセルには次いで劫賓那王の事を誌せども、これは既に第七十四節において、ラムナム・ンガパ

より訳出したる者なればこれには省ぶけり）

第八十四節　調有、憍賞弥《コーシャンビ》に伽藍を建つ。耆婆《ジーヴァ》小伝。世尊弥低羅《ミチラ》国に行き、菴牟羅林中に住し給える時、独り微笑し給えり。弟子等その故を問い上りしに、世尊は前生中に大神王と生まれて、ここに居られし時の本生を説き給えり。憍賞弥国に長者財宝と云う者、国事に勤めたりしかば、優陀耶王は彼を大臣となして調者と名づけられたりき。王は彼を試みん為めに、難訴を裁断せしめたるが、彼は毫も不正の事を為さざりしが故に、遂に王は大いに喜んで、調有に一の望みを満さしめんと云えり。彼は徳を積みたければ休暇を得たしと希望して、その願を許されたれば、彼は南方より来れる五百の仙人と共に、室羅筏悉底《シラヴァシティ》城に行き、給孤独長者に遇い長者の宅に宿れり。

長者は彼の意を尋ね、世尊の前に至って、説法を聴き、以て五百の仙人をして、出家得度せしめたりき。後に五百の仙人等は皆阿羅漢果を得たりき。而して調有は世尊に請うて憍賞弥国に遊化せられんことを願えり。彼は世尊よりその許可を得て、まずその国に帰り、給孤独苑と同じき伽藍を建築し、総べての庭苑荘厳に至るまで、彼祇苑精舎の如くにして、世尊を招待して、その伽藍を献上せり。世尊は調有が為せし七功徳を説法し給えり。

時にこの国の多くの大衆は、世尊を尊信せざりしが、貧女待作と云う者あり、彼女は深く世尊を尊信して、彼女の所有品を総べて世尊に献上し、一向に歓喜せり。長者は彼女を挙げて妻となし、その国人をして仏教に引入信仰せしめたりき。然れども信仏教者の微力にして、無信者の有力なりしかば、婆羅門《ブラフマン》等大いに歓喜せり。世尊は始めてこの国にて法を説かれし時は、帝釈天の姿を以てし、彼等の信解するに至って、仏相を以て説法せられしかば、六万二千の婆羅門は仏教を信ずるに至りたりき。

因陀羅《インドラ》王は阿闍世王と提婆達多《デーヴァダッタ》との我慢を少しく破りたりき。烏陀夷は花鬘比丘尼を接吻したる罪を、舎利弗《シャリープットラ》に謝罪懺悔して、教戒を受け、阿羅漢を証するに至れり。

この事よりして室羅筏悉底城の強壮なる娘は、例を烏陀夷に取りて、壮者に当りしかば、壮者は多く出家して、阿羅漢果を証するに至りたりき。波斯匿《プラセーナジット》王は自ら作れる布を世尊に献じて、世尊より教を受けたり。また祇苑精舎において、須末那子等卵生の人、十人出家得度して阿羅漢果を証したりき。世尊は舎利弗に対して、極楽浄土荘厳経《ズカハーワワチ・ヴィユハ・スートラ》（阿弥陀経）を説き給えり。迦毘羅《カビラ》城の豪商の子無負と云う者、母に邪欲を行じ、父を殺し、後に母の他に通ずと聞いて、母を殺し、僧伽の伽藍に火を放て、焼尽する等の悪事を為せしが、一旦改心して、出家得道し、自ら深く慚愧したりき。

摩掲陀《マガダ》国頻毘沙羅《ビンビサーラ》王と豪商の妻と通ぜしより、生まれし所の子あり。耆婆迦《ジーヴァカ》と云う、耆婆迦の母の父は無畏童子にして、深く医薬に通ぜり。母はその子をして、彼に就いて医学を学ばしむ。彼は頭脳を解剖して、脳病を医する等の事に通ずるに至れり。彼は後に賢作城（Takshashilā 咀叉始羅《タクシャシラ》は仏在世の当時大学の存在せし処）にて、一切衆生の言語に通ずる所の科学を修めたりき。彼は医術に非常に勝れたりしかば、最照王《プラバハ》等の大人を多く医療せり。彼は特に頻毘沙羅王《ビンビサーラ》の悪瘡を医せり。また阿闍世王が心臓病の為めに、死なんとせしが、それを医療して医王と云う称号を送られたりき。然りしより彼が名医たるの名は、広く天下に聞こえり。而して彼もまた学者としての我慢心を生ぜしかば、世尊は彼を薬の林苑中に卒れ行き、金剛手をして耆婆迦《ジーヴァカ》を守らしめ、彼にその薬苑に生ずる薬名とそれが功用とを、尋ねしに、彼はその中のある物は知れるも、他に知らざる者多くありき。世尊は彼れが為めに、その名と功用とを一々説明せられたれば、耆婆迦の慢心は消滅せり。

世尊御年七十一歳庚午の年、薬師瑠璃光如来の身を現じて、化現城市の荘麗なる処において、多くの仙人と、医王耆婆迦童子と内外の仙人等に対して、医療の秘経を宣説し給えり。時に医王は諦を証見せり。

世尊優曇波国の林中、壮若池側に居らるる時、四天王来て世尊に如意宝珠を献上せり。この四天王の中、持国天王と、増長天王とは中国の人にして、広目天王と多聞天王とは、辺鄙の生まれなり。世尊は彼等に対して、彼等各自の語に随って説法し給いしかば、彼等は皆諦を見たりき。世尊はまた彼等に我入滅の後は汝等仏法を守護せよと、命ぜられき。彼等は皆大いに喜んで、持国は東方を、増長は南方を、広目は西方を、多聞は北方を護らんと誓えり。而して世尊は重ねて彼等に属する眷属が衆生を悩まざる様に戒しむべしと命じ給えり。されば彼等は皆衆生守護の真言を上れり。ヤーセル、三五四、三五五丁。

第八十五節　指鬘婆羅門《ブラフマン》の化度、世尊過去仏の旧跡を指示す。室羅筏悉底《シラヴァシティ》城において、婆羅門の童子に無悩と云う者あり。彼は大力にしてまた敏捷なり。一跳以て空を翔ける鳥を捕え、その力大力士を仆すに足る。彼は大吠陀および科学等に学識深かりき。彼は甚だ美男子なりしかば、彼の師の妻、彼を恋慕して、邪婬を行ぜんことを迫りたれども、彼はその言を用いざりき。師の妻、はこれを含んで彼を師に讒誣して曰く、彼無悩は妾に貞操を破らしめんと迫れりと云えり。されば彼師は無悩を害せんと欲して、彼に教うるに邪道を以てして曰く、汝一七日の中において、一千人の首を斬り、その指を以て鬘となさば梵天に生まるべしと、二度まで説きしも、彼は用いざりしが、彼師は熱狂せしむる所の神呪を刀に唱えて、彼に渡したれば、彼は狂せる者の如く刀を持して、外に出でて遇う程の人を殺して、九百九十九人に至れり。彼はその殺したる人の指を以て、鬘を作りたれば、世に指鬘と称せられき。最早最後の一人となりたるが見出すこと能わず。斯くて彼は食物をも食せずして、狂奔せることを、彼母の聞いて、母は食物を持して彼の前に行けり。然るに彼は母をも殺さんとせしが、世尊はこの時、彼を化度する時の至れるを見て、普通比丘の姿を以て彼の前に現われたれば、彼はその母を追わずして、直に世尊を殺さんとせり。世尊は汝の心は欺かれたり等説かれしを以て、彼は夢の醒めたるが如く、その罪を悔い、刀を棄てて、世尊を礼拝して、仏に帰命すと唱えたりき。世尊は元の仏身を現ぜられたれば、彼は身を地に投げて、その罪障を懺悔せしかば、諦を見て、出家得度して阿羅漢果を得たりき。

時に波斯匿王《プラセーナジット》は指鬘の事を聞き、兵を卒いて、それを降伏する為めに来りしが、世尊は指鬘の本生を説明せられたりとは、普通乗に説く所の説なり。大乗の伝うる所に依れば、指鬘の名を聴きしのみにても、大いに恐れて妊婦は産ずること能わず。牝象も子を産むこと能わず。而して指鬘が殺生を棄てて、世尊に帰依したることを聞いて皆安産したりき。彼は鋭根第一の弟子と讃ぜられき。

世尊は吠舎釐《ヴァイシャーリー》国菴牟羅苑に行て、住せられしが、菴牟羅女と、彼家族たる多くの女子等は、共に盛装荘厳して、世尊の前に至って、明日昼飯を供養したしと願いて、その許可を得て喜んで帰れり。その後梨車蔑《リチャピ》族等はこれまた礼服にて、馬車に乗じて、非常に盛装して、世尊の前に至って、迦毘《カビ》羅子は偈を以て、世尊を讃せり。世尊は如来出世の五功徳を説き給えり。その翌日世尊は菴牟羅女の供養を受けて法を説き給えり。また阿難陀《アーナンダ》に命じ給わく、汝吠舎釐の門に入らば、これを唱うべしとて入城門の呪を授け給いて、入城せられしかば、大抵城内の病魔は消滅せり、世尊は奉迎せる梨車蔑等に御手を彼等の頭に安し給えり。梵天の願に依り、降伏大千の真言を説かれしかば、流行病魔は全く退散せり。後に梨車蔑等は広大なる昼飯を供せり。

祇苑精舎にて大神通を現わされて後、外道の逃避せし婆羅門《ブラフマン》の村に向て、ある時世尊の赴かれたるが、彼村人等は軍装して外に出で行けり。時に釈迦《サキャ》族の一老人は何事ぞと問いしに、彼等は憍多摩《ゴウタマ》を殺さんと云えり。老人は彼等を阻止せんとせしも、為し能わざりしかば彼は山林に火を放てり。その火は彼兵士を囲繞して、逃げ出でんとするに道なくして、ほとんど死に瀕せんとせり。時に世尊来て、火を消滅せんと云われしかば、彼は誠に善しと申上るや否や、その火は自然に消滅せり。されば彼等は大いに仏力を信じたるが故に、世尊は彼等に説法せられしかば、彼等は皆諦を見たりき。
世尊はロヒタ国の林中において、過去世の破輪廻仏《クラク・チャンダ》 Krakuchanda 漢訳惑障已断あるいは所応断已断とあり、漢音訳に拘留孫仏《クラクチャンダ》とある者にして賢劫中第一に出でられし仏の名なり）等三仏の居られし所なりと指示せられ、また世尊自らも居らるる事なればとて、この地方において、四仏の座を指示せられたりき。ヤーセル、三五五丁、三五七丁
（これインド諸方の仏跡に四仏座および四仏経行の仏跡ある最初の者ならんか、このロヒタ国と云うは、今のロヒニ河の東岸にして、ネパーリ国の平原地に属する、トーリワ郡一体の地を云う者ならんか、この地方に現に阿輪迦王の建てられたる迦那迦牟尼仏の石柱あり。その所在はトーリワ市北方四マイルの地にしてニグリワ・サーガラ池の西岸に横われり。またその西北二マイル余タライ大林中にも、二の塔跡あり。その地より南西南二マイルの地にテウラウラ・コートと名づくる旧跡あり。ピ・シー・ムカルジー氏はこの地を以て迦毘羅城市の旧跡なりとすれども、その跡余りに小さく且つ新しくして、またその位置は西域記に誌したる所と一致せざれば、迦毘羅城跡とする根拠なしとせざるべからず。特にこの地方をロヒタ国とする説の根拠は、阿輪迦王が四仏の旧跡を求めて、世尊の指示せられし旧跡たるこの地方に、四仏旧跡の石柱を建立せられしを以てを、明白なりと云うべし。西域記

巻三の四丁には盧醯咀迦《ロヒタカ》窣塔波の記事あり。その名はロヒタカなればロヒタと甚だ相似たり。然れざもこのロヒタカ塔は烏仗那《ウツデイヤーナ》国に在りて、世尊在世の時は神通力にて、行かれたりとの伝説ある外、実際に歩を運んで彼地に行かれしことなし。また彼塔の記事は慈力王の事を記せる者にして、四仏の旧跡に関することは全くこれなし。而してこのロヒタカは塔名にして国名にあらず。国名ロヒタは男性にして、女性語たるロヒニー河の語より出でし事、明らかなり。さればロヒニー河の流るる地方を呼んで、ロヰタと名づけし者ならんとする方、真に近きが如し。況んやこの地方に仏古跡の証表として、最古の一なる阿輸迦王の建てし石柱碑文あるにおいてをや。これロヒニー河の東岸なるトーリワ地方を以て、古代のロヒタ国ならんとする所以なり。）

第八十六節　無量寿経の説法、および貧女の一灯。世尊秣免羅《マズラ》国 Mathula 国を過ぎ給いし時、黒山緑林の高頂山と云うを見て曰く、我入滅百年の後、これに舞者と雄者の二人あって、これに伽藍を建立して、寂静清浄の精舎となるべし。烏波掬多（Upagupta 近密）と云う者あり、相なき所の仏陀なりと讖言せられたりき。

ここに住する婆羅門《ブラフマン》等は仏陀を敬せざれば、世尊のここに来られざらんことを請うと相談一結せり。時に青変と云う者にこの事を托して、世尊に奏せしむ。彼は世尊を見るにおよんで、信心発起こし、五百偈を以て、世尊を讃歎せり。世尊は法を説かれしかば彼は諦を証せり。また貧賤の老女あり、迦蔵伽羅《カツアンガラー》と云う。世尊を見るや否や、我子と云いて、世尊を抱けり。比丘衆等、彼女を制止せんとせしも聞かず。世尊曰く制止するにおよばず。この老女は五百生間の我母なりしなれば、その余習の然らしむる所なり。而して世尊は彼老女の為めに、説法せられたるに。彼女は諦を見て、出家得度して、遂に阿羅漢果を得たりき。尼僧中にて釈経第一の弟子なりと讃歎せられたりき。

世尊は般茶羅《パンチャーラ》（Panchāla 如意宝樹史《パクサム・ジョンサン》のサラット・チャンドラ・ダース氏のノートにはパンチャーラはマズラより西北方ヒマーラヤ山までの地を含むとあり）の恒河《ガンガー》の岸を下り行かれしが、一の比丘が世尊に請うて、簡約の法にて、阿羅漢を得るの法を示し給えと云えり。世尊は恒河の水中に一の浮木の流れつつあるを見て示し給わく、彼木にして、両側の二端に寄らず。また中央のある場処にも着かず。人あるいは非人が彼木を取ることなくば、彼木は大海に流れ出ずべし。これの如く汝も何れにも執着せざれば、涅槃那の大海に進入すべし等の事を広く説かれたれば、彼は遂に阿羅漢果を証したりき。ヤーセル、三五七丁、三五八丁

祇苑精舎において浄居の諸天人と大自在天との為めに、方広大荘厳経《ラリタヴィストラ》 Lalita-vistra を説き、霊鷲山《グリドラ・クータ・パルワタ》において、阿難陀《アーナンダ》の為めに無量光荘厳経（Amitabha-vyuha 即ち我が国の無量寿経）を説き給えり。波斯匿王《プラセーナジット》は世尊とその大衆とを三ヶ月間供養する為めに、その準備として多くの人々を使用して、喧噪の声外に聴えしが、貧女は聞いて何事ぞと尋ねしに、それは世尊を供養する為めなりと知

りて、大いに歓喜して、多くの家に乞うて少しずつの油を得て、それを灯明として世尊に上れり。また彼女は世尊の足を頭に戴きて曰く、我もまた釈迦牟尼仏の如く人寿百歳の時に、成仏せんことを誓願し上ると誓えり。その夜深更にして他の灯明は皆消えたるが、ただ貧女の上りし者のみ、甚だ明らかなる光明を放ちしかば、世尊はその灯明を見て眠り給わざりき。されば阿難陀《アーナンダ》はその灯明を消さんとして、法衣の端を以て、扇ぎ消さんとするも少しも消えず。世尊仰せ給わく、この灯光は大暴風の起こるも消すこと能わざる者なれば、他の云何なる方法を以てするも消すこと能わざるものなり。これ明確なる大信心の燃ゆる者なればなり。彼女が誓願せし如く、彼女は遂に釈迦牟尼仏となるべしと仰せられたりき。而して七日供養の間、彼灯光のみ特に大なる光明を放てり。

波斯匿王《プラセーナジツト》の一千の灯台を以て、灯明を献じ、諸種の供養を為せしが、王はその大供養に自ら傲りの心を生じて、謂えらく、我積徳の大なるこれの如くなるを以て、今こそ世尊は我に無上成仏道の授記を与え給うべきなりとて、その事を世尊に求めしかば、世尊は無上成仏道の徳本の広大無辺なることを説明し給えり。且つ示し給わく、三大阿僧祇劫に常に布施持戒等の六度万行を修め、諸仏に供養して後始めて得べしとて、仏本生の種々の修行を説かれたりければ、王は自らの積徳の慢心を消滅せり。ヤーセル、三六〇丁、三六一丁、

第八十七節　阿闍世王の化度。辺鄙の十六国の王等相集まりて阿闍世に対して決議して曰く、彼正義を

実行せし父王を逆殺し、世尊に対して供養を断ち、不敬のみを為せり。これの如き者は殺すに如かずと一決せり。時に摩《マ》掲《ガ》陀《ダ》国土には雨降らずして、雹霰下り、稲麦等を滅せんとせり。水道の水涸渇し、稀に水ある者には隣国王が毒を流したれば、飲むこと能わず。流行病繁生して死体市中より続出せり。王もまた大病の為めに犯されて、非常に苦悩せり。またその心悲痛に満ちたりき。時に韋提希夫人《ヴアエイデーヴイー》は王の前に行いし悪事を悉く数え、特に重きは、世尊の奉事供養を断ちしことにして、この度の災厄は皆この事より起これることなれば、早く世尊に懺悔すべしと勘告せり。されば王は特使を世尊に送れり。使者は世尊の前に至って来光あらんことを願えり。

世尊は阿闍世王化度の時至れるを見給いて、室羅筏悉底《シラヴアシテイ》城より摩掲陀国に行かれしが、天人等は風を起こして、総べての毒水を涸せしめ、新たに大雨を降らして、清水を総ての水道に満たしめ、稲麦の類を蘇生せしめ、且つまた流行病を消滅せしめたりき。また辺鄙の王等は世尊の同国に行かるることを知りて、兵を自国に還えしたりき。王もまたその病より愈えて、世尊を奉迎せん為めに、市外に出でて、仏相を看るや否や、直に信心を起こしたりき。世尊市門に入り給いし時、地震いて不可思議の瑞相現われたりき。王は三ヶ月間、世尊を供養せり。世尊は菴牟羅林中に夏安居を為し給えり。

仲夏の十五日、阿闍世王は大臣等と共に楼上に在りて、この吉祥日に当って、何事を為すべきか、各々その望む所を云えと命ぜられき。ある婦人は曰く五欲を恣にして楽むより善きはなし。ある者は曰く市街中は散策して、種々の物を見給うこそ善けれ。ある者は曰く、軍装整備兵鼓を打ち、敵を威嚇するこそ最も善なれなどと云う者あり。またある者は熱心に六師に供養するこそ、この吉祥日に相応する行為なれと、主張して皆各自の欲する所を云えり。独り耆婆童子《ジーヴァクマーラ》のみは、何をも云わずして、坐し居りしが、王は彼に問うて曰く、汝は何故に黙するや。耆婆曰く諸子の云う所は、皆天人の歓んで為す所なり。然れども余はただ菴牟羅苑に住し給える釈迦牟尼仏に、大供養を為さんにはと思えり。この建言、王の意に適いて、その事を行うことに一決せり。まず耆婆をして一大象に乗らしめ、彼に五百の大象を随わしめ、王はその後に行き、他の大臣等も一々象に乗じて、世尊の住せらるる処に行けり。時に王は途中において少しく疑念起りしが、世尊の前に至って礼拝して、比丘衆の威儀寂然として、具われるを見て、世尊に請うて曰く、我子優陀耶跋陀羅《ウダヤバハードラ》もまた彼比丘衆の如く威儀寂然たらんことを願うと云えり。次いで王は自らの疑念を述べ、世尊の説法を得て、伝心決定せり。

阿闍世王は以前に邪悪なる行為をなせしことを記憶して、泣涙潜々として曰く、世尊願わくば、父を弑せし等の罪を許し給えと。世尊仰せ給く、自ら罪悪の業を知りて、その罪を懺悔し、将来を戒むる時は、悪業を消滅して、善業を増進することを得べしと。王はこれに不変の信心を起こしたりき。世尊はまた彼比丘衆等に告げ給わく、この阿闍世王は自らの発意を以て、彼逆罪を犯せしにはあらざれども、少頃誘惑の業の為めに、彼が如き事を為せり。されども王は今、諦を見ることを得たり。その翌日王は大供養の午飯を、世尊および大衆に献じて、彼等を満足せしめたりき。王また自ら念ぜり、我は今後、云何なる処にあるも、世尊と離れざらんことを願うと云えり。世尊もまた彼王の念願を許し給いて、神通力にて彼王の前空に顕われ給いたりき。

その後阿闍世王は室羅筏悉底《シラヴアシテイ》城に兵を率いて、波斯匿《プラセーナジツト》王と戦争せり。而して波斯匿王は三度大敗せしが、一豪商が償金を出して平和を結べり。その後また戦いたるが波斯匿王は大いに勝利を得て、阿闍世王を擒にして、獄屋に投ぜり。世尊はこの事を聴き給いて、波斯匿王に命じて、阿闍世王を放ち、以前の如く、平和に帰せしめ給えり。

その後阿闍世王は癩病《らいびよう》を患い、多くの瘍疽身に発し、呼吸困難にして、心臓をも病みたれば、非常に苦痛を感ぜり。王は世尊の前に至って曰く、我は少しの食物をも食うこと能わず。また少しも眠る事能わず。起つにも起たれず。寝るにも寝られず。顔色これの如く青黒にして、咳嗽《がいそう》不断に起これば、最早死すべしと思う。なお悪徴の我心を責むる者あり。死後必ず地獄に生まるるならんと思う。我はこれに再たび悪業を作せし事を深心以て懺悔すと奏せり。されば世尊は王の心を憐れみ、神通力にて妙高山頂に行かれて、四天王に金剛全調伏の真言を与え、彼等をして王の身を洗わしめ、また普陀羅《ポタラ》山に行かれて、観世音菩薩獅子吼声の真言を、阿闍世王病悩平愈の為めに、唱えられたりき。ヤーセル、三六一丁、三六二丁

第八十八節　提婆達多《デーヴアダッタ》の随地獄。

阿闍世王は提婆達多《デーヴアダッタ》および彼の弟子に対する俸録を絶ちて、国外に彼等を放逐せり。而して提婆達多は室羅筏悉底《シラヴアシテイ》城に行けり。然れども波斯匿《プラセーナジツト》王もまた彼を放逐せしかば、彼はまた迦毘羅《カビラ》城に行て密女を従えんとして、彼女の許に行きしが、彼女は神通を現じて、彼に従わざりき。提婆達多は釈尊の弟子たる聖《シユリー・ウツパラ・ヴアルナ》優波羅伐那 Uppala-Varna を殺し、僧伽の和合を破り、悪心を以て如来身より血を出して、三逆罪を犯したれば、死後地獄に随つべしとて、心中憂悩を抱けり。時に後の悉地迦葉波《シツジカ・ララカツシヤパ》と云う者あり。波は提婆達多に対して曰く、死後何の世界かあらん。ただ空名のみなどと広く説きしかば、提婆達多の邪見は著しく増長せり。その後釈迦《サキヤ》一族の者等は彼に対して曰く汝、世尊に懺悔すべしと強く勧告せり。

その後提婆達多は犢牛臍《とくぎゆうせい》と云う毒薬にして、肌膚に触れんか、能く人を殺す力ある品を携えて思えらく、憍多摩《ゴウタマ》にして我懺悔を聴かば善し、聴かざらんか、この毒薬を彼の足に着くべしと決心して、世尊の前に至って懺悔したしと云えり。世尊は彼の心中を知り給いて、自らの御足を水晶の如くになし給えり。提婆達多は礼拝する如くにして、世尊の足下に屈みて、彼怖るべき毒薬を、世尊の御足に着けたりき。然れども彼毒薬は皆滑り散じて地に落ちたりき。されば彼は愧じて曰く、汝は常に宣言して証にてもあれ仏に帰依する者は悪道に落ちずと云えり。而して我今汝に帰依したればもし我にして地獄に堕ちんか、汝は大虚言者たるべしと云いて、彼は歩行して、外辺に赴けり。彼は精舎の外に出しが、地の罅裂《かれつ》よりして、地獄の火現われて彼の足に触るるが故に、彼はああ熱し、ああ熱しと叫んで逃げ走れり。然れども何れの地も猛火炎々たれば、彼は遂に大地の一穴に跳び込みたる。がその穴には無間地獄の猛火、盛に燃ゆれば、彼はその火に焼かれて、苦患の余りに泣きながら、阿難陀《アーナンダ》を呼びて曰く、我は骨髄の底より仏世尊に帰命し上ると云いて、彼が身は無間地獄に堕ちたりき。後に世尊は彼は一大劫の間、無間地獄に居りて後、彼が骨髄の底より仏に帰命すと云える因縁に依りて、骨有と云う独覚仏となるべしとの授記を与え給えり。

時に舎利子《シャリ・プットラ》と目犍連子《マウドガルヤーナ・プットラ》は無間地獄に提婆達多を訪問せん為めに、まず地獄に大雨を灌《そそ》げり。然れども地獄の火気の為めにその水空中にて乾涸して用をなさず。舎利弗《シャリープットラ》は地獄に水を満すの三昧に入って、彼等はようやく地獄に着きたり。而して目犍連子は提婆達多を呼ぶこと再度におよんで、彼は出で来て、両尊者の足を礼し、その苦患の極烈なることを説明せり。この無間地獄は何処にも熱鉄の大山あり。何処を奔るも、身を焼かれ、また身をば二枚合せの鋸《のこぎり》にて引き切られ、あるいは槌にて頭を打ち砕かれ、あるいは四方より猛象出で来て、身を粉末の如くに踏破粉砕せられて苦患無量なりと説明せり。二尊者は彼を慰めて曰く、これの如き無限の大苦は、畢竟世尊に大石を擲《な》げて仏身より血を出し、僧伽の和合を破り、また僧優多羅跋摩を殺し並びに財護を支嗾せし四大罪の然らしむる所なり。然れども世尊は汝が帰依仏と称えし善因を以て、独覚となるべしとの授記を与えられたりと告げたり。而して提婆達多は然らば我は忍んでその時を待つべしと云えり。
また彼の弟子哥迦利迦《コカリカ》の舌は拡大して、百の鋤《すき》を以て、田野を鋤《す》く如くに、鋤かれ居たりしが、彼は二尊を見て大いに怒れり。彼は元来他の人の善行を見るも、忿怒する者なれば、好意を以て来れる二尊者を見て、大いに怒って曰く、汝等二人の罪業者よ、吾地獄に生まるるも、なお汝等は見物に来れるか。斯く罵るや否や百鋤は変じて、千鋤にて鋤かるるに至れり。また彼後の悉底羯羅迦葉波《シッデーイカーラ・カッシャパ》はその舌上を千鋤にて鋤かれて、非常に苦しみ患る中より云えり。彼前生において、邪見の法を説きしが故に、今やこの不断の苦患を受受と云い、また彼の弟子もまた無量の苦患を受けつつありと悲しめり。ヤーセル、三六二丁、

第八十九節　吠舎釐《ヴァイシャーリー》共和国難攻不抜の七原因。世尊霊鷲山《グリドラ・クータ・パルワタ》に居らるる時、阿闍世王は婆羅作夏を送って、世尊に問わしめて曰く、我が兵を卒いて、吠舎釐《ヴァイシャーリー》国を降伏せんと欲す。世尊の意思云何と。世尊曰く吠舎釐国を降伏し能わざる七の原因あり。

第一　彼等は幾度か集会して、能くその意を通じ、行住坐臥および作業にも能く和合して住せり。

第二　彼等は願うべからざることを願わず。

第三　また願うべきことは、人皆集会して、意見一致して、法を作り、その法の如くに行う。

第四　総べての婦人は彼等の行くべからざる処には、行かず。

第五　少壮者は老者を敬い、言語を柔かにす。

第六　法を示す者には供養して、古来の善習を棄てず。

第七　阿羅漢を信じて奉事せり。

この中の善行その一を有するも、敗ること難き者なり。況んや彼等はその七を有する者においてをや。云何で敗ることを得べきやと命ぜられしかば、彼は外に出で行けり。

この時世尊は僧伽《サンガ》の敗られざる七原因を説明し給えり。初めの三は吠舎釐国の人々の守る所と同じ事なるが、後の四は一色欲の力に支配せられざる法を護持し二静寂処に住し三老阿羅漢に奉事し四浄行を同じく行ずる事なり。また次に不平等法として、法衣等の為めに奉事することを説き、普歓喜の法を示されたりき。ヤーセル、三六五丁

吠舎釐国人より特使を派して、世尊を招待せしかば、世尊は霊鷲山より出でて、杖林《イエスチ・ヴァーン》 Yeṣhṭivān に一宿し、次いで赤子村において、不謙遜の五罪悪を示され、謙遜の功徳を説き給いて、これに一日を過されたりき。その翌日婆羅門《ブラフマン》作夏の午飯供養を受け、市人の徳の意義および廻向等の法を示されき。次いで西門と云う恒河《ガンガー》の渡場に着いて、一瞬間に彼岸に渡り、それより北方の市街藁屋城 Triṇakuṭīr-pur を過ぎて、北方の沙羅《サーラ》林中に入り給えり。次いで世尊は比丘衆に学処を説くの功徳を説き給えり。また覆障《ラフラ》村に行き給いて告げ給わく、生あれば死あり、驚くべきにあらずとて、十二因縁順逆の法を

説明し給えり。後に世尊は吠舎釐《ヴァイシャーリー》城に行き、菴牟羅苑精舎に入り給える時、菴牟羅波羅女、並びに梨車蔑《リチャビ》等来り謁せり。また婆羅門《ブラフマン》迦毘羅《カビラ》は五百の上衣を供献《きょうけん》したるに、世尊は為めに五不可思議法を説かれたりき。同上同丁

当時世尊は獼猴池畔の楼閣に住し給えり。時に世尊は長者財有の午飯に招待せるを許容し給いしが、その後梨車蔑等また世尊を招待せんと請えり。世尊曰く明日は財有の招待に応じたれば、行くこと能わずと、ある梨車蔑は吾等は国民として、一団体を以て招待せり。従来吾人は個人として世尊を招待すること能わざるに、彼財有一人にて招得せし事なれば、法律に触れたりと云えり。またある者は云わく世尊は人中尊のことなれば、明日午飯の準備はこれを棄てて、また新たに為すべきなりと云いて、その事に決せり。

翌日世尊は財有の家の南門より入り給えば、財有は天上の美食、不可思議の盛饌《せいせん》を供養して法を聴けり。その翌日世尊は東門より入り給えり。長者の妻が世尊を招待して、前日の如く盛なる供養を為し、またその翌日は西門よりして、その子の供養に応じ、またその翌日世尊は北門より入られたれば、長者の母は世尊を招請して、盛大なる供養を為して、法を聴けり。然るに吠舎釐人は皆世尊を招待せられざるを怒りて曰く、財有のみに供養の徳ありて、吾人にはこれなし。吾人は彼の宅に行いて、その家を毀つべしとて、彼等はその門前に至れり。時に世尊は財有に命じて、一般の吠舎釐人に謝せしむ。財有は外に

出でて謝し、彼等を内に導けり。彼等は財有が広大不可思議なる供養を為せるを見て、大いに讃歎随喜《さんたんずいき》せり。ヤーセル、三六五、三六六丁、

また六十年間、母の胎内に居りし子の生まれし者にして、老生と云う者あり。出家得度して阿羅漢果を証せり。ヤーセル、三六四丁、

第九十節　毘盧択迦《ヴィルタハカ》王釈迦《サキヤ》一族を鏖殺《おうさつ》す。波斯匿《プラセーナジツト》王の末子毘盧択迦《ヴィルタハカ》 Virūdhaka の臣、母害と云う者、父王と毘盧択迦との間を不和ならしめ、彼王子をして、波斯匿王の王衣王冠を奪い、他の五王子を遠謫《えんてき》せしめたりき。王は自ら世尊の前に行き、その事情を述べて、世尊より法を聴けり。もし波斯匿王にして王位を譲ることを拒みしなれば、王子は直ちに父王を弑《しい》せんとする勢なりしを以て、已むことを得ず、王位を譲れるものなりき。

毘盧択迦は母害の功を賞して彼を大臣となせり。彼が大臣となるや、毘盧択迦王に釈迦一族を殲滅せんことを建言せり。されば毘盧択迦王は四兵を招集して、戦争準備を整えて、迦羅城に向て進軍せり。世尊は釈迦一族の、未だ諦を見ざることを、観じ給いて、王の進軍を阻止せんと願われ、王が進軍の道傍において、葉落ち、技顕われてほとんど蔭なき樹の下に坐し給えり。

毘盧択迦王、世尊を見て、問うて曰く、何故に世尊は、善き蔭ある樹を措いて、これの如き樹の下に、坐し給えるや。世尊曰くこれ我が親戚等の生まれたる処にして、親戚等の香臭は誠に冷しく感ずるなり

と。この答に依って王は世尊が彼親戚等のこの枯木の如くならんことを、憐愍《れんびん》せられたるなりと思いて、その兵を還えせり。

世尊は釈迦一族が諦を見ずして、毘慮択迦王の為めに、鏖殺《おうさつ》されんには、彼等は大なる苦痛を受くるに至らんことを、思惟して、迦毘羅《カビラ》城に行て、尼拘盧陀精舎に住し給い、薩埵因陀羅戸迦《サットワインダラーシカ》に対して、布施波羅密多を説示せられしかば、釈迦一族の従来諦を証見せざりし者は、大抵皆証見するに至れり。

時に母害は毘盧択迦《ヴィルタハカ》王を煽動して曰く、世尊は愛欲を離れたれば、親戚に対して顧みる所あらずなどと、頻りに鼓舞せしかば、毘盧択迦王は再び兵を率いて、迦毘羅城に向えり。然れども釈迦一族は決して抵抗せずと一決せり。

而して釈迦于波釐勢羅《シャカウッパラ・セイラ》と云う者等は、危難を怖れて、迦毘羅城にあるも戦慄せり。されば釈尊は御身の項髪指爪を与え給いしが、彼等はそれらを持ちて、婆拘《バーク》と云う国に行きて、その国にて項髪塔を建立せり。

釈迦一族が大抵毘盧択迦王の為めに殺されたる時、世尊は頭痛を悩まれたるが、これに依って、七万七千の衆生を化度せられたりき。それより室羅筏悉底《シラヴァシティ》城に行かれて、大衆に告げ給わく、毘盧択迦王は七日の後、地獄に生まるべしと讖言し給えり。而して阿難陀《アーナンダ》の妹の子二人を保護せられたりき。

ヤーセル、三六四丁

霊鷲山《グリドラ・クータ・パルワタ》において、緊那羅の王樹幹と云う者あり。彼は菩薩の道行等を立琴の音声より説明したれば、世尊はその経を阿難陀に付属し給えり。また世尊は恒河《ガンガー》の岸において、広博仙人問経を説き給えり。

同上同丁

（広博仙人《ヴィヤサリシ》 Viyasa-Rishi は普通に摩訶婆羅多《マハーバハラータ》大史詩の著者なりと信ぜらるる者なり。然れどもこの名に二十一ヴィヤサと伝えて、何れか大史詩の著者なるか判然せず。仮りに第一のヴィヤサを以て、大史詩の最初の著者なりとするも、その後のヴィヤサと称せらるる者は、何れも皆大史詩中に、自作の一詩を編入せし者なるべし。而して釈尊の説法を聴きたるこのヴィヤサは何代目なりやは固《もと》より不明なりと云うべし）

第九十一節　妙法蓮華経等の大乗経を説く。

世尊は霊鷲山において、月光童子の為めに、三昧王経 Samādhi-rāja を説かれたるが、その中において、童子は世尊をその宅に請じて供養し、復び霊鷲山に帰って、世尊は乾達婆《カンタルヴァ》の弾奏する立琴の楽供養を受け給いて、前経の終わりを結び給えり。また龍王大海に対して大海龍王問経を説かれ、再び彼の招待に応じ、大海の岸に至って、彼が供養を受けて、成菩提の授記を与え給いたりき。

而して世尊は霊鷲山に行かれて、舎利弗《シャリープットラ》等の為めに、妙法白蓮華経《サツダハルマプンダリカ・スートラ》 Saddhalma-Pundarika-Sūtra を説いて、多くの大衆に、成仏の授記を与えらるる等、多くの仏行を現示し給えり。

長者の子善財童子の師、普賢菩薩は、その弟子の為めに普賢の行願を説示して、尼連禅河よりして、婆羅痆斯《ヴァラナシー》に行き、金剛手をして大衆を集めしめし為めに、神変経を説き給いて、金剛手に付属し給えり。世尊は霊鷲山《グリドラ・クータ・パルワタ》にて、無垢清浄宝王菩薩に十法経を説き給い、賢護菩薩の為に、現今如来在住三昧経を説き給いて、これらを阿難陀《アーナンダ》と後迦葉波《カシャパ》に付属し給えり。また大雲菩薩に対して、世尊は如来大功徳の大雲経を説き、また美頂菩薩と無浄菩薩等と四仏の請に依って、金光明最勝王経を説かれたりき。

世尊は金剛手をして、寂智の為に、秘密不可思議経を説かしめ給えり。世尊は浄居天に行かれて、金剛手と曼珠師利《マンジュシリー》との為に、大方広華厳部中の曼珠根本解を説き、それより弥勒《マイトレイヤ》獅子吼声経を説き給えり。迦毘羅《カビラ》城において、大愛道比丘尼および彼女の大衆、並びに天人等は世尊に対して、一劫波《カルパ》の間、在世せられんことを願えり。世尊曰くこれの如く為すべからず。声聞と斉しくあらざるべからずと。而して次の入定時の間において、大愛道比丘尼は神通を現じて、涅槃那に入り給えり。これとほとんど同時に、祇苑精舎において優陀夷《ウダイ》は入寂せり。ヤーセル、三六三丁。

第九十二節　仏陀の示病、牛角山の讖言。世尊御年八十歳巳未の年、杖林城の北方、沙羅《サーラ》林中に住せらるる時、大患を病まれたり。阿難陀、世尊に奏して曰く、我は甚だ憂う。世尊は比丘衆に遺言を為し給わずして、入滅せられざらんことを願うと。世尊曰く、我は最早八十歳なれば、随分年老いたり。我また常に観ずる菩提の三十七道品は幾度か説きたり。諸行の破れざる者は何処にもあることなしと説き給えり。阿難陀は我の修法を導き給え等と願いしかば、世尊は汝憂悲することなかれ。一心に精進せにとの給いて、病悩もまた平愈せられたりき。

世尊は摩羅（Malla 大力士国）の罪有村に行かれしが、途中五百の力士集まりて、大巌の路に横われるを、除かん為めに、皆力を共に尽して動かさんとするも、動かすこと能わず。時に世尊は右手の大指を大巌に触れて、空中に投げ、それを空中にて粉砕して、微塵となして地に堕し給えり。力士等はこの微塵は何ぞやと世尊に問えり。これ前の大巌なりと答え給えり。力士等問うて曰く、この微塵を元の如くになし得べきか。世尊はそれを元の大巌となして通行の妨とならざる処に置き給えり。力士等は世尊に対して、その能くこれの如くなる所以を問えり。世尊曰く、その大巌を空中に投げたるは明王明妃の力にして、神通力にて、大巌を空中に粉砕せり。而して復び元の如く集めたるは、積徳力の致す所なりと説き、この大巌の大きさは劫初の人の大きさに同じと説かれたりき。されば力士等は大いに信心を起こして、彼等自らの大力者たる我慢心を消滅せり。而して世尊は聖放巌経を説き給いて、彼等をして信法心を発得せしめられき。世尊は拘舎利村において舎利弗《シャリープツトラ》の病を治し給えり。以前にも世尊は青銅国（蔵語リーユル）の事を大いに讃ぜられたるが、この時に青銅国《リーユル》の牛角教示山《ランル・ルンテン》を多聞天王と普勝とに托し給えり。阿闍世王の夫人の娘、無垢光薩埵《サットワ》およびその兄弟等は、彼青銅国に生まれて教法を護らんと誓願せり。世尊は問無垢天女経を説き了って、牛角教示山の近傍なる四仏の窣堵波《ストウッパ》たる憍摩薩羅乾陀《ゴマサラ・カンダハ》に空中より行き給いて、我入滅後百年を経て、これに仏法を播布すべしと讖言し給えり。ヤーセル、三六六丁、（西蔵語の青銅国《リーユル》と云うは、梵語に Kansha-desha と云い、西域記第十二巻十四丁以下に、瞿薩旦那国として、長き記事あり。また法顕伝二丁に于闐国 Yutein とあるものにして、今の屈丹あるいは豁旦と誌せる者これなり。玄奘の記する所に依れば、王は甚だ驍武《ぎようぶ》にして、仏法を敬重せり。自ら言う、毘沙門天王の祥胤なりと、昔はこの国虚曠《きよこう》にして人なし。毘沙門天王これにおいて棲止す。（大唐西域記巻十二十四丁）

また曰く王城の西南二十余里にして、瞿室餧迦山《ゴーシリンガ》 Goshringagiri あり。唐に牛角と云う。山峯両つに起って、巌嶮四もに絶えたり。崖谷の間において一の伽藍を建つ。その中の仏像時々光りを照せり。昔は如来当ってこの地に至って、諸の天人の為めに法要を説き、懸かにこの地を記す。当《まさ》に国土を建てて、遺法を敬崇し、大乗を遵習《じゆんしゆう》すべし。また曰く牛角山の大巌に大石室あり。中に阿羅漢の滅尽定に入って、慈氏仏を待てるあり。同上十六丁、十七丁、

而して玄奘の記にゴマサラ・カンダハの塔の記事なし。これに似たる塔の記事と思わるるものあり。これに引用せん。王城の西五六里にして、婆摩若僧伽藍あり。中に窣堵婆《ストウツパ》あり。高さ百余尺、甚だ霊瑞多くして、時々神光を燭《とも》らす。同上十八丁

これをゴマサラカンダハ塔とする時は、玄奘の瞿薩旦那国は西蔵伝の青銅国なる事明白なりと云うべ

し。然るにこれに一の疑問を起こさしむる者あり。それはネパール国のスワヤンブ塔縁起に依れば、青銅国はネパール国の事にして、牛角教示山《ランル・ルンデン》は龍樹《ナーガール》が嶽《ジュン》とし、ゴマサラ・カンダハ塔はスワヤンブ塔なりとせり。而して現今の西蔵人、シキム人、ブータン人等は、現にこれの如く信じて、日常の談話にもまたネパール国を青銅国と云い、龍樹《ナーガール》が嶽《ジュン》を牛角教示山《ランル・ルンデン》と称して、その原名たる龍樹那《ナーガルジュナ》と云う名を知らず。またこの山の龍樹菩薩の旧跡たる因縁に依ってこの名の遺れることをも知らずして、ただ牛角教示山《ランル・ルンデン》と呼ぶことを知るのみ。而して現今ブータン国王が、スワヤンブ塔寺の住職を任命する辞令書には、何某をゴマサラカンダハ塔寺の住職に任ずと誌せり。（この塔の処在地はネパール国の首府カタマンドの附近にあれども、その塔寺の支配権はブータン国王に属せり）さればこの三国における一般の学者等は、青銅国を西蔵の西北なる屈丹に置くことは、夢想だもせざる所なり。これの如く西蔵人等は信仰を以て、ネパール国を以て青銅国となすといえども、前記ヤーセルの説く青銅国の説明と大唐西域記の記せる瞿薩旦那国の記事とは符節を合せたるが如くなるを見ても、その説の全く根拠なきこと明瞭なりと云うべし。彼スワヤンブ塔の縁起の如きは、後世の附会説にして、取るに足らざる者と云うべし。而してネパール国を以て、曼珠菩薩創開の国とすることあれども、毘沙門天王の国とすることは、未だ何れの書にも見ざる所なり。然れども瞿薩旦那国に至っては玄奘の記する所の如く、多聞天王の国とすること明らかにして、蔵伝の世尊が青銅国を以て、多聞天王に托したる記事

と一致する者なれば、蔵伝の青銅国は玄奘伝の瞿薩旦那なりとする所以なり）

第八章　釈尊入滅の宣言より入滅に至る

第九十三節　釈尊入滅の宣言、舎利弗《シャリープツトラ》、目犍蓮《マウドガルヤーナ》等の入滅、世尊大迦葉波《マハーカシャパー》に正法を付属す。

世尊は再び竹林《トウエーヌヴァナ》精舎に行き、次いで獮猴《びこう》池側の楼閣に住し、食を乞い給えり。次いで漕波羅塔《ツアパラ・スツーパ》Tsapala-stūpa の前にて、如来は阿難陀《アーナンダ》に対して告げ給わく、如来は四神足を得てより、最早一劫波《カルパ》を経たれば、如来にしてその請を容れんか。一劫波の間、住し得べしとこれの如く三度告げ給いしも、阿難陀は悪魔に覆われて、何事をも請い上らずして、却って樹下に至って眠りたりき。

時に魔王は世尊の前に至って曰く、尊者よ汝かつて成仏の時、我は世尊の速やかに般涅槃に入られんことを願いしに、世尊は四衆清浄行を行い、天上人間の衆生仏徒とならん時まで、涅槃に入らざるべしと命ぜられしが、今や既に命の如くなりたれば、入涅槃の時は至れりと奏せり。世尊は汝の言の如しと命ぜられしかば、彼は大いに喜べり。然れども梨車蔑《リチャピ》の鍛冶工純陀《チユンタ》が、涅槃に入り給わざらんことを願いしかば、両者の意を満たしめんが為めに、寿命の行集を捨てて、養命の行集を冥加せられて、今より三ヶ月を経て、般涅槃に入るべしと宣言し給えり。

時に地大いに震い、流星諸処に落ち、凶相現じたるが、阿難陀は睡中、完全なる大樹が風の為めに折られて、大いに憂慮せる夢を見てありしが、大地の震えるに夢醒めて、世尊に何事ぞと問い上れり。世尊は我は三ヶ月の後、般涅槃に入るが故に、地震えるなりと説かれしかば、阿難陀《アーナンダ》はなお一劫間、世尊の御在世あらんことを願えり。然れども以前に願わざりしが故に、今や宣言し了れりと云われき。菴牟羅苑において、梨車蔑《リチャヴィ》族の無垢威厳と云う者に、信心を確得せしめ、また目犍蓮《マウドガルヤーナ》の為めに、一切福徳完集三昧経を説いて、阿難陀に付属し給えり。また曼珠、無欲の二人に成菩提の授記を与え、また菴牟羅波羅女は、世尊の入滅近しと聞いて、恭敬奉事して、菩提心を発せり。また獮猴池側の楼閣において、舎利弗《シャリープットラ》の為めに、獲得無量門の真言を説き給えり。

次いで世尊は霊鷲《グリドラ・クータ・パルワタ》山に行いて、阿難陀に対して、父母報恩深重経を説き給い、御身より光明を放って、地獄を照らし、提婆達多《デーヴァダッタ》をして安ぜしむ。次に世尊は王舎城《ラージャ・グリハ》より拘尸、那掲羅城に行いて、般涅槃に入らんと告げ給いて光明を放ちて、悪道の苦を滅せしむ。また虚空蔵菩薩の為めに、大方広解脱経を説いて持真言菩薩に付属し給えり。これの如く長時を経ずして般涅槃に入るべしと告げられしかば、舎利弗は地に仆れたり。彼は少頃して起ちて、阿闍世王、長者等、並びに七百の阿羅漢と共に、世尊に入滅せられざらんことを願いしが、世尊は諸行は無常なりと、説かれて許されざりき。されば舎利弗は空に上り、自身より火を発して入滅せり。舎利弗涅槃に入りたれば、八方の阿羅漢もまた入滅せり。さればは阿難陀は狂気の如くなりて、世尊に舎利弗の如き者を化して、教法を護持する様になし給えと願えり。その日の午後目犍蓮もまた入滅し、同時に七百の阿羅漢も入滅せり。而して世尊は給孤独長者に命じて、舎利弗の遺骨の窣堵婆《ストウツパ》を建立せしめられき。次いで長者の夫人有曼は同塔前にて大供養を行えり。世尊は惹那薩埵《ギヤーナ・サツトワ》に対して、大秘密行方便経を説き給いて、阿難陀に付属し給えり。婆羅門憍陳如《ブラフマン》は生まれたる所の一握の土を、世尊に献ぜしに、これを受けて彼は後世仏舎利の大塔を建つべしと宣言し給えり。

世尊は霊鷲山において、大迦葉波《マハーカシャパー》に告げ給わく、我入滅の後は、汝は仏法の教主となって、三学を結集し、阿難陀の阿羅漢を得るに至るまで、涅槃に入る事なかれと付属し給えり。また阿難陀に対しては末田地迦の出家得道に至るまで、涅槃に入らずして、汝は彼にフルンダを化して、カシミール国の教法を持たしむる様に告ぐべしと。また世尊は大迦葉波に命じ給わく、汝今より諸方に行き、諸阿羅漢等に入涅槃することなく、また憂慮する事なき様にせよと告げられしかば、皆その命の如く為すべき事を奏せり。ヤーセル、三六六丁、三六七丁

第九十四節　聖米丘塔《シリーダーンニヤカタカ》および曼荼羅の説明。過去、迦那含牟尼《カナガムニ》仏の時、道果を得たる瑜伽仙人が、十二日間行程の地において、籾米の雨を降らすこと三尋、天人の神通を得たる者等は集まりて、その米を一処に集めて、窣塔婆を建立せり。その塔の大円壷形台の中に時輪の曼荼羅にして、完全に円成せる所の結界二あり。上部は法界の語自在にして、下部は金剛界の曼荼羅なり。大円壷台の上部方形の四側面には、ヴィシュヌの献上したる瑠璃の宝壷一千八百並列せり。また塔基の上の辺端には、浄居天の五義吉祥主が、

久良摩珊舎《クラマシルシャ》の宝石を以て建てたる二十八の窣塔婆《ストウッパ》あり。その宝石塔には二十八宿の星を表したる柱を、一塔に一本宛、安置せり。

ある歴史家の説に依れば、ヴィシュヌ、六薬、梵天、自在天が宿星を表する為めに、各々七個宛を建てたれば、二十八宿となれりとせり。また塔基の下には四天王の献じたる七宝の集会所五十ありと伝えらる。その上には大塔を囲繞する道あり、長さ六瑜膳那《ヨージャナ》と一拘盧沙《クローサ》あり。塔の自体は現今も見得る如く、土にあらず、石にあらず、また煉化にあらず。少しく距離を隔てて見る時は、大鳥羽の上衣に、下に法衣の筋目の如き模様と唐模様の如き者あり。その外には水昌《すいしょう》にて製したる曼荼羅供五十台あり、また三十七種の八葉蓮華あり。大海に住する龍王の献じたるものなり。また塔自身の外部を廻れる墻壁《しょうへき》の外に、四拘盧沙の間を隔てて、外囲墻壁の長さ百瑜膳那なる者あり。その内に伽藍あり、瑜伽行者の家宅庭苑あり、市民あり、市場ありて、一大驚愕すべき構造なり。

その後波羅弥多羅《パーラ・ミットラ》王 Pāla-mitra は行程十二日間ある長距離の墻壁を建て、中に大人二人の量の白塔を作り、その外部に百個の塔を廻《めぐ》らし、三段となし、四門を造れり。東門には怒王《ナータハ》の像あり。門の内には皆大市より集まり来れる五十万人ありて、多くは無信の蛮人なり。西南隅の祠堂には、観世音菩薩の白石の像等あり。その辺の樹下、あるいは小舎には諸神の像あり。草屋には多くの瑜伽行者住せり。彼等は各々大自在天、あるいは梵天、あるいは波爾婆底《パールヴァチー》（Pārvatī 自在天の妃）等、各自の信ずる神を奉じて念願し、内外普通に多数の人々が四方の門より供養念願せり。

彼等の中には自己の手足耳指等を切断して、それらを布に包み、油に浸して、供養する者あり。また身体を供養する者あり。これらの事は多くは特に八日、十日、十五日の暁明を択んで、大いに行えり。

この霊場の外部において、西北あるいは北部より、右繞《うにょう》する大河あり。その名を恒河《ガンガー》と云う。また辛度河は西南より左繞《さにょう》して流れ去る。この河中を遠くよりして見る時は、水中に半ばは沈み、半ばは浮き上るが如き、奇異の窣塔婆あり。これ聖米丘塔《シリーダーンニャカタカ》なり。ヤーセル、三六七、三六八丁

（聖米丘塔《パルデンデープンギ・チヨエデン》）とは梵語 Shrī Dhānya-kataka の直訳にして、南インド、ベズワタ市の西方約十八マイルを隔てたる、クリシナ河の南岸に、存在する所の旧跡、アマラ・ヴァティ Amāravati［不死の都］と云う所に当れり。現今は米丘塔《ダハーニャ・カタカ》と云う名は遺存せざれども、ダハラニコタ Dharaṇi-koṭa 陀羅尼囧と云う名の存せり。これダハーニャ・カタカと云う名の転訛音にあらざるか。何れにしても現今のアマラヴァティには多くの塔跡古物ありて、古昔の米丘塔に相当する証左あり。ただ蔵伝に恒河と誌したる河はクリシュナ河にして、辛度河《インダス》と誌せるものは、アマラヴァテイの西南より流れて旧跡を左繞して流れ去る小河を云うなり。インドの俗、大なる河あるいは霊地の小河を呼んで恒河としあるいは辛度河と称して怪まざるなり。されば西暦十一世紀の頃、西蔵人が同霊場に参拝せる際、この地の土人より、かく告げられしを以て、前記の如く誌したるものならんか。あるいはインドより西蔵に

至りし高僧善知識の告げたるままを誌したる者なるべし。）

第九十五節　世尊西蔵新派の依経たる時輪秘経《カーラ・チャツクラ・タントラ》を説く。

世尊は庚辰の年、神通力を以て、聖米丘塔《シリーダーンニャカタカ》に往かれて、金剛獅子座に東面して坐し給えり。時に四蔵の北、雪嶺の南にある幸福生国《シャンバラ》（Shambhmla）に月賢と云う王あり。この国の周囲は三千瑜膳那《ヨージャナ》の雪山脈を以て囲めり。その形あたかも八葉蓮華の如く、その一葉中にも猿猴、黄木蓮、蓮金、攻撃等の市街千万あり。一部に十二ヶ国宛あり。これらを一々管治するは、菩薩の化身たる天人、夜叉等なり。而して全土の中央なる臍の処にカイラシャ Kailasha と名づくる土地に、神の建立したる市街あり。その中にカラーパと名づくる宮殿ありて月賢王の住する処なり。夫人は完離障菩薩の化身にして、日光完勝と云い、太子は金剛手菩薩の化身にして、金剛月と云う。大王自身は無垢清浄の光を有すれば月賢と称せらる。九十六ヶ国を統一して、その命令の如くに支配せり。

彼王九十九歳の時、宝の法輪を以て、九十六ヶ国の王に囲続せられ、天、阿修羅、托枳、托枳尼女天等、無量の衆にも囲続せられて、神通力にて世尊の前に来たれり。王等は如来を右繞恭礼して、曼荼羅供養を前行として、如来に上れり。

（曼荼羅供養とは、盆上に宝石五穀等を以て、須弥山形を作りて、宝荘厳の全世界を以て、如来に供養することを云うなり。されば真言密教における金胎両部の結界を表する曼荼羅にはあらざるなり。）

また世尊の蓮足下に宝蓮華を供え、幾度か礼拝して曰く、世間と出世間との両意義を全うする所の実義を教示せる所の金剛乗を説き給えと願えり。而してこの塔内の曼荼羅の構造は、下は法界語自在の曼荼羅にして、十二種の正意を有する者あり。その上には、吉祥星宿の曼荼羅あって、十二種の我性を表し、大最勝楽の処、金剛界の大曼荼羅中に、仏陀、菩薩、忿怒明王、托枳、托枳尼天女等、世界の微塵数に斉しき眷属、集まりたる者に対して、世間諦と出世間諦とを以て、灌頂して、諸々の眷属に成仏の授記を与え給えり。

而して月賢王は礼拝し、胡跪し、合掌して曰く、総ての秘密経中の金剛語を残らず明らかにする仏陀の宝函を全く開きたる者を示し給えと願えり。されば世尊はシャンバハラ国に住する心清宿善の者等に対して、金剛語の全真義を顕露せる所の根本最勝秘経最初の仏陀を説明して、一万二千偈を示し給いたりき。ヤーセル、三六八、三六九丁

（最初の仏陀を説明したる経は時輪経なり。而してラムナム史においては、第七十三節において説明せし如く、世尊のこの経を説きしことを誌せしも、これに訳せるヤーセルとは少しく異なる所あれば重復の嫌いあるに拘わらず、これに誌せるなり。その異黙とはラムリム史は前記の如く世尊五十八歳、丁巳の年に時輪経を説きたりと、誌したれども、ヤーセル史は庚辰の年と誌して、世尊幾歳の時と誌さず。これを推算するに、五十八歳を丁巳とすれば、庚辰は世尊八十一歳の時となる。而してある歴史家の如く世尊の入滅を八十歳とする時は、前記八十一歳説経説は根拠なきこととなるなり。然れど

も蔵伝の主なる者は皆世尊八十歳を過ぎて八十一歳の四月十五日に入滅せりとあれば、ヤーセル史の八十一歳説経の事も強ちに否定すべきにあらず。時輪経を五十八歳の時に説けりと誌せるラムナム史も、世尊の入滅は八十一歳庚辰の年なりとせり。）

また世尊は他処においても、多くの秘密真言を説き給いて、これらを総称して金剛乗と名づけて、総べてを金剛手菩薩に付属し給いたりき。ヤーセル、三六九丁

第九十六節　入楞迦経の説法、古派依経の説法。それより世尊は大海中に行いて、龍族等の為めに、龍心経を説き給えり。而して瞻部洲《ジャンブ》の外なる東南の島にして、古来羅刹鬼の住する楞伽島《ランカ》（今のセイロン島）あり。後に船長獅子《シンハ》がこの島を得しかばシンハラと名づく。中に四個の八葉蓮華の如く広がれる摩羅耶山あり。世尊はその中の山形丸くして、六楷段ある者を見て微笑して、楞伽島が瞻部洲よりも宝石の多き所以を説き給えり。

而して楞迦島《ランカ》の王十頭発声王 Ravana は世尊を摩羅耶山に招待して、大慧菩薩の間に応じて、世尊の説かれたる経を、入楞迦経と云う。外部は山にして、内は法界宮殿たるこの名跡において、無垢梨車蔑《リチャビ》等の真言族の為めに、多くの秘経を説かれたりき。

ある者は説を為して曰く、楞迦に行くといえども、我は空を行くなりと云われしを以て見れば、この時直ちに神通力にて、托枳尼天の浄土、烏仗那《ウツデイヤーナ》国に行かれて、因陀羅菩提《インドラブアーニイ》大王の為めに秘密王経集を説

かれたりと云えり。
古派の金剛乗は無碍の道場において、完全に成道せられたる法身の加持身にして、吉祥普賢仏と現われたり。報身の随縁は、五智の仏陀と現われたる法爾なり。それよりして応身の随縁は所化の必要に依って現わる。彼阿迦尼瑟吒天《アカニスタハ》の楼閣即ち浄居諸天族の住処に金剛薩埵《ヴァッザラサットワ》と現われ。また六道一々の衆生を化する為めに、一々の世界に無数の姿を以て現われ。彼等各自の欲望と一致したる法を無量に宣説し給える主は、人中の牟尼即ち勝者あるいは応身釈迦牟尼仏と称せらる。而して応身仏の説かれたる真言中、夜摩王の秘経を最初に説かれたりとは、古教派の伝説なり。また同派の伝説に依れば、他の多くの法輪も、入涅槃前三ヶ月の間に説かれたりとあり。それらの経中の主なる者を云えば。

問金剛手集経　二万五千偈。
神変荘厳経　一万六千偈。
四諦根本秘経　一万二千偈。
仏陀頭脳根本経　二万二千偈。
摩訶摩耶根本秘経　一万六千偈。
種々容女問瑜伽随智秘経　三万六千偈。
金剛聖母問最勝安楽明説秘経　十万偈。

金剛蔵問呼嘆《ヘイヴァツザラ》金剛経　　五十万偈。
摩々枳《ママキ》女天問金剛甘露秘経　　一万二千偈。

等あり。この外瑜伽行者と、瑜伽行女との秘経を、無量に説かれたりき。ヤーセル、三六八、三六九丁（これに偈と云えるは経中の文字を数うる量の単位を云うなり。而してその一偈とは八字一句を四句集めて一偈と云う。即ち三十二字を一偈とするなり。故に経中の文体は四字一句のもの、あるいは五字の一句の偈、あるいは散文とても皆三十二字を一偈として、数うるなり。あたかも般若八千偈は文多く偈少けれども、前記の如く計算して、八千偈の字数あるが故に然かく称するが如し）

第九十七節　世尊有金河を渡って、入涅槃地、拘斯那掲羅《クシナガラ》城に向う。

世尊は吠舎離《ヴァイシャーリー》国に行かれて、これ我吠舎釐《ヴァイシャーリー》国を見るの終わりなりと仰せ給えり。それより普利茶《プリジャ》 Prija 留多羅《ルットラ》 Rutra 等の地を経て力士国《マッラ・デーシャ》 Malia-Desha 拘斯那掲羅《クシナガラ》城に行かるる途中において、背部の病苦を感ぜられたり。而して有金河にて、御身を洗い給いて、この河を渡り、御身を乾かして、鍛冶工純陀の罪障を消滅せり。それより世尊はマッラ国の野を過ぎて、拘斯那掲羅城に至る道路の中程にて背部の痛み甚しければとて、少頃道傍に休みて臥せられ、阿難陀《アーナンダ》をして、七覚支（正念、撰択、精進、歓喜、軽安、禅定、捨）を唱えしめ、精進支を唱うると同時に、世尊は結跏趺坐し給えり。而して起って拘斯那掲羅城に着かれたりき。この国の東は有金河にして、北に娑羅林《サーラ》あり。南は力士国の野にして、西は頂飾を結ばれたる塔に至るまで、周囲十二瑜膳那《ヨージャナ》あり。

ヤーセル、三六九、三七〇丁（有金河《ヒランニヤヴアテイ》 Hiranya-vati この河名を大唐西域記巻六、十六丁に、阿持多《アジタ》、伐底《ヴアテイ》 Ajita-vati 唐に無勝《アジツタ》と云うとあり。また旧にこれを尸頼拏《ヒランニヤ》、伐底《ヴアテイ》、訳して有金河と云うとあり。而して西域記の有金河は、支流にして、蔵伝の有金河は本流なるべし。何となれば玄奘伝の有金河は河を渡て西岸遠からずして、娑羅林に至るとありて、如来入滅地の近くにあり而してこの入滅道場附近の河は、パーリ語涅槃経に依れば、阿難陀が世尊に飲料水を献ぜんとして、その河に水を吸みに行きしも、その河中を牛車の通りて、水濁りたれば、汲み取ること能わず、空しく帰りて、後に再び世尊の命に随いて、河に行きしに、水清めりとあり。牛車が横《よこぎ》りて水の濁る程の河は、浅く小き支流の一なりと知らるるなり。而して蔵伝の有金河は、世尊がパーツ村なる准陀の家に至る前に渡られし河にして、御身を洗い給うに適する程の大河なり。これを現在の地理に依って証する時は、パーリ文涅般経に依るに、世尊はヒランニヤヴァティ河を渡て、パーワ村に行いて、縄陀の供養を受け、それより行いて、拘斯那掲羅の娑羅林中に着き給いたりとあり。このパーワ村はカニンガム氏の決定せる如く今のパズローナ Padrona 村にして、この村より東五マイルにして、ガンダク河の岸に達す。而して吠舎離より拘斯那掲羅に往く公道として、ガンダク河即ち昔の有金河の本流を渡って、パーワ村を過ぐるは、順路あるいは公道なりしと見え、摩波迦葉波《マハーカシヤパー》もまたこの道路よりして、釈尊の葬典に遇う為めに行かれしことを誌せり。

而してこれらの現在の地理の実状と、最も信ずるに足るパーリ文涅槃経の文に依って見るも、西蔵伝の有金河はパーリ語涅槃経伝の有金河と同一にして、その本流なること明らかなりと云うべし。而して大唐西域記の有金河はその支流の一小流なることも、明瞭なりと云うべし。然るにトーマス・ワッタース氏の大唐西域記英訳には、有金河をその本流の有金河と認めて、その地図には同河の東岸に拘斯那掲羅《クシナガラ》城を置けり。これ支流を本流と認めたるよりして、起これる誤謬にして、実地にその地に就いて親しく研究したる者にあらざるよりは、ほとんど免れ難き誤謬なりと云うべし。

法顕伝十七丁には拘夷那竭城、城北雙樹間、希連河辺、世尊於之、北首而般泥洹すとあり。この希連《ヒレン》河は有金河の梵語ヒランニャヴァティの省約されたる音訳にして、玄奘の尸羅拏伐底河に相当せり。然るに後世この希連河（熙連《ヒレン》河）を以て、仏陀伽耶《ブッダガヤ》の東を流るる尼連禅《ネーランジヤナ》河と誤認して、用いられたることは、漢文仏典にしばしば見る所なり。玄応音義第三には尼連禅河は応さに尼連禪那と云いまた熙連河と云うとあり。然るに熙連河の訳は有金にして尼連禅《ネーランジヤナ》那は無楽着と訳す。斯くの如くその意義も、実際も、異なる者を音の似たるよりして、誤用せられたるものなりと知るべし。

第九十八節　准陀《チユンタ》の家およびその供養に就いて。

（ヤーセルは前記の如く、世尊有金河を渡りて、准陀《チユンタ》の家に至り、彼の罪障を消滅したりと説いて、パーリ語涅槃経にあるが如く、ここにて准陀の供養を受けられしことを誌さず。而して大乗部大涅槃経に説けるが如く、世尊は沙羅《サーラ》林中にて准陀の大供養を受けられしことを誌せり。而してパクサム・ジョンサン、および転法輪史も皆同説なり。また玄奘はこの大乗部大涅槃経の説と、その当時インド仏教家の間に行われし伝説とを取りて、准陀の家を拘斯那揭羅城中に置き、彼が世尊を供養せしはこの家より為せし如く誌して、その旧跡を指定せり。その文に曰く。

拘尸那揭羅国、城郭頽毀、邑里粛条、故城甎基、周十余里、居人稀曠、閭苞荒蕪、城内東北隅、有窣堵婆、無憂王所建、准陀之故宅也、宅中有井、将営献供、方乃鑿焉。歳月雖久、水猶清美、城西北三四里、渡阿恃多伐底河、西岸不遠、至娑羅林。大唐西域記巻六、十六丁、

とあり。この塔は現にゴラカハプール洲 Gorakhpor カーシャ駅の西南的一マイル余の地にアヌルダ村あり。この村の東北二町程の処に存在せり。大なる半球形の塔跡にして、現今は多くの畢波羅の大木繁茂せり。然れども自然の岡にあらざることは、それの発掘せし所を見るに煉化にて構成せるを以ても知ることを得べし。この塔丘の東麓の発掘したる所を見るに、玄奘が准陀の家としたる小屋の跡あり、中に大なる井戸ありて、丁寧にその周囲を煉化にて囲めり。これ玄奘の所謂如来に献供の為めに、掘りたりと云う井戸なるべし。されば玄奘の記に依れば、これが准陀の家にして、傍の大塔は准陀の供養を記念する為めに、無憂王の建立せしものとなるなり。然れども如来涅槃の事を誌せること最も古くして、その事実に合することにおいても、最も、権証ありと信ぜらるるパーリ語涅槃経の文

に依る時は、前節にも誌せる如く、准陀の家はパーワ Pāwa 村にして現今のハズローナ村なりしこと明確なりとす。而して彼注意深き玄奨は大乗部涅槃経の文と、インド当時の伝説と一致せるを以て、ただ漫然と誌したる者なるべし。然らばこの大塔は何を表する者なるか。これ次に起こるべき問題なりとす。

パーリ語涅槃経に依るに、世尊の遺骸を有金河々岸にて荼毘即ち火葬せりとあり、この大塔はその荼毘処を表せるものなり。明治二十四年この塔発掘の際、その中より遺骸を焼きたる焼木、炭、灰、真珠等の多く出でしを以ても、これ如来の荼毘処を表せる大塔たることは、明瞭なりと云うべし。然らば塔下の小屋の井戸は何を表せる者なるやの問題起こるべし。思うにこれは後世ある者が大乗大涅槃経の説に随うて、これらと井戸とを建立して、准陀の家なり井戸なりと云い伝えし者なるべし。

准陀の供養の物品に付て、吾人は一の注意を要することあり、この頃南方仏教を学べる人々の中に、准陀は仏に豕肉《ぶたにく》を供養したるに、その中毒にて、入滅せられたりとの誤伝を口にして平然たる者あり。これパーリ語涅槃経に准陀の供養したる食物の名のスーカラ・マッダナ Sūkara Maddana の正訳を知らざるに依るなり。古来この原語に二義あり。正訳は木耳《きくらげ》即ち茸《きのこ》にして、他は豕肉と云う。而して南方仏教徒はその他義なる豕肉の義に訳したる者なれども、吾人の伝うる一切蔵経中にも、また西蔵伝中にも、少しもこの義を取らずして皆木耳の義にとりて、訳し居れば、本来は豕肉その物にあらざりしものならん。且つ僧侶の間には木耳を以て鮮肉と字せしことあり。茸に豕肉の字義ある語を用いたるは驚くべきことにあらず。況んや本来この梵字の正訳は木耳の義なるにおいてをや。あるいは曰く北方仏教徒は豕肉と訳することを避けし者ならんと。この疑問は支那の僧侶に対して発することを得べし。然れども西蔵僧侶には豕肉と訳する方、大いに都合好き事にして、彼等は多くの肉類を支用すればなり。然るに西蔵人等は豕肉と訳せざりしを以て見るも、その原語が豕肉の意義にあらざりしことを証するに足るなり。とにかく南方仏教僧侶は常に肉類を食うを以て、自分等の習慣に近き所よりして豕肉の訳を取るに至りしものならんか。而してスーカラ・マッダナの直訳はスーカラ、豕、マズダナは踏揉《とうじゆう》の義にして、家の踏揉りし土地に生じたる簟《たかむしろ》のこととなりて、マッダナに肉の義なければ豕肉と訳するは無理なりと云うべし）

第九十九節　釈尊入涅槃地拘斯那握羅《クシナガラ》城の所在。

（釈尊荼毘塔の西南二町余の処に、阿奴盧陀巴《アヌルッタハナ》 Anuruddhawa と云う村あり。大唐西域記に依れば古昔の拘斯那掲羅《クシナガラ》城の位置に相当する処なり。この村のある部分の発掘したる処を見るに大なる城壁の跡あり。セイロン僧侶の伝説に依るに釈尊入滅の後、阿奴盧陀尊者がこの城外に居りしを以て、この辺を字してアヌルツダハワと云うに至れり。而して今のカーシャは迦葉波《カシャパ》尊者の居られし処なれば、然かく名づくと云えり。とにかく今のアヌルダハワ村の地方を以て、拘斯那掲羅城の跡とする時は、この地の西北方数丁の処にある、現今のマタクワル寺は、娑羅林《サーラ》中仏入滅地として、大唐西域記の記事に一致することを見るなり。その文以下の如し。

城西北三四里、渡二阿特多伐底河一、西岸不《メ》レ遠、至《ル》二娑羅林《ニ》一其樹類《シテ》レ槲《ニ》、而皮青白、葉甚《ダ》光潤《アリ》、四樹特高《シ》、如来寂滅之所也、其大甎《ナル》精舎中《ノニ》、作如来涅槃之像、北首《ニメ》而臥、傍有窣堵婆、無憂王所建、基趾雖二傾陥一、尚高二百余尺、前建二石柱一、以記二如来寂滅之事一。大唐西域記、巻六、十六丁、

とあり。而して吾人の指定するマタクワル寺には、大なる涅槃像あり。北首にして臥し給えり。傍に窣堵婆《ストウツパ》あり。而して現今は英領インド政府の考古局が発掘したる堂塔伽藍あり。大抵その位置および遺物等は、西域記に一致したれども、ただ現今はアヌルツダハワ村と、マタクワル寺との間に、河のなきこと丈は一致を欠く点なり。然れどもその地勢を仔細に観察するにこの間に河床の今は田畑となれる処あるを以て見れば、昔はここに河流のありしことを証するに足るなり。而してこの地方および入涅槃道場は三度大洪水にて溺れたる形跡あり。明治四十一年二月英領インド政府考古局が発掘の際、著者親しく彼地に在りて、発掘せる地層を見たるに、建築物の基点よりして、地上に至るまで、三段の異なる地層あることを実見せり。さればインドには河が旅行すると云う諺のある如く、この地方に流れし河も埋没して、他の地方を流るるに至りしことを、推知するに難からざるなり。有名なるカニンガム氏は共著古代インド地理・拘斯那掲羅《クシナガラ》の条において以下の如く誌せり。

「法顕は拘斯掲羅《クシナガラ》を炭塔の東、十二瑜膳那《ヨージヤナ》、即ち八十四マイルの地に置けり。この距離は拘斯那掲羅に対する吠舎離《ヴァイシャーリー》よりと婆羅痆斯《ヴァラナシー》よりの距離との、他の記録に対照する時は、全く在り得べからざる処にあり。不幸にして玄奘は彼の習慣に反してその距離を誌することを省略せり。而してただその誌せる所は、これ（炭塔）より長距離の間、東北に大林の中を旅行せり。その路艱険にして、径途危阻なり。出牛、野象、群盗、猟師、行旅を伺い求めて、害をなすこと絶えず。この山林を出でて拘斯那掲羅国に至るとあり。この林の部分は今もなおサハンカトの東北地方に遺存せり。而してゴラカプール地方の北方、タライ林中には、今もなお多くの野象棲住せり。ウィルソン氏は初めてカーシャ地方を以て古昔の拘尸那掲羅《クシナガラ》の跡なりとの意見を主張せり。而してこの意見は今なお一般に用いらるる所なり」。古代インド地理四三〇頁

（拘斯那掲羅を炭塔の東とあるは、漢文の法顕伝にも誌せる所なれども、これは西の誤写なるべし。何となればこの炭塔の在る処は今のロウリヤ村の窣堵婆《ストウツパ》と石柱の在る処にして、これより東方八十四マイルを行けば、全く雪山のタライ深林中に入りて、何の旧跡をも発見すること能わざればなり。而してロウリヤより西方直径約五十マイルの地にアヌルツダハワ村あり。迂回の行路は八十余マイルありしならん。故に東は西の誤りなりと云う所以なり。然るにこの事を認めずして、ヴィンセント・スミス氏はカニンガム氏の認定を否定して、拘斯那掲羅の跡を、ネパールのタライ大林

中に置きたるは、吾人の取らざる所なり）

「このカーシャ駅はゴラカプール市の正東、三十五マイルの地にあり。而してこの地は地図の直径サハンカトの東北二十八マイルにして、行路三十五マイルあり。（中略）而してこの地点をなお東北に置かんとすれば、婆羅痆斯《ヴァラナシー》よりの距離を延長して、吠舎離《ヴァイシャーリー》への距離を短縮せざるべからず。而して拘尸那掲羅《クシナガラ》と婆羅痆斯との距離を、玄奨七百余里即ち百十七マイルとせり。而して吠舎離との間は法顕の定むる所に依れば、二十五瑜膳那即ち百七十五マイルあり。而して実際カーシャの地は、この両者の距離に甚だ一致せり。カーシャより婆羅痆斯まで直径百十一マイルあり。行程百二十余マイルあり。而してカーシャと吠舎離との間は、実際余の旅行したる所なるがこの行程、百四十マイルあり。然れどもこの行路は英政府が新たに作りたる直通の道路にして、古代の湾曲せる道路に至っては、固より遠距離にして、確かに百六十マイル以下にはあらざりしなり」。古代インド地理四三〇、四三一頁

以上カニンガム氏の証説は、甚だ事実に近きものなり。同氏が炭塔の所在を明《あきら》めずして、サハンカトならんとして、推算せることは誤謬なりといえども、この誤謬は同氏著書の当時仏誕生地の発見せられざりしに依って起これるものなり。然れども如来入涅槃地のマタクワル寺指定は、今日まで発掘せる古物に依って、ますますその事実たることを、証明するに至れり。

ヴィンセント・スミス氏が一千八百九十九年英国アジア学会雑誌において、一度その指定を否定してより、カニンガム氏の説を疑う者多かりしが、スミス氏の否定説の当を得ざりしことは、既に明治四十二年英領インド政府考古局がサヘット・マヘットを発掘して祇苑精舎なりとの確証を得し事に依りても、推知することを得べし。同氏はカニンガム氏のサヘット・マヘットの祇苑精舎説を破りて、この地を北方のヒマーラヤ山下に指定し、それより推算して、拘尸那掲城を、ネパールのヒマーラヤ山下、タライ大林中に入れて指定せしことなれば、根本において誤謬ありしことを発見せられし今日、その枝葉たるマタクワル寺の入涅槃地否定説は取るに足らざるなり。マタクワルは土俗の語にして、正しくはマタクマル、即ち死したる太子と云う意なり。ヒンズー教徒は釈尊を敬称せずして、太子と云い、涅槃像のある処なれば、死したる太子と云えるなり。

また仏涅槃像の後部、即ち東方に三四間を隔てて、玄奘の所謂傾陥せる大塔あり。その塔中より発掘したる物の中に、この地の入涅槃地なることを誌せる者を発見せり。また発掘したる物品の中に、土を焼いて製したる印あり。その印面には娑羅《サーラ》双樹の間に寝棺あり、その下に梵字にて摩訶涅槃那《マハーニルヴァーナ》寺《ヴィハーラ》と誌せり、また寝棺に火の燃えたるその下に、摩訶般弾那《マハーバンダナ》寺《ヴィハーラ》と云う梵字を誌せる印あり。摩訶般弾那寺とは大涅槃寺の異名にして、南海寄帰伝巻一、十八丁には、説大涅槃処般弾那寺とあり。この如き印の数個、この伽藍内より発掘されしことに依っても、如来の入滅地たりしを知るに足る。況んや塔内より出でし記文の確たる者あるにおいてをや。ただ不足を云えば、玄奘の誌せる如来寂滅の事を記したる石柱の発掘せられざる事これなり。然れどもこの石柱の所在とも推想さるる所の現在入涅槃像の在る処および前後を発掘せざれば、早卒に全くなしと断定すること能わざるなり。たとい全くこの石柱を見出すこと能わざることあらんも、前記の如く法顕の誌せる所の吠舎離《ヴァイシャーリー》よりの距離方向と、玄奘の誌せる婆羅痆斯《ヴァラナシー》よりの距離方向との一致せる地点はマタクワル寺なれば、この地が如来の入滅地たる摩訶涅槃寺なることは明白なりと云うべし。もし全く石柱の影をも見出すこと能わずとすれば、それは恐くは仏法破滅の後、地方の農民が甘蔗を挽く石臼に造りたるやも謀られず。あるいはマホメット教徒がこの大涅槃像を破壊したる時に、石柱をも破壊して他に運び去りたるやも謀られず、されば一の石柱の出でざるを以て、他に多くの確証ある者を否定する事能わざるなり。況んや発掘すべき適当なる場所の残れるものあるにおいてをや。今後発掘することあらんか、あるいは彼石柱を発見するやも、知るべからざるなり）

第百節　世尊最後の化度の一。世尊は拘尸那掲羅《クシナガラ》城外、四天王、および力士の護れる娑羅《サーラ》林中に入り給いて、阿難をして、獅子牀を北首にして敷かしめ、その上に臥せらるるや、否や、例の如くに、その地の樹木等に、祝福せらるる等の事なくして、静かに在られしかば、阿難陀《アーナンダ》等は悲痛の声を放てり。十五日の暁に世尊は、各々衆生の言語と一致したる一音を以て、仰せ給えり。我は般涅槃那に入るべし。疑いある者はこの時当に問うべしと、大音声を以て、有項の天にまで覆い給い、額より光明を放て、十方世界の一切衆生に触れしめ、彼等の煩悩を滅せしめ給えり。

時に大迦葉波《マハーカシャパー》を除くの外、天、龍、人間等皆集まりて、供養し、悲歎せり。また世尊は魔王および四方の大菩薩を除くの外、皆疑問を述ぶべしと給えり。而して阿難陀の問に応じて、仏陀の自性、菩提の中道を示す為めに、大般涅槃経を説き給えり。而して比丘等は彼等自身がまず入滅せんと願いし時、世尊は彼等に告げ給わく、我汝等を大迦葉波に附属せり。汝等は正法を護る者たるべしとて、彼等の入滅を許し給わざりき。而して准陀等の食の供養を受けて後、曼珠師利《マンジュシリー》の請に依って、種々の神通を以て集れる衆生を三乗の道に入らしめ給えり。阿闍世王は菩提心を起こし、ある外道は阿若憍陳如《アギャータ・カウデンニャ》に就いて、出家得度して阿羅漢果を得たり。

世尊はまた羅睺羅《ラフラ》等の阿羅漢に告げ給わく、汝等入滅せずして、教法を護持し、法施を施すべしと命じ給えり。彼等もまた仏勅の如くなさんと誓えり。時に阿難陀は獅子床に倚りて泣涙潸々たりしが、遂に地に仆れて曰く、大慈悲者の光明滅すれば、世界は暗黒となるべし。明日よりは御名のみ遺りて、仏身を見ること能わざるべしとて、彼は両手を地に衝いて、熟ら世尊の御顔を眺め居れり。世尊は獅子床上に寝方を換え給いて、右脇を下にして臥し給い、菩薩、天上、人間の衆生の為めに、神通変化を現じ、地獄の衆生に至るまで、利益を施し給えり。また阿難陀は遺体を云何にすべきかと、尋ね上りしに、輪転王の死を送るが如くせよと命じ給えり。

今残れる所の所化、最喜《スナンダ》と、善賢の二人は声聞の化度すること能わざる所にして、仏陀の所化なれば、これを度ぜざるべからずと観じ給いて、最喜の友たる帝釈天をして、仏世尊に法を聴きに行くべしと促さしむ。然れども最喜は自ら唱歌音楽に対して、その名手たるを傲り、他は何事も必要なしとして曰く、帝釈、汝自ら行け、我は歌を謡うべしとて、行かざりき。されば世尊は善賢の身を床上に置かれ、彼に同じ姿を現じ瑠璃の立琴千糸のものを以て、三十三天に甚だ遠からざる乾達婆最喜《ガンダハルヴァ・スナンダ》の宮殿の門に往かれて、立琴を弾ぜられたり。而して最喜は常に思えらく、余より名手なる楽師は、世に存在せずとなしたるに、この立琴の声は自分のにも似たる程の者なれば、彼は驚いて門外に出で来りて、彼もまた劣らじと、立琴を弾じて、その微妙の調を争えり。かくしつつある間に、両者の糸は、一筋切れ、二筋断ちて、遂に何れも一筋に至るまで、二者何れも同調の妙音を極めたるが、両者とも全く糸なきに至って、最喜はその楽声を出すこと能わず。然れども世尊のに、至っては、無糸の立琴なお能く千絲を具備する立琴と、同調の妙音声を発し、心神天外に飛ぶの感あり。されば最喜は己れよりも名手なる者、なお世に在ることを知りて、全く彼の我慢は破れたり。而して世尊は仏身を現じて、説法し給いしかば、彼は入流果を得て、三帰と学処とを受けたりき。テーセク・ジョエチュン（デルケ版）七三丁

第百一節　世尊最後の化度。二。それより世尊は娑羅《サーラ》樹間の床上に帰られたり。而して外道の徒にして、普

走の徒に蘇跋陀羅《スバハドラ》（Subhadra 善賢）と云う者あり。その年百二十歳にして、彼が住む地方の人々は、彼を阿羅漢なりとして敬事せり。彼はかつて湲々《えんえん》たる流水の岸に、優曇波羅《ウドンバラ》華の、仏誕生時に芽を出し、在家菩薩の行事の時に蕾《つぼみ》を出し、出家苦行の時には少しく憔悴《しょうすい》し、成仏の一時に開華し、転法輪の時には、その華、光輝赫々たりしが病体に臥さるるや、甚だ古色を表わせることを次第に観じたりき。彼はその華の古色を見て自分の死すべき近徴なりと思いしが、ある天人は彼の思を知りて曰く、これは汝の為の故に、古くなりたるにあらず。世尊が般涅槃に入り給うが故なりと云えり。彼は彼自身の疑念を晴らすべき時来れりとして、娑羅林に行き、阿難陀《アーナンダ》に対して、三度まで世尊に遇わし呉《く》れよと願いしも、許されざりしを、世尊の知り給いて、阿難陀に対して曰く、我は外道の人と談話する最後なるを以て、ここに来らしめよと命じ給えり。されば阿難陀をして蘇跋陀羅を、世尊の前に至らしむ。ヤーセル、三七〇、三七一丁

世尊は彼の為めに法を説いて、且つ告げ給わく、我は二十九歳にして、出家してより満五十一年の間、徳の行うべきことは皆行えり。善賢よ何よりも聖なる化度の法は、八正道にして、これを実行せざる者は、沙門の四果を得ざるなり。ただ八正道を持つ者にして、沙門の四果を得るなり。これより外には、沙門なしなどの事を説き給えり。依って彼は諦を見て出家得度し、次いで阿羅漢果を得たりき。而して彼は世尊の入滅を見るに勝えずして、自ら五体を祝福して、まず入滅せり。ラムナム・ンガパ、六五丁

第百二節　釈尊般涅槃那に入り給う。時に世尊は大衆に告げ給わく、四衆の為めに利益あり、且つ安穏な

らしむる説法は、十二分教（経、頌、授記、諷誦、因縁、自説、本事、本生、方広、未曽有、譬喩、論議）なり、常に別解脱法を教師となすべし。老人は壮者に利益を施して一致せしむべく、壮者は老人の名を呼ぶべからず。信心ある者には、仏陀の誕生、成道、説法、入涅槃の四相を説くべし。比丘衆よ、三宝四諦に疑いあらば問うべしと云われて、御身の上衣を取去り給いて、また告げ給わく、比丘衆よ如来を見るは甚だ難き事なり。如来の身を見よ。比丘衆等は黙然として坐したりき。世尊曰く、これの如く諸行は無常なり。総べて破壊する法なり。これ如来の説法の終わりなりと命ぜられたりき。而して娑羅《サーラ》双林の間に北首して、臥し給えるは、北方雪山のこの国即西蔵国に、正法が完全に伝播するに至るべしとの意を示されたる者なりき。ラムナム・ンガパ、六五丁　六六丁

時に世尊御年八十歳を過ぎて、八十一歳の始めにして庚辰の年、四月十五日なり。聖諦においては空間の尽際に至るまで、仏身の荘厳と、広大行の相続とは、毫も断絶することなしといえども、所化の衆生の常見を持する者をして、法に入らしむる為めと、また如来の出世には実に遇い難き者たることを知らしむる為めの故と、また過去時の発菩提心と、誓願の然らしむる等の因縁を以ての故に、涅槃に入るの状を示し給えり。而して世尊は寂滅に入り給えり。然れども世尊は過去時の発菩提心と、誓願との然らしむる所に依り、入滅後、五千年間、仏法世に存すべし。法統および舎利等増加して、南瞻《ジャンブ》部洲の総てにおいて、多くの窣堵婆《ストウッパ》を建立するに至るべし。ラムナム・ンガパ、六六丁

み仏は全く滅し給わざる　み法も滅ぶる時あらじ
一切衆生を仏道に　入らしめん為め寂滅を
示し給うにあるぞかし。（金光明王経）

世尊入滅に入らるる時に、彼獅子牀上において、北首右脇にして、御足を南方に伸し、御顔を西向して、後部は東に対向せり。而して娑羅樹は東西南北の四方より、空に天蓋を覆いたるが如くに、世尊の御身の天空を蓋えり。また樹皮は離れて、地に落ち、地震い、流星落つる等の不祥の相、多く現わる。如来身は常住なれども、方便を以ての故に、入涅槃の相を示し給えり。これに依って未だ化度せられざる者を化度し、現世の無常を示し、厭悪の念を起こさしめ、求法の心を起こさしむる等の十益を観じ給いて、庚辰の四月十五日の中夜において、世尊は般涅槃に入り給えり。時に八万の阿羅漢も同じく入滅せり。阿難陀《アーナンダ》等ここに集まれる大衆、天人、人間等、皆共に憂悲泣哭せり。ヤーセル、三七一丁

第百三節　仏遺身の荼毘。拘尸那揭羅《クシナガラ》城の力士等は、世尊入涅槃の窣塔婆を建立し、阿難陀は世尊の葬式に就いて、力士等に転輪王《アラネーミ》の葬法を以て、如来を葬《ほう》むる儀式を一々指示して、その準備に就事せしむ。まず七日間の供養を為す為めに、遺体を鉄函に入れ上りて供養せり。

後に力士等は我等のみにて、遺体を荼毘し奉らんとて、遺体を担ぎ挙げしも、上ぐること能わず、天人等をして供養を為さしめしに、力士等上ぐることを得て、拘斯那揭羅《クシナガラ》城の周囲四十八踰膳那《ヨージヤナ》ある処の西

門より入りて、東門に出でて、左繞を為すこと三度、また北門より入りて、南門に出で左繞を為すこと四度、即ち拘尸那掲羅城《クシナガラ》を七度囲繞して、後また七日、遺体の宝棺に供養敬事せり。四月晦日天人等は曼陀羅華を雨降らし膝を没するに至れり。

諸仏の遺身を荼毘せし霊場にして、過去世よりの窣堵婆《ストウツパ》の多く存在せる不壊の基礎、有金河の西岸にして、力士が頭飾を掛けたる窣堵婆の前において、諸種の薪を積立てたる上に、宝石絹布を以て、荘厳せる宝棺を、上より静に下せり。而してその上に多くの香木を置いて、火を以て、焼けども、少しも燃え上らずして、火は自ら消滅せり。時に阿泥盧陀は云えり、これ世尊は摩訶迦葉波《マハーカツシヤパ》を待ち給うなるべし、されば火を着くるにおよばずと。ヤーセル、三七一丁、三七二丁、

時に摩訶迦葉波は摩掲陀国《マガダ》にありて、地震等の徴相を見て、世尊の入滅せられたることを知りて、歎じて曰くああ諸行滅法の証として世尊も滅し給えり。然れども彼無上の信心を有せる阿闍世王がこの事を聞かば、血を吐いて死するに至らん。これの如き事の起こらざらしめんが為めに、一の方便を施すべしと思いて、侍従長の婆羅門《ブラフマン》、作夏にその方法を授けて、急いで拘尸那掲羅城に向えり。チョエ・コル・ローギュ、三八丁

摩訶迦葉波は拘尸那掲羅に着きしかば、そこに集れる大衆は、彼を迎えたりき。阿難陀《アーナンダ》および阿泥盧陀は彼に告げて曰く、世尊は般涅槃し給えり。されば今後汝は教主となるべし。我等今は歎くまじ。汝、

教主の事を為せよ。我等は随従すべし。而して大迦葉波《マハーカシャパー》は世尊の遺骸を敬礼し、宝棺の周囲を右繞して、後棺の蓋を明けんとしたるに、蓋自ら開いて、御身の変ぜざる仏相を示し給えり。大迦葉波は礼拝して、自らの衣と、前よりの衣とを遺骸に纏い、前の如くにして、また礼拝右繞せり。一説には大迦葉波は嗟歎して曰く、我は他に在りて。本師入滅に遇い奉らざれば、恭敬礼拝の依処たる御身を示し給えと、一心に念願せられしに依り、棺外に光輝赫灼たる輪相の双足を示し給えり。大衆はこれを見て大いに悲痛の感に打たれたりき。

而して六人の大力士は、牛車に積み能わざる程の多くの薪を運び来て、火を燃やすも少しも燃えず、火自ら消えたるが故に、大迦葉波は云えり。三界の火を以てするも仏身を焼くこと能わざれば少頃待つべしと云うや、遺骸の心臓より火発し、自ら燃え上りて、薪を焼いて七日間燃えたりき。時に帝釈天、四天王、および龍王等は、香水と、木より得たる甘露の乳とを灌《そそ》ぎしも、火は消えざりき。次いで帝釈天は香水を濺《そそ》ぎ、力士等は乳を濺ぎし時、火は消滅したりき。ヤーセル、三七二丁

第百四節　仏舎利の分配。荼毘火の消ゆるや否や、帝釈天は棺の蓋を開いて、阿泥盧陀に願いて諸天の為めに右の上牙歯一枚を請い、楞迦《ランカ》島主の羅刹鬼王は、左の上牙歯一枚を請うて彼等の国に奉迎せり。大迦葉波と市民等の上りし衣類と綿類等の全く焼けざりし者は、一切に共通の遺品として、宝塔を建立せり。他の遺れる歯等は、透明体に変じて、舎利羅《シャリーラ》 Sharīra となれり。総べてがこれを得んと欲したれば、阿泥盧

陀はこれを制止して、自ら保護せり。

力士等が製したる所の黄金函、外部は宝石の唐草模様を鏤めたる者にして、およそ十五ポンドを入るるに足る宝函八個あり。これ遺骨を入れて、供養する為めに作りたる者にして、阿泥盧陀はこれらの宝函を、荼毘所の宝棺（これは前節に誌したる鉄函の事にして遺体をその中に入れて荼毘するに用いたる者なり）の横に並べて、遺骨をその中に移し入れたる時、そこに集れる天人および人間等は声を揚げて泣き悲しみ、次いで大いに供養を行えり。而して力士等はこの遺骨の宝函を、拘尸那掲羅《クシナガラ》城の中央の四辻に奉送安置せり。時に真言行者等は、その周囲に在って、総べての災害等の防御に従事し供養恭敬せり。時に迦毘羅《カビラ》城の釈迦族、ヴィシュヌ国の婆羅門《ブラフマン》不入、多盧迦遮羅《タチカチャラ》国王迦陵伽《カリンガ》国王、般遮羅《パンチャラ》国王楞迦《ランカ》王および梨車蔑《リチャピ》族並びに罪有国の力士等は、仏入滅してより二十日の後、この事を知りて、皆四部の兵を卒いて、拘尸那掲羅城に集れり。阿闍世王もまた四部の兵を卒いて来会し大いに供養し、声を飲んで悲泣せり。而して王は請うて曰く、遺身の舎利を得んことを望む。さればそれを与えよと。然れども拘尸那掲羅城の力士等は、拒んで曰く、仏舎利は持主あり他の持去るに任せず。王よ外に出で去れと云えり。時に皆大いに怒って曰く、汝等我等に遺骨を与うれば善し。与えざるにおいては、我等は兵力を以てそれを奪い取るべしとて、皆戦争準備に着手せり。大力士等もまた大いに四部の兵を整え、軍備を厳にして、将に一大戦争は起こらんとせり。大力士等はまず遺骨舎利を護らざるべからずとて、その前に集まれる時、阿泥盧陀は舎利羅を以て、空中に上り、項飾を掛けたる窣堵婆《ストゥッパ》の前空に上れり。摩訶迦葉波《マハーカシャパー》はこれを調和せんとして、曼珠師利《マンジュシリー》の化身たる婆羅門途盧那《ズローナ》 Drōna と、彼に斉しき四族の代表者に囲繞せられて、力士等の軍に至って曰く、世尊は忍辱を教え給えり、されば汝等は遺身の為めに戦争すべからず。我は遺身を分配すべしと云えり。力士の大将等は思えらく、遺身は既に空に行きたれば、已むことを得ず、怒りを消して、命の如くなすべしと云えり。

時に摩訶迦葉波および婆羅門途盧那は、遺身舎利を八部に等分して、第一は拘尸那掲羅城の力士等に第二は罪有城の力士等に、第三は部盧王族に、第四は発声国王に第五はヴィシュヌ国の婆羅門に、第六は釈迦一族に、第七は梨車蔑族に、第八は阿闍世王に与え、右の下歯は語持国王に、左は珂陵伽《カリンガ》国王に分与せり。

而して力士等は拘尸那掲羅に窣堵婆を建立して遺身舎利を安置供養せり。而して罪有国の力士等と、部盧珂王族とは、多盧珂遮羅国。クロツキヤ羅刹および龍族はセイロン島。婆羅門無畏はヴィシュヌ国、釈迦一族は迦毘羅城。梨車蔑族等は吠舎釐《ヴァイシャーリー》、阿闍世王は王舎城《ラージャ・グリハ》竹林精舎《トウェーヌヴァナ》に各自窣堵婆を建立して遺身舎利を安置し、奉事供養し、大祭日を定めて、大供養を行えり。これ世に八大塔と称せらるる者なり。

また拘尸那掲羅《クシナガラ》の力士等は、遺身を荼毘したる所の炭を、婆羅門尼拘盧陀《ニャグローダ》に与えしが、彼は尼拘盧陀国に炭塔あるいは灰炭窣堵婆を建立せり。而して婆羅門途盧那と彼に斉しき四族の代表者等には、舎利を入るるに用いし所の八宝函を与えしが、彼等は倶盧那《グローナ》 Grōna の山に窣堵婆《ストウツパ》を建立せり。ある学者はこの山の所在を散菩伽部弥《サンボホーガブーミ》 Sambhoga-bhumi の第六峰の一なりと説けり。ヤーセル、三七二丁、三七三丁

第百五節　釈尊入滅年代の異同。世尊の御誕生、成道、および入涅槃の年代に就いて、古来学者の間に、多くの異説あり。ラムリム・シカバ、六六丁

（試にこれを西暦十七世紀に代理法王　仏海《サンゲー・ギャムツオ》の著したる白吠瑠璃耶《バイズル・ヤカルポ》と云う書と、如意宝樹史《パクサム・ジヨンサン》とより引用せん。仏海の起算したるは、西暦一千六百八十六年なれども、今は便宜の為めに、大正十年師ち、西暦一千九百二十一年までの年数を誌すべし）

算定者	釈尊滅後大正十年までの年数
一、西蔵王宗賛含甫《スロンツアンガンボ》	四千三百四十三年
二、ネルパ・パンジット	四千〇六十九年
三、サッキヤ・パンデット	四千〇五十六年
四、ウユパ・ローサル	四千〇六十年
五、ゲーズン・ペル	三千二百三十一年

六、梅檀仏像縁起　二千六百七十三年
七、ウルケン、成就行者　二千五百七十四年
八、シャキヤ・シリーおよびナムサン　二千四百六十七年
九、時輪経、ユントン
　ブートン・パルレクトンップ法華
　経前解釈等の五　二千七百九十一年
十、チョナムパ、チョエゴン、ナムギャルダクサンの三人　二千七百五十八年
十一、パルデンラーマ・ソエナムギャルツァン　二千四百九十七年
十二、プクパーパ・ノルサンギャムツォ　二千八百〇五年
十三、ズクパ法華経後解釈およびスレシャマティ　二千九百八十一年
十四、代理法王仏海著　白吠瑠璃耶　二千八百〇三年
　以上バイズルヤ・カルポに依って換算せり。
十五、パンデンアージシャ等　四千〇五十七年
十六、西蔵に伝うる支那説　二千九百八十四年

十七、カーチェ・パンチェン　二千四百六十五年
十八、サッキヤ派の一般学者　四千〇五十九年
十九、デブゴン　三千百二十九年
二十、如意宝樹史《パクサム・ジョンサン》著者
スムバ・ケンボ・エセー・パルジョル　二千七百五十四年
以上パクサム・ジョンサン四八頁
（二十一、南方仏教所伝　二千四百六十五年
二十二、カニンガム氏阿輸迦王建立の石柱碑に依て推算　二千三百九十九年
二十三、法淋　二千八百七十年）

釈尊入滅の月日に就いては、大抵吠舎佉月《バイシャカ》（陰暦四月）満月日（十五日）とすれど、もまた多くの学者は季秋（陰暦九月）の八日に入滅せられたりとの説を、主張する者等ありて、この年代月日に就いては多くの説ありといえども、畢竟するに学成就宝賢海《ケートウブ・ノルサムギャムツオ》の云われし如く、菩提道の次第を一心に修行せん程の者等は、釈尊の誕生入滅等に就いて、学者の間に幾多の異説あらんとも、それらに対して別に不安を感ずるにおよばず。世尊の誕生成道入滅等の年代が、何れの時にてもあれ、世尊大慈悲者自身が、吾人、五濁悪世の一切衆生の苦患の為めに、覩史陀天上より此土に降下し、母胎に宿り、誕生し、枝芸の

競争を示し、出家苦行し、菩提樹下に悪魔を降伏して、正覚を成ぜらるる等の善美なる行相を現示し、無数の所化を済度し給いしより、天上人間の衆生に無量の供養を供せられ給いし応身の済度は、思慮を以て慮るべからず。これの如く種々無量の善行を示されたりと観じて、信心歓喜し、以て自行に資すべし。

み仏の行相かずかずあるなかに、いとも勝れしものは何、転法輪の外あらじ、
これのみなれば学者等は、これより仏陀《ほとけ》のあとを行け、

斯く説かれたる如く、法輪を転ぜられたる説法の総ては、衆生を化度せん為めのみに示されたる者にして、その事たる始めは、五比丘に三衣を着せしめ、戒律の学処と、四諦の法を教示されたるよりして、終わりに普走の徒、蘇跋陀羅《スバハドラ》を済度して、阿羅漢となし、大衆に対しては、無常を示さるる所の教を多く説き給えり。世尊は総ての所化を解脱して、一切智を得せしめん方便の為のみに、説かれたる事なれば、菩提道の次第を専ら修養する者等は、仏陀の説かれたる顕経密言の諸法は、吾人人間をして、道に進入せしめん為めの方便に説かれたることを熟知し、また世尊大慈悲者は吾人をして、悪道の苦より免がれしめん為めに、斯く多くの法門を説かれたりと知りて本師世尊の功徳と大恩と大慈悲とを観ずる門より入りて、信心歓喜し、供養奉事して専ら向上の法を念ずべし。
また世尊は法を示さるる始めに当って、五比丘に対して、苦諦の一なる無常より示し給いて、終に涅槃

那に入らるる時にも、諸法は皆破壊すべき所の法なり。かく無常を示されし御意を観て、有智者等はこの無常の大事なることを知り、またこの無常の観念は、菩提道次第の修養に、資すべき方法の特に優れたるものなる事を知るべし。始めに法に入らんとする時に、まずこの生命は永く留るべき者にあらず、迅速に変壊する習性のものなる事を念じて、法に入らざるべからず。中機根の者も無常を観念し、輪廻界の完備に就いては、何れに対しても、真の安心を得べからざることを思い、以て法門に入らざるべからず。大人の機根の場合においても、まず無常を念じて、無始より以来輪廻において、生より生にと連続して、無量の生命中において、一切衆生は皆我母となりし者なることを観ずる等、因果関係説の七門よりして、菩提心を起こすことを修錬して、仏子行を学習すべし。而して中道観に入るに当っても［これ故に無常より苦患、苦患よりして、無我を説かれたり」と云われたる如く、初めに無常を観念して、常住にして、自ら力を有すと思う所の執着を破り、それより心性を錬磨して、終に総べての執着と辺見とを離れて中道の観門に入るべし。

また普通の道即ち顕部を修し了って、真言道を学習する時に当っても、また無常を観じて心性錬磨の道を修行せざるべからず。これに依って本師釈迦牟尼仏の伝記を以て、修行者自身の修錬法となす者なりと知るべし。ラムリム・ンガパ六六丁、六八丁

第百六節　教法存在期間および入滅年代の異同に就いて。

（前節ラムナム史の著者は、釈尊の入滅年代に就いて、異説を挙げたるのみにして何れを自ら取るとも決定せず。ただ菩提道次第の修行にはその必要を認めずと云うにあり。これラムナム史は歴史を客として、菩提道次第の修行を主としたるに依るものにして、歴史を修行の実例となしたるに過ぎざればなり。而して白瑠璃の著者　仏　海《サンゲー・ギャムツオ》は、西暦紀元前八百八十二年説を取り、如意宝樹史《パクサム・ジヨンサン》の著者智　勝　得《エセー・バルジョル》は西暦紀元前八百三十四年説を取れり。第八のシャキヤ・シリー、およびナムサンの二千四百六十三年説は南方仏教徒所伝の二千四百六十一年説に近く、第十七のカーチェ・パンチェンの二千四百六十一年説は、全く南方仏教徒の所説と同じ。この両説の基源は両者同一なりしなるべし。而して教法存在の期間および入滅年代の同異に就いては以下の如く誌せり）

瞻部洲《ジャンブ》を限ってその教法存在の宿因力を云えば、賢劫経中多くの帙《ちつ》において、処々に誌したると、小患経、無尽意菩薩経の註釈、並びに論蔵解釈等には、仏教の存在期間を一千年として、その中五百年は報恩深重経に婦女子の出家得度を許せしより、減滅せしを以て、実際の存在期間は五百年なりとせり。悲華経には一千五百年、月蔵経には二千年、断金剛経解釈と牟尼想には、二千五百年とあり。ある学者の説に依ればこれらの讖言は教法に大害あることを示されたる注意の言にして、事実を云えば人寿十歳の時に至り、而して人寿六百歳の増時に至るまで即ち仏滅後六万三千年に至るまで仏教存在すと、聖《シリー》歓喜友《アーナンダミツトラ》 Shri-Ananda-Mitra の仏行讃に説かれたるが如し。またある書には滅後六万三千年まで、存在すると云うは、遺骨舎利等の存在までを、算えられたるなりと記せり。パクサム・ジョンサン、四八頁

般若経および秘密集経等の秘経の何時まで、存在するかに就いて説かれたる所は、それら各自の経典の存在期間を説かれたる者なれば一々異なれり。これ普通教法の年間と、特別なる各経典の存在期間の区別を示したるものなり。

現今多く用うる所の説は、ある一部の賢劫経と三母降伏障十万注釈に誌せる如く、仏滅後五千年仏教存在説にして、妙徳名称《ジャンベイ・テアクバ》もこの説を用い居れり。この五千年を五百年一期として、十期に分ち、初めの九期を三部に分ち、一部にまた三期宛を含めり。而して初部の三期は阿羅漢果、阿那含果、斯陀含果を次第に得る期間なり。次の三期は余見と禅定と戒律なり。終の三期は論部、経部戒部の著書の多く出ずる期間なり。而して初部を得果時、中部を成行時期、終の部を説教時と云い、最終の第十期は教法の形式のみ存するを以て、ただ形式期と称せり。

これの如くなれば、仏教の存在期が既に幾年過ぎ去って、なお幾年遺れるやと云わんに、法主《チョーオ》パンデン・アージシャの説に依れば第四仏（釈迦牟尼如来）は乙丑の年に誕生せられ、大正十年より四千〇五十七年即ち甲申の年以前に入滅せられたり。またカーチェ・パンチェンの説に依れば丁酉に

誕生、丙辰の年（四千四百六十五年以前）に入滅とせり。サッキヤ派一般学者の説は四千〇五十四年以前の入滅にして即ち丁酉の季春の十五日あるいは季秋の十五日かに入滅せられたりとせり。支那史官の紀録に依れば丙寅に誕生、癸酉（二千九百八十九年以前）に入滅とあり。デブゴンの説に依れば三千百二十九年以前に入滅とせり。（以下この書に挙ぐる所は、白瑠璃の所説と同じければ略す）この中においてサッキヤ・パンジットは（南方仏教所伝に一致する所の）カーチェ・パンチェンの説を評して曰く、これはトー・トンツブ Tho-Btsun-Grub 、ジエ・ツエー Rjhe-Mtshe 等の時代に、摩掲陀《マガダ》国に釈迦牟尼仏の自然生の尊像と稀せらるる者の出でたる時代なるを、誤りて如来の入滅の年としたるなり。然らざれば仏讖言の如く、滅後四百年に龍樹出で、而して仏滅後二千五百年に西蔵等の赤顔人等の国に伝りたる者なればこの期間に相続せる王統の年代に対比して、カーチェ・パンチェンの説に合する事能わざればなりと云えり。パクサム・ジョンサン、四八頁、四九頁

（大学者サッキヤ・パンジットはこれの如く大胆に西蔵国王統の年代を根拠として、ほとんど事実の年代に近き南方仏教徒の説に一致せる所のカーチェ・パンチェンの説を一概に誤謬なりと排斥し去りたりといえども、却って排斥者自身はこの誤謬を犯せり。一は偽経の讖言を証典としたると、他はその予言に合わさんとして、強いて作りたる西蔵国王統の年代を根拠として起算したるにあり。而してカーチェ・パンチェンの説は、南方仏教徒の所説と一致する点においてやや確実なりと信ぜらるる者

なり。斯くの如く事実にやや近きカーチェ・パンチェンの二千四百六十五年説を排するに、仮想に近き四千〇五十六年説を以てするサッキヤ・パンジットの論断は実に解すべからざるものなり。然れども吾人は善見律毘婆沙説の西暦紀元前四百八十年入滅説は仏陀伽耶《ブッダガヤ》碑文第一の西暦紀元前四百八十一年とほぼ一致することを見るが故に吾人はこの説を取らんと欲す。この一年の相違は支那とインドの暦法の相違と起算の相違とに起因せし者にして、元は同説なりと見ることを得べし。故に吾人は善見律の所説に随いて、釈尊の入滅を西暦紀元前四百八十年即ち大正十年より二千四百〇一年を経過したりとす。而してその月日に就いては西蔵伝と南方所伝と一致する所の四月十五日説を取らんとす。この善見律の説はカニンガム氏の四百七十八年説、マックス・ミュラー氏の四百七十七年説、衆聖点起の四百八十五年説等とほぼ同一に帰する処にして、歴史上最も信を置くに足る者と云わざるべからず。カニンガム氏の如きは、阿輸迦王の碑文とギリシア歴史とを対照して計算したる説なれば、甚だ事実に近きものとせざるべからず。而して支那所伝中また最も事実に近き者は衆聖点記の説なりとせざるべからず。而してこの説は善見律説に比して僅かに五年多きのみ。而して善見律を基説として対照する時は、その前後に十年の多寡を許さざる者あり。試みに対照せん。

一、善見律毘婆沙説　　仏入滅　西暦紀元前四百八十年

　　ブュレル氏　　　　　　同　　　四百八十三年ヨリ四七一年マデ

仏陀伽耶第一碑文　同　四百八十一年
ビルマ第三説　同　四百八十一年
衆聖点記　同　四百八十五年
カニンガム氏　同　四百七十八年
マックス・ミュラー氏　同　四百七十七年

ブュレル氏の如き四百八十三年より四百七十一年までの間とせり。吾人はこの衆説の中要に位する善見律の説を以て最も事実に近き者なりと信ずる理由あるを以て、この記に随うて決定したる所以なり。吾人はこれの如く決定すといえども、西蔵伝においては如意宝樹史《パクサム・ジョンサン》の説を誌すべし。（これ西蔵の多くの学者の用うる説にして、彼の天文および歴史においては西蔵学者中類を見ずと称せられたるダージリンの意歓喜法院《イーガージョエリン》の住持セーラブ・ギャムツォ師はその著仏教小史においては、この読に依って起算せり）西蔵伝においてはこの説を取るといえども、吾人が実際の計算に就いては勿論普見毘婆沙律の説を用うべし。

レー・シク・プ Re-Shig-Bu ケーズブ・ゼー Mkhe-Grub-Rjhe 等の説に随えば、丙寅が丁卯の年に入滅せられて、現今最生《ラブチュン》第十三の戊辰の年に至るまで、得果時の三期は過ぎ、成行時の二期も過ぎ、即ち五の五百年を経て、八十年あるいは八十一年を経過せり。故に余分は戒律期の四百十九年あるいは

四百二十年と、説教時の三期と唯形式期とを余せり。即ち千四百十九年あるいは二千四百二十年を余せり。如意宝樹史《パクサム・ジョンサン》五〇丁

（この最生第十三の戊辰は西暦一千七百四十七年にして、大正十年は最生第十五の辛酉の年なれば、仏滅後本年に至るまで二千七百五十四年を経過せり。而して如意宝樹史《パクサム・ジョンサン》著者の取れるこの説に随えば、仏入滅は西暦紀元前八百三十四年に当れり）

第百七節　釈尊伝讃。

大恩教主釈迦牟尼の、　如来の伝記は摩訶不思議、
いかなる言葉も表し得ず、　仏陀《ほとけ》の秘密身口意の、
自性の程は菩薩等も、　独覚者等も声聞も、
いかほど観じ見るとても、　思い至らぬ境なれば、
梵天王や因陀羅《インドラ》は、　云うにやおよぶ走空の、
第一力者が空間を、　行き行き行きていつまでも、
行くと辺際《はて》なき空のまに、　何時かは彼の力尽き、
已むなく元に帰り来ん、　走空王がかぎりなく、
迅速行をつづくるとも、　辺際《はて》なき空の尽きざる如《ご》と、

本師世尊のはてしなき、　　　　功徳を説くもまた似たり、

と説かれたる如く、仏陀世尊の三密伝記の実相は、仏と仏と互いに知らるる外、菩薩、独覚、声聞の大人等も、また八相仏伝に特識ある阿羅漢等も、また彼梵天帝釈等の神通力ある諸大神等も、云何程観想するといえども、知る事能わざる所なれば、小心浅学なる吾人の如きは、云何にしてその一端をも知ることを得べき。且吾人普通の所化者等の知られ得る所の仏伝といえども、己れの如きはそのある部分をも説明する事能わざるなり。

以上説明せし所は、世尊自らの説かれたる所を証典として、方広大荘厳経、大悲白蓮華経よりして、多くの経典を基礎として、仏行十二相等に就いて、少しく説述したるなり。本師世尊の功徳を観ずるは自己の道徳を積む所以にして、また自らの覆障を浄除する方便として最勝無上の者なりまた大乗道の根にしてまた樹幹たる発菩提心を発することにおいて、第一に仏陀の功徳を観じて、自分もそれを得んとする念願の確固たる者を、起こさんことを要するなり。されば仏陀の功徳を信じて、それを得んとする願の生せざれば、名実共は完全なる菩提心を起こすことを得ずと、尊聖弥勒菩薩の説かれたるが如し。これ故に大乗道の根本なる菩提心を起こすにおいて、仏陀の功徳を観念して、信心を獲得せずんば、成仏道は不可能なるが故に、菩提道次第の修練を緊要とする者等に、仏陀の功徳を知ること必要なりと信じて、その一端を説述せる者なり。

第百八節　如意宝樹史《パクサム・ジョンサン》、仏伝十二相と百二十五相。

託胎と誕生と技芸を示し、結婚と四門出遊と出家し給い、
六年苦行と成道と転法輪と——為母説法——祇苑精舎に大神通を現じ、
拘斯那掲羅《クシナガラ》に入滅せらる。これを仏伝十二相と云う。

吾人の教主釈迦牟尼仏の行相の中において、大なりと思わるる者のみ（百二十五）を誌すべし。

第一、　正妙項菩薩と生まれ給いし事。

第二、　王族の最勝たる釈迦族の仏の父母たるべき各自の系統の清浄なる事。

第三、　入胎に就いて五事を観察し給う事。

第四、　覩史陀天上より降りて、母胎に入り給う事。

第五、　摩耶《マーヤー》夫人の胎内にて不浄に触れずして宿り給える境相。

第六、　藍毘尼苑《ルンビニおん》に誕生の事。

第七、　迦毘羅《カビラ》城に入り給う事。

第八、　阿私陀仙人観相予言の事。

第九、　学術技芸を学習せらるる事。

第十、　武芸の勇力を示さるる事。

第十一、　釈迦笏持の娘、耶蘇陀羅女《ヤシコダハラー》を娶らるる事。

第十二、　迦毘羅国と天爾国との国境ロヒタ河に大木倒れて二国に水害の起これるを、悉達太子はその大木を除いて害を救い給う事。

第十三、　釈迦鋭声の娘、瞿波《ゴーパー》を娶りし事。

第十四、　四門に出遊して、出家する所の原因となるべき四相を観じ給う事。

第十五、　野遊びの行路に農夫の苦を見、瞻部《ジャンブ》樹下に禅坐し帰路墓場を見給う。

第十六、　釈迦時善の娘鹿生女《ムリガジャー》 Mriga-Jā を娶る。

（一説には第十三の瞿波とこの鹿生女とは耶輸陀羅女《ヤショタハラー》の異名にして、全く一人の名なりと）

第十七、　七日間出家を防ぐ護衛囲繞の事。

第十八、　全く家より出で給いし事。

第十九、　出家得度して棄悪《バハールカヴア》仙人の住処を尋ぬ。

第二十、　外道阿羅々仙人等に就いて道を尋ぬることを示す。

第二十一、　静修の為めに七苦行を行う。

第二十二、　苦行を棄てて乳粥を飲んで体力増長せる事。

第二十三、　菩提樹下金剛宝座《ヴァツザラ・アーサナ》に行かるる行路の事。（前正覚山より尼連禅河《ネーランジヤナ》を渡らるる行路の瑞相）

第二十四、魔王を降し給う。

第二十五、無上正等菩提を成就せらるる事。

第二十六、林苑中に小心翼々として涅槃に入らんと観ぜらる。

第二十七、梵天王、帝釈天王は世尊に説法を勧請す。世尊婆羅痆斯《ヴァラナシー》に向わる。

第二十八、鹿野苑《ムリガダハーヴァ》において五比丘に対して初めて法輪を転じ給う事。

第二十九、五優婆塞《ウパーサカ》等を初めて得給いし事。

第三十、婆羅痆斯より摩揭陀《マガダ》国に向う途中において跋陀羅《バハドラー》等の六十人を度し給う事。

第三十一、千人の蓬髪行者（三迦葉およびその弟子）を化度す。

第三十二、頻毘沙羅《ビンビサーラ》王世尊を奉迎して諦を見る事。

第三十三、馬勝《アシュワ・ジット》と普走の二人は舍利弗《シャリープットラ》、および目犍連《モウガルヤーナ》をして仏弟子たらしむる縁を結ぶ。

第三十四、翳羅龍王を化度し、無施をして阿羅漢果を得せしむ。

第三十五、迦旃子をして聖王城の最照王《プラバハ》等化度の為めに行かしむ。

第三十六、世尊は裸体子の檀越最賢の妻の妊娠せるに対して、汝は丈夫を生まん、彼は後に大富豪となり、遂に出家して阿羅漢となるべしと云われしを以て、裸体子等はそれを虚言たらしめん為めに、彼妻を殺して火葬したるに、火の燃えたる中の蓮花より、長者火生《ジョティ・シカ》の生まれたる事。

第三十七、因陀羅勢羅窟《インドラシーラ》において世尊は帝釈天等の為めに、法を説き給える事。

第三十八、給孤独長者をして信心を獲得せしむ。

第三十九、給孤独長者、祇苑精舎を建立す。

第四十、世尊を室羅筏悉底《シラヴアシティ》城の祇苑精舎に招請す。

第四十一、憍薩羅《ゴーサラ》国波斯匿《プラセーナジット》王をして信心を獲得せしむ。

第四十二、父浄飯《シユッドータナ》大王は優陀夷《ウダイ》を派して釈尊を迎え、次いで尼拘盧陀精舎において、父子相遇の大典およびこれに関する大事の行相。

第四十三、大名《マハー・ナーマ》の妻等と並びに釈迦の一族の婦女子等に説法せられしが、この説法会に預からざりし婢女の死して、真珠瓔珞女と生まれし事。

第四十四、艶難陀出家得度の事。

第四十五、伯母憍多弥《ゴウタミー》夫人の請に依って、比丘尼五百人得度して阿羅漢果を得たる事。

第四十六、如弟子城に行かれて富樓那弥多羅子を化度して阿羅漢果を得せしむ。

第四十七、西方光有世界に行て、目蓮の母をして入流果を得せしむ。

第四十八、婆羅門《ブラフマン》蓮華蔵をして、諦を見せしむ。

第四十九、乞食と小児の二人、比丘衆の欽慕すべき行を見て、仏縁を結ぶ事。

第五十、目犍蓮子《マウドガルヤーナ・プットラ》をして艶難陀と近難陀とを薫陶せしむ。

第五十一、龍王は頻毘沙羅《ビンビサーラ》王に対して刀剣の雨を降らせしに、目犍蓮子はそれらを花と化して、王を保護せし事。

第五十二、頻毘沙羅王の勇士施害と云う者、蛮国に生まれしを教化す。

第五十三、蛮国より来れる手続と云える者に信心を得せしむ。

第五十四、優陀衍那《ウッダラヤーナ》王が鎧兜を贈れる返礼として、頻毘沙羅王は世尊の像を画いて贈れるよりして、優陀衍那王は諦を見たり、而して同王はこれらの事を市中に布告せり。

第五十五、世尊は室羅筏悉底《シラヴァシティ》城と王舎城《ラージャ・グリハ》との間の獅子蓬髪と云う者を化度せり。彼は死後天上に生まれて再び世尊に法を聴いて入流果を得たり。

第五十六、迦葉波《カシャパ》仏の時、比丘衆等に悪口せし婆羅門《ブラフマン》摩奴釈迦が大魚に生まれたるに説法せられしかば、天界に生まれて入流果を得たり。これを縁として五百人が漁師も阿羅漢を得るに至る事。

第五十七、大迦葉波《マハーカシャパー》を大衆に入るる事。

第五十八、後に新学の徒は大迦葉波に対して悪口誹謗せしかば、世尊は彼に半座を分って、その誹謗を停む。

第五十九、阿難陀《アーナンダ》を侍僧とする事。

第六十、獼猴《びこう》が世尊に蜂蜜を奉りて、後に死し、次いで呾叉娑羅《タグシャーラー》の子蜜有《マッフマーン》と生まれて、後に阿羅漢となりし事。

第六十一、世尊大神通を以て外道六師を降伏せる事。

第六十二、五百の仙人をして阿羅漢果を得せしむ。

第六十三、般遮羅《パンチャラ》国南北の二王をして和睦せしむ。

第六十四、千人の肉食族（毘舎遮鬼《ビシャーチャ》）を化度す。

第六十五、天龍阿修羅人間等の大集会の事。

第六十六、深林中の羅刹鬼の害と大海の暴風より、五百人宛二組の商隊を救われし事。

第六十七、小神通を現ずと称せらるる上天降天の事。

第六十八、世尊作賢城に行て、時好長者等をして信心を得せしむ。

第六十九、勇施長者を化度せらるる事。

第七十、火生《ジョティ・シカ》長者出家得度の事。

第七十一、薬叉薩底《ヤクシャ・サジ》の娘、奪児女（鬼子母神）化度の事。

第七十二、世尊転輪王《アラネーミ》の相を以て劫賓那《カビナ》大王およびその従者を化度して阿羅漢たらしむ。

第七十三、調有長者および五百の仙人を教化して諦を見せしむ。

第七十四、憍賞弥《コーシャンビ》国に行いて、彼国の優陀衍那王等の為めに教化を施し給う。

第七十五、セイロン島王の娘真珠女の事。

第七十六、摩掲陀《マカダ》跋陀羅《バハドラー》女が増甘蔗国に世尊を招待す。

第七十七、提婆達多《デーヴァダッタ》が神通力を得る事。

第七十八、提婆達多が僧伽衆の和合を破れるを復し給う事。

第七十九、提婆達多の誣言に依り、阿闍世王が父を害す。

第八十、提婆達多は王に邪見を進むるも、害を世尊に加うること能わず。

第八十一、世尊、狂象宝護を化する事。

第八十二、耆婆童子《ジーヴァクマーラ》をして諦を見せしむ。

第八十三、四天王および千の仙人をして諦を見せしむ。

第八十四、指鬘を度して阿羅漢果を得せしむ。

第八十五、聖善光の事歴。

第八十六、鰐殺子山に夏安居を為し給う。

第八十七、波斯匿王《プラセーナジット》摩訶迦葉波《マハーカシャパー》を供養す。

第八十八、貧女解脱触に成仏の授記を与え給う。

第八十九、世尊、波斯匿王の我慢を破る。

第九十、　世尊、阿闍世王を害毒より救護し給う。

第九十一、阿闍世王をして無根の信心を獲得せしむ。

第九十二、提婆達多の伝およびその死。

第九十三、舎利弗《シャリープットラ》、目犍蓮《マウドガルヤーナ》の二人、地獄に提婆達多を見る。

第九十四、吠舎離《ヴァイシャーリー》国への行路中に起これる流行病等を消滅し給う事。

第九十五、吠舎離国民を安じ給う。

第九十六、弥底羅国並びに娑羅《サーラ》城に行いて、悪魔をして慚愧せしめ給う。

第九十七、罪有国の力士等を化度し給う。

第九十八、尼拘盧陀城等へ行かるる事。

第九十九、婆羅門《ブラフマン》村へ行いて化度し給う事。

第一百、　世尊は金剛手菩薩を牽いて北方に行き、龍族等、非人並びに人間を済度し給う。

第百一、　般遮羅《パンチャラ》の秣免羅《マズラ》に行いて、多くの婆羅門および薬叉等を化度し給う。

第百二、　鴦多羅《オータラ》国に行いて五百の商人を化度す。

第百三、　敵究竟城に夏安居を為し給う。

第百四、　南方般遮羅国の道にて起りし事。

第百五、　婆羅門および貧民等の事歴。

第百六、　業行と云う者に授記を与えらる。

第百七、　釈迦族をして解脱を得せしむ。

第百八、　婆羅門《ブラフマン》富樓那等に成道の授記を与う。

第百九、　世尊は弗特《ブリツジ》持国民の不可攻代の七原因を有することを阿闍世王に説いて、同王をして戦争の意志を放棄せしめ給う。その七原因とは、同国民は度々集会協議し、為す所一致し、正義の律を確守し、老者を敬遇し、不適当の処に行かず、窣堵婆《ストウッパ》阿羅漢に奉事する等の事なり。

第百十、　吠舎離《ヴァイシャーリー》国に行く道に上らるる事。

第百十一、　杖林城の北方舎波樹林に宿り給う。

第百十二、　宝有長者の事。

第百十三、　世尊寿命の集を去り給う。

第百十四、　拘尸那掲羅《クシナガラ》城に向う行路の化度。

第百十五、　拘尸那掲羅《クシナガラ》城辺、娑羅《サーラ》樹下に入り給う。

第百十六、　乾達婆《カンタルヴァ》王最喜《スナンダ》を化度し給う。

第百十七、　普走の徒蘇跋陀羅《スバハドラ》をして阿羅漢果を得せしむ。

第百十八、　釈尊般涅槃に入り給う。

第百十九、　遺体を荼毘し上る。

第百二十、　遺骨を八部に等分す。

第百二十一、　第一結集の事。

第百二十二、　摩訶迦葉波《マハー・カーシャパ》入滅し給う。

第百二十三、　適那和修出家の事。

第百二十四、　阿難陀《アーナンダ》の終の化度。

第百二十五、　第二結集の事。

以上釈尊伝記の百二十五相とて世に名高きものなり。

河口慧海（かわぐち・えかい）

仏教学者、僧侶。大阪府堺市生まれ。哲学館（現・東洋大学）、黄檗山万福寺に学ぶ。仏教の原典を求め、単身チベット探検を敢行、明治34年（1901）日本人で初めてチベットの首府ラサに到達する。大正2年（1913）2度目のチベット入りを果たし、チベット大蔵経等を将来する。帰国後、大正大学教授。著書『西蔵《チベット》旅行記』『在家仏教』等。（1866-1945）

河口《かわぐち》慧《え》海《かい》著《ちょ》作《さく》選《せん》集《しゅう》 11

西蔵《ちべつと》伝《でん》印《いん》度《ど》仏《ぶつ》教《きよう》歴《れき》史《し》

平成27年12月11日初版第一刷発行

著　者：河口《かわぐち》 慧海《えかい》
発行者：中野 淳
発行所：株式会社 慧文社《けいぶんしゃ》
〒174-0063
東京都板橋区前野町4-49-3
〈TEL〉03-5392-6069
〈FAX〉03-5392-6078
E-mail:info@keibunsha.jp
http://www.keibunsha.jp/
印刷所：慧文社印刷部
製本所：東和製本株式会社
ISBN978-4-86330-156-6